高职学前教育专业学生职业核心能力培养研究

苏卫涛 著

东北师范大学出版社

图书在版编目（CIP）数据

高职学前教育专业学生职业核心能力培养研究 / 苏卫涛著.
-- 长春：东北师范大学出版社，2016.12
ISBN 978-7-5681-2682-3

Ⅰ.①高… Ⅱ.①苏… Ⅲ.①高等职业教育－学前教育－人才培养－研究 Ⅳ.① G718.5 ② G61

中国版本图书馆 CIP 数据核字（2017）第 010686 号

□ 责任编辑：于天娇　　□ 封面设计：优盛文化
□ 责任校对：何　云　　□ 责任印制：张允豪

东北师范大学出版社出版发行
长春市净月经济开发区金宝街 118 号（邮政编码：130117）
销售热线：0431-84568089
网址：http://www.nenup.com
电子函件：sdcbs@mail.jl.cn
北京一鑫印务有限责任公司
2021 年 1 月第 1 版第 2 次印刷
幅画尺寸：170mm×230mm　印张：14　字数：327 千

定价：49.00 元

前 言
Preface

近年来，学前教育越来越受到人们的重视，随着十八大的"办好学前教育"、十八届三中全会的"推进学前教育改革发展"、始于2011年的学前教育三年行动计划等一系列学前教育的政策调整，学前教育的办学规模不断扩大，特别是《国家中长期教育改革和发展规划纲要（2010—2020年）》明确提出了2020年要基本普及学前教育的发展规划目标和战略举措后，学前教育的发展随之迈上了一个新台阶。

与此同时，在经济全球化的大环境下，信息技术的迅猛发展、知识经济社会的到来促使知识技术周期减短，职业岗位的变动也日趋频繁。而学前教育专业不断扩大的招生规模却使得社会对学前教育从业人员的要求逐步提高。如何使学生在毕业时获得用人单位的青睐，在岗位竞争时脱颖而出，在岗位变动时快速适应新岗位的变换并掌握新技能，成为高职院校学前教育专业人才培养的首要目标。因此，这就对高职院校学前教育专业的人才培养提出了新的要求，既要传授给学生专业知识和专业技能，又要加强学生自我学习、沟通交流、合作协作、创新革新等职业核心能力的培养。职业核心能力是一种无论从事何种职业都必需具备的综合能力，它能让劳动者迅速适应岗位变动，同时快速应对社会信息的变幻和技术的迅猛发展，是一个人在职业生涯中必不可少的可持续发展能力。因此，职业核心能力的培养对高职学生有着重要的意义。

本书较为系统地研究了国内外关于职业核心能力培养方面的理论知识与实践经验，结合高职学前教育专业的具体情况分析高职学前教育专业学生职业核心能力的培养，不但有利于提高学前教育专业学生的就业竞争力，对学生个人的可持续发展与全面发展也具有深远影响，同时符合高等职业教育改革与人力资源开发的发展趋势。此外，本书还详细地梳理了高职学前教育专业学生在教学能力的培养以及英语、声乐、舞蹈及美术等方面的教学模式，以便更加清晰地为提升学生职业核心能力提供相应的策略。

编 者
2016年9月

目 录 Contents

第一章 概 论 ... 001

第一节 学前教育概述 / 002
一、学前教育的重要性 / 002
二、学前教育的目的 / 004
三、学前教育的价值 / 004
四、学前教育的任务 / 005
五、学前教育的原则 / 005
六、学前教育的教育方式 / 005

第二节 高职学前教育专业的相关概念 / 007
一、高职学前教育专业学生 / 007
二、职业核心能力 / 007
三、职业能力与职业核心能力 / 008
四、国内外对职业核心能力的研究现状 / 009

第三节 高职学前教育专业学生职业核心能力培养的意义 / 016
一、有利于提高学生的就业竞争力 / 016
二、对学生的可持续发展与全面发展具有深远影响 / 017
三、符合高等职业教育改革与人力资源开发的发展趋势 / 017

第四节 高职学前教育专业学生职业核心能力构成要素 / 018
一、学习能力 / 018
二、方法能力 / 019
三、社会能力 / 020
四、思维能力 / 021
五、心理承受能力 / 022

第五节 高职学前教育专业发展理念 / 022
一、学前教育专业设置以市场需求为导向，树品牌意识 / 022
二、创新学前专业教学模式，打造专业品牌 / 023
三、培养途径 / 025

目 录

四、突出素质教育，培养学生有特长 / 027

第二章 调查分析高职学前教育专业学生职业核心能力培养现状　029

第一节　高职学前教育专业学生职业核心能力调查方案 / 030

第二节　高职学前教育专业学生职业核心能力培养调查结果分析 / 031

一、高职学前教育专业学生职业核心能力培养现状 / 031

二、高职学前教育专业学生职业核心能力培养途径 / 032

第三节　高职学前教育专业学生职业核心能力培养存在问题及成因分析 / 033

一、高职学前教育专业学生职业核心能力培养存在的问题 / 033

二、高职学前教育专业学生职业核心能力培养出现问题的成因 / 035

第三章 高职学前教育专业学生职业核心能力培养方法与途径　039

第一节　正确定位培养目标 / 040

一、明确高职学前教育专业学生职业核心能力的培养目标 / 040

二、专业技能与核心能力培养相结合 / 040

第二节　优化课程设置 / 041

一、增加实践课程的比例 / 041

二、课程中渗透职业核心能力的培养 / 042

三、增设职业核心能力相关理论课程 / 043

第三节　加强实践教学 / 043

一、提高实践教学比重 / 043

二、给学生提供实践机会 / 044

三、保障实践条件 / 044

第四节　创设校园氛围 / 045

一、营造丰富多彩、积极向上的校园文化 / 045

二、支持创新行为 / 045

第五节　改变教学方法 / 046

一、组合多种教学方法 / 046

二、利用多种教学手段 / 047

第六节　加强高职院校师资队伍建设 / 047

一、拓宽师资来源渠道 / 047

二、优化教师自身能力结构 / 048

　第七节　改革评价机制 / 048
　　一、总结性评价与形成性评价相结合 / 048
　　二、多方位对学生职业核心能力培养进行评估 / 049

第四章　高职学前教育专业学生教学能力的培养　051

　第一节　教学能力的正确理解 / 052
　第二节　高职学前教育专业学生教学能力存在的问题与解决对策 / 052
　　一、目前高职学前教育专业学生教学能力存在的问题 / 052
　　二、影响高职学前教育专业学生教学能力提高的因素 / 053
　　三、高职学前教育专业学生教学能力的培养途径 / 054
　第三节　应用数字教学系统培养学前教育专业学生教学能力 / 056
　　一、数字化教学系统的功能 / 056
　　二、应用数字教学系统培养学前教育专业学生教学能力实施方案 / 056
　第四节　"全实践"理念下高职学前教育专业学生职业能力培养 / 058
　　一、"全实践"理念的提出 / 059
　　二、当前高职学前教育专业学生职业能力不足的体现 / 059
　　三、"全实践"理念下培养高职学前教育专业学生职业能力的策略 / 060
　第五节　高职学前教育专业校企深度合作人才培养 / 062
　　一、目标方案、共知共融 / 063
　　二、互惠共赢、订单培养 / 063
　　三、专业建设、资源共享 / 063

第五章　高职学前教育专业英语教学模式研究　067

　第一节　高职学前教育专业英语教学模式现状 / 068
　　一、高职学前教育专业英语教学存在的问题 / 068
　　二、学前教育专业英语教学调整思路 / 069
　第二节　职业能力培养视角下的高职英语教学模式改革 / 073
　　一、高职英语教学中职业能力培养的问题 / 074
　　二、职业能力培养视角下的高职英语教学模式改革途径 / 074
　第三节　维特根斯坦的"语言游戏说"对高职学前教育专业英语口语教学
　　　　　模式的启示 / 076

目 录

　　一、"语言游戏说"解读 / 076

　　二、高职学前教育专业英语口语教学现状 / 077

　　三、"语言游戏说"对高职学前教育专业英语口语教学的指导 / 078

第四节　三年制普通高职学前教育专业英语教学模式 / 079

　　一、三年制普通高职学前教育专业学生英语现状分析 / 079

　　二、合作学习的理论简介 / 081

　　三、合作学习在五年制高职英语教学中的意义和作用 / 081

　　四、合作学习在三年制普通高职英语教学中的有效开展 / 082

第五节　高职院校学前教育专业英语教学技能的培养内容 / 083

　　一、掌握扎实的英语基础知识 / 084

　　二、注重英语知识与学前教育专业理论知识和基本技能的整合 / 084

　　三、加强幼儿英语教学技能的训练 / 085

第六节　设计教学法理念在高校学前教育专业英语教学中的应用 / 087

　　一、学前教育专业英语教学模式存在的问题 / 087

　　二、设计教学法理念在高校学前教育专业英语教学中的应用 / 088

第七节　基于任务的学前教育专业英语教学模式 / 089

　　一、以"任务"为基础的学前教育专业英语教学模式的结构 / 089

　　二、基于任务的学前教育专业英语教学案例 / 090

第六章　高职学前教育专业声乐教学模式研究　093

第一节　高职学前教育专业声乐教学模式现状 / 094

　　一、过于强调声乐学科的专业性 / 094

　　二、过于强调声乐技能技巧的训练 / 094

　　三、专业理论知识与专业技能相脱节 / 094

第二节　学前教育专业声乐教学模式的创新 / 094

　　一、采取多样化的教学形式 / 095

　　二、教学内容的创新 / 095

　　三、推进声乐专业技能实践改革创新 / 096

第三节　高职学前教育专业声乐教学中多元化理念的应用 / 096

　　一、以激发学生的兴趣为前提 / 096

　　二、多媒体技术在教学中的充分应用 / 097

三、理论与实践相结合的教学模式 / 098

第四节　高职院校学前教育专业声乐教学中的唱法研究 / 098

一、高职院校学前专业声乐教学的唱法 / 099

二、如何让高职学前教育专业学生更好地完善声乐教学中的唱法 / 099

三、提高声乐唱法水准需要培养的一些能力 / 100

四、从更加专业化的角度重新发展构建优质的声乐教学体系 / 100

第五节　学前教育专业声乐教学中的律动情感教学方法策略 / 102

一、目前学前教育专业声乐教学存在的问题 / 102

二、学前教育专业声乐教学中律动情感教学的重要性 / 103

三、学前教育专业声乐律动情感教学的策略和方法 / 104

第六节　学前教育专业声乐教学中的情感体验 / 106

一、情感体验是理解歌词的桥梁 / 107

二、歌曲旋律在声乐演唱中的感染力 / 108

三、演唱中丰富的情感来源于生活的体验 / 109

第七节　学前教育专业幼儿歌曲弹唱教学策略 / 110

一、重视学前声乐课教学，加强钢琴基础训练 / 110

二、不断提高教师的专业水平，强调学生情感表达 / 111

三、融合音乐教学和游戏，实现寓教于乐目的 / 111

四、明确"弹"和"唱"间的关系，加强自弹自唱指导 / 112

第八节　学前教育专业声乐集体课教学策略 / 113

一、激发学生的学习兴趣 / 113

二、帮助学生建立正确的声音概念 / 113

三、选曲要适宜 / 114

第九节　高职学前教育专业肢体表演动作在声乐小组课教学中的有效应用 / 115

一、高职学前教育专业教学的研究分析 / 115

二、专业肢体表演动作在声乐小组课教学中的有效应用 / 115

第七章　高职学前教育专业舞蹈教学模式研究 / 119

第一节　幼儿舞蹈在学前教育活动中的重要性 / 120

一、舞蹈训练是影响幼儿生长发育的重要因素之一 / 120

二、舞蹈还能对幼儿的智力发展起到不可估量的作用 / 120

三、通过舞蹈培养幼儿良好的个性并进行美育教育 / 121

四、舞蹈是使身体健康的重要的美育活动 / 121

第二节 学前教育专业舞蹈教学的现状 / 122

一、学前教育专业舞蹈教学缺乏明确的教学目标 / 122

二、学前教育专业舞蹈教学课时较少 / 122

三、学前教育专业学生具有局限性 / 122

四、学前教育专业舞蹈教学教材选用不当 / 123

第三节 学前教育专业舞蹈表演能力的培养 / 123

一、学前教育专业舞蹈表演能力培养存在的问题 / 123

二、提高学前教育专业学生舞蹈表演能力的措施 / 124

第四节 学前教育专业舞蹈教学中表演意识的培养 / 125

一、学前教育专业学生大都缺乏表演意识 / 125

二、学前教育专业舞蹈教学加强表演意识训练的原因分析 / 125

三、完善舞蹈教学，培养表演意识 / 127

第五节 学前教育专业舞蹈教学模式的构建 / 129

一、正确定位与把握学前教育专业舞蹈教学的教学目标 / 129

二、增加舞蹈教学课时并注重实践 / 130

三、增强学生自主学习舞蹈的能动性 / 130

四、教材编排与选定要合理 / 130

五、改革教育方法 / 130

第六节 学前教育专业舞蹈教学从单一走向复合的改革策略 / 131

一、单一的"强化型"舞蹈基本功训练向"过程型"复合训练方向改变 / 132

二、单一的"模仿型"民族民间舞蹈训练向"情形式"复合训练方向改变 / 132

三、单一的"成人化"儿童舞蹈训练向"趣味性"复合训练方向改变 / 133

四、单一的"说教型"舞蹈编导向"循环式"复合训练方向改变 / 133

五、单一的"音乐型"舞蹈即兴向"启发性"复合训练方向改变 / 134

六、单一的"接受性"舞蹈试讲向"互动性"复合训练方向改变 / 134

第七节 分层教学法在高职学前教育专业舞蹈教学中的运用 / 135

一、分层教学的定义 / 136

二、分层教学的优势 / 136

三、分层教学在高职学前教育专业舞蹈教学中的具体应用 / 137

四、实施分层教学后出现的问题及解决的对策 / 139

第八节 高职学前教育专业学生舞蹈学习困难的原因及对策研究 / 140
一、高职学前教育专业学生舞蹈学习困难的主要原因 / 140
二、解决高职学前教育专业学生学习舞蹈困难的对策 / 141

第九节 提升高职学前教育专业学生幼儿舞蹈编创能力的策略 / 144
一、高职学前教育专业舞蹈教学分析 / 144
二、高职学前教育专业舞蹈创编教学现状 / 145
三、提升高职学前教育专业学生幼儿舞蹈编创能力的策略 / 146

第十节 奥尔夫音乐在高职学前教育专业舞蹈教学中的理论与实践 / 148
一、奥尔夫音乐的发展历程和课程特点 / 148
二、探究奥尔夫音乐在高职学前教育专业舞蹈教学中应用的可行性 / 150

第八章 高职学前教育专业美术教学模式研究 153

第一节 美术教学在学前教育专业中的重要性 / 154

第二节 高职院校学前教育专业美术课的现状与改革策略 / 154
一、高职院校学前教育专业美术课的现状 / 154
二、学前教育专业美术课的目标定位 / 155
三、课程教学内容改革 / 155
四、教学方法改革 / 156
五、建立有效的教学评价机制 / 157

第三节 高职院校学前教育专业开放式美术教学研究 / 157
一、开放式美术教育基本构成 / 157
二、开放式美术教育的核心原则 / 159
三、开放式美术教育的实施 / 160

第四节 高职院校学前教育专业美术教学中体现职场化的研究 / 162
一、肯定学生，激发学习兴趣 / 162
二、从美术基础知识和技能抓起 / 163
三、不断提高审美意识和创新能力 / 163

第五节 高职院校学前教育专业美术手工课教学质量的提升策略 / 164
一、当前高职院校学前教育专业美术手工课教学存在的不足 / 164
二、提升高职院校学前教育专业美术手工课教学质量的路径选择 / 166

目录

第六节　高职院校学前教育专业美术课程中的简笔画教学　/ 168
一、简笔画的重要性　/ 168
二、简笔画在学前教育专业美术课程中的教学难题　/ 169
三、提高简笔画教学效果的具体做法　/ 170
四、"三多一勤"简笔画教学方法的运用　/ 171

第九章　国外高校学前教育专业教学的比较与借鉴 …… 173

第一节　国外学前教育改革对我国学前教育发展的启示　/ 174
一、国外学前教育课程改革　/ 174
二、对我国学前教育的启示　/ 175

第二节　美国学前教育课程培养对我国的启示　/ 176
一、美国社会科学课程发展的历史脉络　/ 176
二、美国社会科学课程在幼儿园的实施　/ 177
三、美国社会科学课程对我国学前社会领域教育的启示　/ 179

第三节　美国学前教育师资培养的方式、特点及其启示　/ 180
一、美国学前教育师资培养的方式　/ 181
二、美国学前教育师资培训特点及其存在的不足　/ 183
三、对我国学前教育师资培养的启示　/ 187

第四节　澳大利亚学前教育改革的启示　/ 188
一、澳大利亚学前教育课程改革的背景　/ 188
二、学前教育改革的核心——《国家早期儿童发展战略》　/ 189
三、具体的改革举措　/ 189
四、澳大利亚学前教育改革带给我们的启示　/ 193

第五节　芬兰学前教育师资培养模式探析及其启示　/ 195
一、芬兰学前教育师资培养模式改革的背景分析　/ 195
二、芬兰学前教育师资培养模式探析　/ 197
三、芬兰学前教育师资培养模式的启示　/ 203

附录　职业核心能力调查问卷 …… 205

参考文献 …… 209

第一章 概 论

第一节　学前教育概述

何谓学前教育？学前教育就是由家长及幼师利用各种方法、实物为开发学前儿童的智力，使他们更加聪明，有系统、有计划而且科学地对他们的大脑进行各种刺激，使大脑各部位的功能逐渐完善而进行的教育。

一、学前教育的重要性

学前教育在世界范围内受到了普遍关注，许多发达国家积极采取措施，优先发展学前教育，在普及学前教育与提高学前教育的质量上做了很多的投入。我国政府正在实施"科教兴国"战略，大力推进素质教育，本节旨在结合大量国内外儿童早期发展和教育的研究，以心理发展研究和脑科学研究为依据，论证、阐述学前教育的重要价值。

（一）学前教育对人的认知发展的重要性

学前期是人的认知发展最为迅速、最重要的时期，在人一生认识能力的发展中具有十分重要的奠基性作用。在关键期内，个体对于某些知识经验的学习或行为的形成比较容易，如果错过这一时期，在较晚的阶段再来弥补则是很困难的，有时甚至是不可能的。

一方面，处于学前期的儿童虽然发展变化迅速，具有巨大的学习潜力，但是这种发展特点只是说明了婴幼儿具有很大的发展"可能性"。要将这种发展的可能性变为现实性，需要成人提供适宜于儿童发展的良好环境，尤其是良好的教育影响。已有研究证明，早期教育对于儿童认知发展具有重要影响。单调、贫乏的环境刺激和适宜的学前教育的缺乏，会造成儿童的认知方面的落后，而为儿童提供丰富的感性经验并给以积极的引导、帮助和教育，则能够促进其认知的发展；另一方面，学前教育的质量还直接关系到儿童能否形成正确的学习态度、良好的学习习惯和强烈的学习动机，从而对个体的认知发展和终身学习产生重大影响。适宜的、遵循儿童身心发展规律的学前教育能够积极地促进儿童各种智力和非智力因素，包括语言能力、思维力、想象力、创造性、学习动机、求知欲、自我效能感等的发展；不适宜的学前教育如单纯对儿童进行机械的学业知识和技能的训练，不但会损害儿童的学习兴趣、学习积极性和内在的学习动机，降低其自我效能感，而且会使儿童逐渐丧失独立思考的能力和创新精神，从而对儿童的认知发展产生长远的消极影响。

（二）学前教育对教育事业、家庭和社会的价值

学前教育不仅对于个体的身心发展十分重要，而且对教育事业的发展、家庭的幸福和社会的稳定与进步也具有重要的作用。

学前教育作为我国学制的第一阶段、基础教育的有机组成部分，必然对我国教育事业的整体发展，尤其是基础教育的发展具有重要的作用与影响。通过帮助幼儿做好上小学的准备（包括社会适应、学习适应、身体素质以及良好的学习与行为习惯、态度和能力等方面准备），学前教育有助于儿童顺利地适应小学的学习和生活。我国教育部和联合国儿童基金会历时5年合作进行的"幼小衔接研究"，通过对儿童入学前半年和入学后半年的连续实验研究发现，对学前儿童做好入学前准备，包括学习适应方面的准备（如培养幼儿小学学习所需要的抽象思维能力、观察能力、对言语指示的理解能力和读写算所需要的基本技能等）以及社会适应方面的准备（如培养幼儿任务意识与完成任务的能力、规则意识与遵守规则的能力、独立意识与独立完成任务的能力以及主动性、人际交往能力等），能够使儿童入小学后在身体、情感、社会适应和学习适应等方面都有良好的发展，从而顺利地实现由学前向小学的过渡。我国已将普及九年制义务教育作为教育事业发展的重要目标，学前教育则可为有效提高义务教育的质量与效益、促进这一目标的实现做出积极的贡献。

（三）学前教育对儿童身心全面发展的重要性

这里选取了与儿童身心全面发展相关的两个重要方面来探讨。

1. 对儿童的认知发展的重要性

学前期是人的认知发展最为迅速、最重要的时期，在人一生认识能力的发展中具有十分重要的奠基性作用。儿童的部分生理机能在学前教育阶段开始进入其发展的萌芽或者关键期，其中最重要的是认知能力的发展。皮亚杰的发生认知理论认为，人的智力——心理发展具有阶段性。儿童2岁以前处于"感觉运动阶段"，首先获得动作的逻辑，并逐渐形成出事物之间的次序、空间维度、事物的恒在性、因果性等认知。在2~7岁之间的"前运算阶段"，儿童将动作概念化，开始语言和符号思维。到了7~10岁又是不同的阶段。可见在这一时期对儿童的发展状况具有持续性影响，其影响并决定了儿童在日后社会性、人格发展的方向和水平。可以说，人的智力发展在一生中表现不同的发展速度，先快后慢这一事实告诉我们早期智力开发是非常关键的。学前期的教育在人的一生中占据了极其重要的地位，我们必须抓住这一关键时期，给儿童良好的教育，促进其顺利发展。

2. 对儿童的社会性、人格品质发展的重要性

社会性、人格品质是个体素质的核心组成部分，它是通过社会化的过程逐步形成与发展的。学前期是个体社会化的起始阶段和关键时期，在后天环境与教育的影响下，在与周围人的相互作用的过程中，婴幼儿逐渐形成和发展着最初也是最基本的对人、事、物的情感、态度，奠定行为、性格、人格的基础。埃里克森的阶段发展学说认为在人的发展中，逐渐形成自我的过程，在个人及周围环境的交互作用中起着主导和整合作用。每一部分或每一阶段都属于整个周期的阶段，每个阶段都有特殊期，只有这些阶段都产生后，才使完整的人格组合形成。研究和事实均表明，6岁前是人的态度、性格、习惯、情感雏形等基本形成的时期，是儿童养成礼貌、友爱、帮助、分享、谦让、合作、责任感、活泼开朗等良好社会性行为和人格品质的重要时期。这也是学前教育追求的为了儿童的幸福、一切为了儿童的幸福，把儿童培养成全面和谐发展的人的目标。

加强早期儿童教育，为每一个儿童创造接受高质量学前教育的机会，正成为世界各国教育改革与发展的一个重要方面。我国也必须放眼未来，从新世纪国际社会政治经济的新格局和我国现代化建设需要的高度来思考学前教育的发展问题，使我国的学前教育真正从教育舞台的边缘走向中心。

二、学前教育的目的

学前教育的目的是让孩童形成正确的道德观，学习对和错，形成初步判断对与错的能力；对外部世界和所处环境进行初步认知和探索（学习探索、试验和观察）；学会简单与社会交往（学习聆听、分享和合作）；形成健康情绪，让他们经常进行正面的情绪体验（建立自信，学习与同伴和家人沟通）；获得健康的体魄（通过活动锻炼身体）。

三、学前教育的价值

儿童社会性、人格品质的健康发展需要成人提供良好、适宜的教育环境。学前期适宜的社会性教育能够有力促进儿童社会交往能力、爱心、责任感等社会性、人格品质的发展，接受了适宜的社会性教育的儿童以上各方面发展水平都要显著高于没有接受过这一教育的儿童。而不良的学前教育则容易使儿童形成消极的社会性及人格品质。诸多事实和研究均反映，学前期是儿童形成各种行为、习惯和性格的重

要时期，而该时期所受到的环境和教育影响则是其行为、性格形成的基础。所以，学前教育对儿童的发展有极其重要的价值。

四、学前教育的任务

根据统一的教育目的，结合学前儿童身心发展水平而提出的具体目标和要求，实行保育与教育相结合的原则，对幼儿实施体、智、德、美诸方面全面发展的教育，促进其身心和谐发展。具体内容如下：

1. 让儿童独立地、主动地成长；
2. 发展自我控制、自我训练及自我指导的能力，而不是只受成人的控制；
3. 学习从自我中心的情感到能够给予、分享及接纳情感，在新的环境中感到安全和被抚爱；
4. 学习与别人交往的技能，并获得快乐的、积极的体验；
5. 使男女儿童同等地发展个性与才能；
6. 初步认识自己的身体，能注意到健康、卫生和营养；
7. 发展与练习大肌肉动作与小肌肉动作；
8. 初步认识及支配周围环境，鼓励儿童的好奇心、思考和推理能力的发展，鼓励儿童积累和运用知识；
9. 发展语言，学习新的词汇，并理解别人的语言；
10. 发展对周围环境的积极情感，发展积极的自我意识和自信心。

五、学前教育的原则

1. 从胎教开始的适应各年龄发展和个体发展的教育；
2. 促进学前儿童体、智、德、美的良好发展与个性的健康发展；
3. 成人对学前儿童的照顾与教育相结合；
4. 以兴趣诱发，在游戏中成长；
5. 创设适宜的环境，发挥其教育的功能。

六、学前教育的教育方式

（一）培养幼儿良好行为习惯

英国作家萨克雷说过，"播种行为，收获习惯；播种习惯，收获性格；播种性格，收获命运。"道出了培养良好行为习惯的重要性。我国思想家陶行知曾说："凡人生所需之重要习惯性格态度多半可以在六岁以前培养成功。"揭示了培养良好行为习惯应及早抓起的必要性。幼儿期是培养幼儿良好行为习惯的关键时期，家庭教育和学前教育阶段是幼儿形成良好行为习惯的重要时期，幼儿良好的行为习惯养成比知识的获得更重要。

（二）多让孩子接触大自然，是必要的

乡村都市有土、洋之分，虽然都是在同一片天空下，然而无论景观、房舍、建筑，都有差别。久居都市的孩子，每天所见的无非是几幢大的房屋、川流不息的车辆，想要玩玩"官兵捉强盗"的游戏，恐怕都找不到足够的空间。父母应多带孩子们到乡村、田园玩玩。若做不到，则家中若有院子或空间，可放些砂石、野草，虽无大自然之宝，但也聊胜于无，依然可以让孩子玩得不亦乐乎。不要怕孩子弄脏衣服、身体，弄脏了还可以洗，最重要的，从中玩出野性，常能影响未来的雄心壮志及达观进取的精神，这些不是一些斯斯文文的积木可以培养出来的。

（三）多给予孩子鼓励

对孩子的评价要以肯定性评价为主。一个良好的自我系统的形成，有赖于主我与客我的积极互动。幼儿很希望从教师、父母、同伴那里得到自我认识。孩子还是特别在乎别人怎么看自己，希望得到别人的认可，并从中获得关于自己的印象，如果他面对老师的漠视，还敢向老师表现自己吗？我们知道，幼儿如果得到肯定的、积极的情感体验，就会利于幼儿积极的自我概念的形成，从而形成自信、自尊的人格特征，反之就形成消极的自我概念。

（四）让幼儿体验合作的乐趣

幼儿对游戏很感兴趣，因此，引导幼儿在游戏中体会合作的益处，促进幼儿积极与他人合作，逐渐具有合作的意识。如游戏"照镜子"一课，两人为一组，其中一个幼儿拿镜子，另一个幼儿对着镜子往额头贴红点，看哪一组贴得又好又快。游戏结束后，教师可引导幼儿进行反思，让他们想一想自己是怎么做的、应该怎样改进等。在这里，教师应注重让幼儿用自己的眼光看问题，用自己的头脑去判断，用自己的语言去表达。通过小组成员之间相互交流、彼此争论，达到互教互学、共同提高的目的。

总之，学前教育不单单是照本宣科地进行文化课本传授，更重要的是实践能力和各方面综合素质的培养。希望家长及幼师们能紧抓孩子的黄金时期，让孩子学会解决问题的能力，学会适应社会的能力，让幼儿身心都得到全面的发展，让孩子的无限潜能通过学前教育激发出来，为今后的成才之路打下良好的基础。

第二节　高职学前教育专业的相关概念

一、高职学前教育专业学生

高职教育是整个普通高等教育中的一个特殊层次，它以培养社会所需要的应用型人才为目标，通过对学生的知识、能力、素质结构等的培养，使学生具备某一特定职业所需要的实际能力，而且其强调理论教学和实践训练并重，因此其毕业生具有直接上岗工作的能力，较其他高等教育更具有明显的职业性。高职学前教育专业是培养具备学前教育专业理论和专业技能，能在托幼机构从事保教和研究工作的教师、学前教育行政人员以及其他有关机构的教学与研究人才，其招收对象主要为高中、职高、技校以及中专的学生。本研究中，高职学前教育专业学生，是指在高职院校的学前教育专业接受教育，并通过系统地学习相关的理论知识和技能，使自己具备一定的职业能力后毕业并入职两年内的幼儿教师。

二、职业核心能力

近年来，随着学术界对"职业核心能力"的关注，高职院校对职业核心能力这一概念也有了一定了解。然而，无论国内与国外，在一定的研究基础上，对于职业核心能力的相关界定，因为文化差异、经济或政治渊源等因素的影响，对职业核心能力的特点、内涵、范围等见解未能表述统一。如，最早提出"职业核心能力"这一概念的德国，把"职业核心能力"表述为"关键能力"，英国则称之为"核心技能"，而美国则使用"基本技能"或"知行技能"，我国大多数学者使用"职业核心能力"这一说法。无论"职业核心能力"在各国的表述如何不一，内涵上还是趋于一致的：它是指从事任何职业都必需的，能适应岗位变动、应对社会信息变幻与技术迅猛发展的综合能力，是一个人在职业生涯中不可缺少的可持续发展能力，泛指专业知识与专业技能以外的能力。

我国劳动与社会保障部在《国家技能振兴战略》中把劳动者的职业技能分为职业特定技能、行业通用技能、职业核心技能三个层面。在我国人力资源开发中，把职业核心能力分为自我学习能力、创新革新能力、与人交流能力、信息处理能力、数字应用能力、解决问题能力、外语应用能力、合作协作能力八大模块。随着研究的深入，部分学者把良好的心理素质、时间管理能力也纳入其中。

职业核心能力作为一种综合能力，同时具有普适性、可迁移性、可塑性和稳定性的特点。

普适性是指职业核心能力在不同的环境与工作中被普遍应用，没有特定的应用限制。比如解决问题能力，无论劳动者从事何种行业、担任什么岗位，都需要在突发事件中具备解决问题的能力。这种能力没有针对性，因此在不同的行业与岗位普遍适用。

可迁移性是指职业核心能力在某一环境一旦习得，即可被运用至另一环境中，随着从业者的行业转换或岗位调动而迁移，成为从业人员自身能力的一部分。例如外语应用能力，在一定环境下习得之后，内化为自身能力的一种，当新的工作需要这种能力的时候，他会把这种能力重新应用到新的工作中去，而不需要经过重复学习。

可塑性是指职业核心能力可以通过后天的学习获得，又或者在个人漫长的职业生涯中潜移默化地习得。例如与人交流的能力，某些人有可能天生性格内向，不擅与人交流，但通过不断练习，渐渐地学会如何清晰明了地表达自己的观点，如何流利地与人沟通，如何有效地处理人际关系，再加上一些特定的场景练习，也可以获得怎样与人交流的技能。

稳定性是指职业核心能力一旦获得，通常会贯穿从业者整个职业生涯，不会随着时间的流逝而被遗忘。随着从业者行业的转换到岗位的调动，内化为个人自身的习惯、方法等，有着相对的稳定性。

三、职业能力与职业核心能力

职业能力是指从事某种特定职业所必须具备的能力，它基于从业者专业知识与专业技能在个人一定生理与心理素质的基础上，在所从事职业中表现出来的一种综合能力。职业能力对应特定的职业，不同的职业需要不同的职业能力，因此职业能力是多种多样的，同时在应用上也是相对狭隘的。职业能力与职业核心能力既是密切相关又容易混淆的两个概念，两者既有区别又有联系。

在范围上，与职业能力相比较，职业核心能力的适用范围较广。每个具体的行业、岗位，都有特定的职业能力相对应，因此它的种类多，然而适用范围却比较窄。而每个行业和岗位都存在普遍适用的一些特定能力，数量上比职业能力要少，但适用范围上却要比它广，这也就是大至每个行业，小至每个岗位，乃至于细化到每个人都需要的职业核心能力。

在表现形式上，职业核心能力是隐性的，它不像职业能力，可以通过某一行业或者某一职业所需要应用的专业知识和专业技能等表现出来。职业核心能力是个人在长期的职业活动中，通过不断地内化、沉淀、升华所表现的个性心理特征，处于职业能力体系的内隐状态。

在培养方式上，职业核心能力很难归类于某一学科或者某一专业，也不是单一的课程或技能训练，它不像职业能力，在某些方面可以通过短期有针对性的培训而获得相关专业知识和技能，从而在特定的岗位上加以应用。职业核心能力是要在长期的学习或工作中个人有意识地加以培养，并在日积月累的过程中逐渐形成的，是思维、价值、行为规范、处事方式在工作中的升华。

当然，两者又有着密切的联系。职业核心能力是职业能力形成和应用的条件，前者是后者的构成中最基础和隐性的那一部分。同时，职业能力的拓展与延伸又能反作用于职业核心能力，使其得以提升和完善。因此，在职业核心能力的培养中，对于课程安排和教学过程必须有所侧重，避免混淆，以期切实有效地提高学生的职业核心能力。

四、国内外对职业核心能力的研究现状

（一）国外对职业核心能力的研究与培养

经济的快速发展，科技的不断进步，知识的不断更迭，都促使社会产业结构一再调整以及劳动力结构不断改变，而职业的更替也将会随之加快。教育的发展与人力资源的开发成为国家社会经济发展的关键。这对世界各国的职业教育培养目标提出了新的挑战。传统的针对某个工种或单一行业的职业教育人才培养方式已远远不能满足社会发展对人才的需要，社会的不断进步与经济的快速发展都在呼吁着职业教育应在原有的人才培养基础上加上一种多工种需要的普适能力，也就是职业核心能力。因此，世界各国尤其是西方发达资本主义国家，对职业核心能力的内涵、测评体系开发、政策保障等，从理论到实践展开了深入研究。

1. 德　国

1972年，德国著名学者梅腾斯首次在《职业适应性研究概览》（survey of research on occupational flexibility）这一递交欧盟的研究报告中，提出了"核心能力"的概念，并将"核心能力"解读为"是一种进入不可预测而又日益繁杂的世界的工具，同时也是促进世界变革的策略"。其后，梅腾斯在1974年发表的《关键能力——现代社会的教育使命》中又对"核心能力"这一新概念做出了详细而又系统的论述。

他指出,"核心能力"是除了具体的专业知识与专业技能以外的技能,是一种"可携带、跨专业"的能力。

从 20 世纪 70 年代起,德国加快了对人才能力方面的培养,除了专业能力的培养外,还强调了社会与方法这两方面能力的培养,通过"专业能力 + 核心能力(方法能力与社会能力)"的培养内容,结合行动导向教学法的教学方式、"双元制"的培养模式,使得德国的职业教育得以腾飞,领先世界。德国政府在职业核心能力培养方面也给予了大力支持。1998 年,德国政府在修订培训条例时,就把职业行动能力(其中又以关键能力为核心)一并写入 208 个职业培训条例中。2004 年的《联邦职业教育保障法》更是对以关键能力为核心的职业行动能力进行了详细的规范,从而使得校企合作的从业人员在职业行动能力的提升上有了更充分的保障。2005 年的新《联邦职业教育法》强调职业教育要针对不断变化的劳动环境,在传授职业活动必要的知识与职业技能的同时,更要在职业进修教育中提供保持、适应或扩展职业行动能力的课程,使从业者拥有从事另一职业的能力以及升迁的可能性。这也就是从业者职业生涯中必不可少的可持续发展能力,即职业核心能力。

2. 英　国

英国职业核心能力课程改革是其职业教育改革的重点,许多英国高等院校对此十分重视,同时也把职业核心能力的培养纳入到专业教学计划中去,要求学生在修完专业课程的同时,也必须完成职业核心能力课程的学习。

1990 年,英国国家课程委员会先后发布了《十六至十九岁核心技能》与《共同学习成果:国家职业资格与高级和高级补充水平中的核心技能》报告,其中前者指出,核心能力将会明确列入 16～19 周岁学生的课程学习中,后者的发布则使得核心能力与普通资格证书得以顺利对接,从而实现了普通教育对 16~19 周岁学生核心能力的培养。

从 20 世纪 80 年代起,英国就在国家 NVQ(National Vocational Qualification,国家职业资格证书)体系中实施包括与人交流、合作协作、自我学习、信息处理、解决问题、数字应用 6 项核心能力的培训与认证。随后,在近 20 年的不断发展中,英国逐渐形成了极为完善的核心能力培训与认证系统。如今,英国国家职业资格证书制度有三个互相支持和补充的体系,即 Key Skills 体系(为就业服务的核心能力体系);NVQ 体系和 GNVQ 体系(General National Vocational Qualification,通用资格证书体系)。而核心能力的开发则是 NVQ 大体系的基础,它有一套独立的、具有可操作性的标准体系和认证制度。

3. 美　国

职业核心能力在美国被称为"必须（必备）技能"，美国劳工部在 SCANS（Secretary's Commission for Achieving Necessary Skills）这一发表的报告中，提出每一位进入劳动市场的人所必须具备的五方面关键技能，包括：（1）学习技能，要求学生在课程的学习中能监测、评价自身的学习活动；（2）思考技能，要求学生能自我思考，做出自我判断，从而解决问题，实现个人目标；（3）交流技能，要求学生能够在设定的不同场景中自如地与人进行沟通交流，同时也能自行进行交流场景的设计、实施与评价；（4）技术技能，要求学生能在瞬息万变的社会中，了解、选择、使用与评价各种技术，同时也具备能在不同工作中应用各种技术的技能；（5）人际交往技能，要求学生在各种场景中能够积极参与活动，并且能与人在工作中有效合作。而《关于美国 2000 年的报告》又进一步提出，劳动者为提高自身的能力，应对繁杂的社会，适应明天的发展，应具备三个基本素质，与此同时，也要拥有五种基础能力。三个基本素质即基本素质（包括听、说、读、写、算）、道德素质、思维；五个基本能力包括：获得、利用与处理信息的能力，合理利用、支配各种资源的能力，系统分析、归纳能力，处理人际关系（交际）的能力，运用多种技术的能力。

美国因其测评体系的完善，同时又极度重视个人素质和能力的发展，很大程度上促进了职业核心能力的培养。1966 年，美国成立了 NOCTI（National Occupational Competency Testing Institute，全美职业技能测评协会）。该协会通过对十多个行业进行为期几十年的研究以及多方面的论证，最终决定，16 大类的职业上岗技能测评得以通过并进行后续开展。其中，包括沟通交流能力，信息技术应用能力，解决问题及思辨能力，领导、管理与团队工作能力，就业能力，道德与法律责任，统筹、系统分析规划能力，身体健康与保护环境 8 项"软技能"测评。此 8 项就业基本技能，也是《关于美国 2000 年的报告》中所提出的三项基本素质与五种基础能力的具体体现。目前，该技能测试已在美国 49 个州中获得广泛采用，而 49 个州中有 30 多个州把其作为职业技术学院毕业生毕业所必须达到的指标之一。随着协会影响力在国际中的日益增强，还为韩国、法国以及一些南美洲国家提供职业技能测试题库。

4. 澳大利亚

1990 年开始，澳大利亚开展了"KC 教育"（Key competency based education，核心能力取向的教育）计划，这是一项全国性教育改革实验计划。

1992 年，澳大利亚教育委员会与职业教育暨就业培训部联合发布"关键能力"报告，指出青年在未来进入社会工作中要想有效地参与不同的工作，就必须具备

8项关键能力,分别为:(1)收集、整理、应用信息的能力;(2)组织、策划活动的能力;(3)沟通与交流的能力;(4)解决问题的能力;(5)合作协作——在团体中工作的能力;(6)数字应用能力;(7)通解不同文化的能力;(8)运用科技、处理信息的能力。

从1994年开始,澳大利亚在全国大规模推行"KC教育",配合开展多项职业教育改革,在核心能力的培养上起到了良好的效果。

为提高个人的就业与发展能力,澳大利亚工商业协会(the Australian Chamber of Commerce and Industry,简称ACCI)联合澳大利亚商务委员会(The Business Council of Australia,简称BCA)开发了就业技能框架内容,同时还提出了核心技能框架(Australian Core Skill Framework,简称ACSF)。其中,核心技能由学习、阅读、书写和口头交流组成。

5. 新加坡

2003年,新加坡人力资源部(Ministry of Manpower,简称MOM)成立了新加坡劳动力发展局(Workforce Development Agency,简称WDA),以推动新加坡国内的劳动力发展,进而提高求职者的就业竞争力。

2004年,"新加坡劳动力技能资格系统"(Work Skills Qualifications,简称WSQ)被新加坡劳动力发展局(WDA)启动应用。该系统中的新加坡就业技能体系(Employment Skills System,简称ESS)的通用就业必备技能是其重要组成部分,这些通用技能有助于从业人员在提高其工作效率、改善工作能力的同时,还因为技能通用于各行各业而促使从业人员能快速适应多变的工作环境以及为有挑战性的工作做更好的准备。ESS包括信息交流技术、与人沟通与人际关系管理、全球化意识、工作中的读写与计算能力,解决问题并进行有关决策的能力,终身学习能力,自我管理、积极进取与创业、身体健康与安全工作能力,心理平衡技能等10项基本能力。WSQ首次明确定义了基本技能的内涵、名称、种类,同时也涵盖了基本技能的认证和培训方法,将可迁移的、普适性的基本技能提升到了一个新高度。WSQ的启动拉开了新加坡职业教育全力服务知识经济、打造高素质人力资源的序幕。

综上所述,可以看出职业核心能力的培养得到发达国家的高度重视,在开发与培养上也已颇为完善。从德国首次提出"核心能力"这一概念开始,各国纷纷对其展开研究,成果喜人。德国通过明确"核心能力"的培养内容、使用行动教学法的教学方式、采取"双元制"的培养模式,加之立法的保障,形成了整套职业核心能力的培养过程。英国在职业核心能力的开发和培养上建立了较为完善的体系,同时也形成了较为成熟的职业核心能力开发模式。美国重视个人素质和能力的发展，侧面上促进了职业核心能力的培养，同时完善测评体系并为其他国家提供职业技能测评支持。澳大利亚则结合国情实施了核心能力取向的教育计划，在开发就业技能框架内容的同时提出核心技能框架，使得职业核心能力的培养得以充分实施。而新加坡成立专门的部门，启动"新加坡劳动力技能资格系统"，为职业核心能力的培养拉开了序幕。一系列的研究成果，加深了职业核心能力的培养研究，同时也为其他国家职业核心能力的培养提供了参考。

（二）国内对职业核心能力培养的研究与实施

我国关于"职业核心能力"的相关理论与实践，最早是在 20 世纪 80 年代由我国学者从国外引进而来的，随后进行了更深入的研究，经过几十年的探讨，其理论已在学术界有一定的影响力并逐渐地发展成熟。

自 1983 年中德两国开始进行职教合作以后，国内的学者才逐渐关注职业核心能力，并对此展开了研究。而把"核心能力"一词正式引入教育界的，是 1997 年杨美怡在《澳洲推行以"核心能力"为取向的教育》一文中正式使用了"核心能力"一词。自此以后，大批的学者开始意识到职业核心能力的重要性，并投身其中进行研究。蒋乃平把职业核心能力称为"关键能力"，并在《课程目标与综合职业能力——对宽基础、活模块的再思考之一》中提出"关键能力"是较高层次、任何职业都适用的能力。贾剑方则把职业核心能力看作是通用能力，是构成职业能力最基础的、隐性的那一部分能力，是一种无论从事何种职业都需要的综合职业素质，它承载着整个能力体系。盛树东在《职业核心能力的内涵新解及其结构审析》中指出，职业核心能力蕴含着各类文化因子，是职业个体的行为方式、规范、价值、思维结晶的一种内化，是专业特定能力的形成，并将其看作是应用的条件和文化的支撑，是职业维度、核心维度、能力维度的延伸。张燕如把职业核心能力解读为个人能力体系中处于核心地位的能力，是专业能力以外的能力，它是抽象的，具有普遍性、迁移性和工具性三大特点。2004 年，《国家职业核心能力培训测评标准（试行）》颁布，把职业核心能力定为："自我学习能力""与人交流能力""合作协作能力""解决问题能力""信息处理能力""创新革新能力""数字应用能力""外语应用能力"8 项。

在职业核心能力开发方面，1998 年，我国将职业核心能力培训与认证体系有关推广与开发的相关内容写进了《国家技能振兴战略》中。2000 年起，中国就业培训技术指导中心就开始组织相关人员进行体系研发。在相关专家多年努力钻研下，最终在 2004 年完成了包括认证标准与教材的整个培训认证体系的开发与前期试点工作。同年，劳动与社会保障部从全国组织了一批人数多达80余人的专家，全面开展对职业核心能力的开发与研究工作。与此同时，为了工作的顺利开展和对研发工作给予一定的指导，中国就业培训技术指导中心推选出32名相关专家，组成了"国家职业资格鉴定专家委员会核心能力专业委员会"。直至2004年底，李怀康研究员亲自主持并完成了相关鉴定工作。2007年5月，童山东教授与李怀康研究员联合全国将近百名的专家、教授、学者等合编了职业核心能力的系列教材。同年6月，劳动与社会保障部发布《关于颁布职业核心能力培训测评标准（试行）的通知》（劳社鉴发[2007]11号），通知中明确要求相关机构主动积极参与体系开发的有关宣传工作，并为职业核心能力的测评工作做推广准备。通知的发布，为我国职业核心能力的前期开发与后续推广奠定了基础。2007年8月，中国就业培训技术指导中心首次举办了职业核心能力的教学研讨班与师资培训，取得圆满成功，进而在其引领下掀起了一股职业核心能力师资培训的热潮。随后，教育部也组织了一批专家参与职业核心能力的培训与开发，其下属的教育管理信息中心成功举办了两届全国职业核心能力研讨会，扩大了职业核心能力的影响力，加快了其开发进程。

在培养目标上，丘东晓、刘楚佳在《职业核心能力的内涵分析及培养》中提出了三点：一是要反映社会实践，同时体现职业核心能力的导向要求，即根据社会经济的发展以及人文素质的追求，培养学生积极主动参与社会实践的能力；二是要建立学习和社会的联系，发挥学生学习主体的作用，使学生的直接经验与间接经验有机结合，培养学生解决问题的能力与思维方式；三是要体现就业与职业生涯发展需要，通过在校学习使学生具备一定范围的职业核心能力，体现学校职业教育价值。杨明在《论职业核心能力的培养策略和方法》中则认为，明确职业教育的培养目标是要放在第一位的，其次要根据社会发展、市场变化对培养目标进行细化，这样才能培养学生各种能力，处理好不同种类能力培养的关系。梁玉国、夏传波、杨俊亮认为，培养目标对培养体系具有控制和导向的作用，因此，他们在《高职院校学生职业核心能力培养的思考与实践》中把职业核心能力培养目标分为两大部分：总目标与分目标。总目标涉及培养目的，具有高度概括、抽象与宏观的特点，对分目标也起着规范与指导的作用；分目标是各项能力的具体目标，是为协助总目标的达成而设定的，分目标明确、具体，同时也兼具针对性和可操作性强等特点。

在课程体系的设置上，梁玉国等人提出课程体系采用"三平台+三模块"的基本结构。"三平台"指专业核心课程平台（包括集中专业实践课程）、专业群课程平台、公共基础课程平台；"三模块"具体指选修课、专业方向课、素质拓展课三大模块。杨明在《论职业核心能力及其培养策略》中提出，课程是学生获取知识、形成能力的载体。学校要结合学生现有的知识水平，切合实际地增加教学内容，同时改革职业教育课程体系，在课程中要融入职业核心能力的相关元素。岳振海在《高职"两课"与学生关键能力的培养》中指出，应当在教学中突出学生学习主体的作用，采用合作学习、案例教学、展开讨论、演讲和辩论、社会调查、模拟现场等方式来培养学生的职业核心能力。张桂杰在《职业教育必须着力加强学生关键能力的培养》一文中指出，培养学生职业核心能力应从教学活动、学生活动、管理工作三方面着手。

在教学方法上，金霁在《我国高等职业教育注重核心技能培养的思考》中认为，要通过课堂讲授教学法、项目驱动教学法、小组讨论教学法实现核心能力培养目标。李鸿则在《高职院校语文课职业核心能力培养的探索与实践》中进一步提出更为详细与具体的策略，他认为，要实现学生职业核心能力的培养，需要采用两种教学模式：一种是以任务为驱动、以项目为导向的教学模式；另一种是工作过程导向的教学模式。通过运用案例教学法、角色扮演法、项目法等方式，培养学生的职业核心能力。张见则提出要对课堂进行重构，对开设的课程进行重新组合，创新教学方法，实现人本化评价。

在师资队伍建设方面，马雅玲在《加强高职学前教育学生职业能力培养的思考》一文中提出，"职业核心能力训练"课程的师资队伍要进行严格培训后方能上岗。丁嘉、陈和年在《高职建工专业学生职业核心能力系统培养的思考》中则认为，切实提高教师综合素质是培养学生职业核心能力的前提和基础，通过激发教师的热情与创造力、及时更新教师育人观念、定期进行师资培训等方法提高教师的教学水平与综合素质。

在评价方式上，邓金娥在《论高职学生职业核心能力的培养》中认为，要开展能力本位评价、成效评价，要改变单一的考试模式，要以学生的综合应用能力为出发点，将过程性评价与终结性评价相结合，尤其要重视形成性评价，构建核心能力的评价体系（评价标准、评价手段、评价方法等）。梁玉国等人在《高职院校学生职业核心能力培养的思考与实践》中则认为，考核评价是职业核心能力培养体系的重要组成部分，必须要从评价构成、评价主体、评价内容和评价方法等方面构建完善、科学的评价体系。

总的来看，我国学者在职业核心能力内涵的研究上，从内容、特点到所属范畴，涵盖较全，同时也对"职业核心能力"进行了思考，认为职业核心能力这一外来品要想在中国得以生根发芽，必须要继续研究和探讨，借鉴外来经验，使其本土化，符合我国国情国策，最终为我所用。在职业核心能力开发方面，国家组织了大批专家进行了探讨研究，最终形成了初步的能力测评体系，也正式出版了相关的配套教材，但还有待继续完善。其他方面，包括培养目标、课程体系、教学方式、师资建设、评价方式也都有学者做了相关研究。可以说，在职业核心能力培养的研究中，理论研究较多，而且涵盖得也较为全面，但是众多学者研究的往往只是其中的一个方面，显得较为零碎，观点也难以统一，不能形成系统，甚至很多研究还停留在浅层次，有待进行更深一步的挖掘；实践方面的研究较少，结合具体的实际、具体的案例、甚至具体的专业对职业核心能力进行相关研究的成果较少，还有待进一步进行理论与实际相结合的深层次研究。

第三节　高职学前教育专业学生职业核心能力培养的意义

一、有利于提高学生的就业竞争力

在人才市场竞争日益激烈、用人单位对人才素质要求逐渐提高的当今社会，毕业生"就业难"成为一个普遍现象。高等职业教育对于"以就业为导向"这一培养目标的片面理解使得学校在人才培养的时候过于看中学生的专业知识与专业技能，因而在课程设置、教学内容、课后实践等方面不断强调技能的锻炼，从而忽视了学生其他能力的培养。很多时候，用人单位需要的并不仅仅是拥有某一岗位专业技能的"技工"型人才，而是能在多个岗位之间轮岗的"技能"型人才。劳动供需关系的结构性错位，使得宏观上的劳动资源供过于求，很多劳动者的技能素质结构与用人单位需求不相匹配，因而出现人才过剩、用人单位却人才紧缺的奇特现象。很多用人单位都意识到，聘用职业核心能力发展较好的劳动者，在某些岗位人员紧缺的情况下，可以相对容易地填补岗位空缺。相反，如果劳动者只有对应岗位的专业知识与技能，在岗位进行不断调整与整合后，很难适应新的工作需要和未来愈加难以揣测的变化。随着学前教育的不断发展，社会对幼儿园师资要求也逐步提高，这既是高职学前教育专业学生的机遇，同时也是他们的挑战。求职就业是高职学前教育专业学生进入工作岗位的第一步，也是个人职业生涯极为重要的第一步，求职者在面对面试官的时候，展现自我的第一次机会往往不是演示专业技能，反而是展现个人综合素养，具备与人交流、与人合作、解决问题等能力的求职者显然会更受到用人单位的青睐。因此，职业核心能力的培养有利于学生提高就业竞争力。

二、对学生的可持续发展与全面发展具有深远影响

经济的持续高速增长带来了产业结构前所未有的变革：很多传统的产业在不经意间慢慢消失，取而代之的是一批又一批新的职业以超出人们想象的速度和形式出现在人们的生产和生活之中；在高新技术的冲击下，信息与计算机技术的应用使得很多传统职业的内涵得到了提升，新的管理理念、生产方式和社会消费方式等也促使了许多职业功能的分化和整合，许多职业形态没有改变，但内在工作方式、功能以及技术等都发生了翻天覆地的变化。人们也不再从一而终地从事一份职业，除了因为新职业的产生提供给劳动者更多的就业机会外，还因为很多职业消亡使得劳动者最终选择转行。职业变换和岗位流动不仅是出现在同一单位同一部门，也出现在不同单位甚至是不同行业，频繁的岗位变动对劳动者的能力提出了更高的要求：既要有完成现任岗位的胜任能力，也要有岗位变更和调整的适应能力，也就是要有可持续发展的能力。而在学校中养成的职业核心能力，既是可持续发展能力，也是一种可迁移的、普适的能力，将会让学生们在其一生的职业生涯中永远受益。

从人的发展层面来说，高等职业教育首要的是生存就业教育，接着是适应岗位变迁教育，最后是实现个人高远目标的教育。要想在人才济济的同行中脱颖而出，从而达到个人职业生涯的制高点，专业知识与专业技能虽然不可或缺，但职业核心能力却显得更为重要。学会学习的能力能让从业者根据工作要求快速地掌握所需的知识与技能，使从业者无论在任何岗位都能迅速适应岗位的工作；沟通交流能力可以运用现代知识与技术获取分析信息形成书面或口头陈述，与人会谈或谈判，与不同层次的人保持联系与建立关系，有利于工作的顺利开展和发展人脉关系；问题解决能力则可以让劳动者从容应对纷繁复杂的职场世界，等等。在校的职业核心能力培养让学生在积累知识与技能的同时，也促使学生做好了素质、能力等方面的准备，为将来顺利走上工作岗位并成为职场赢家奠定了坚实的基础。因此，无论学前教育专业学生将来从事本专业工作或是转行，职业核心能力对其职业生涯的可持续发展与个人能力的全面发展都有着深远影响。

三、符合高等职业教育改革与人力资源开发的发展趋势

自从职业核心能力提出以来，世界高等职业教育开始逐渐注重学生核心能力的培养。正如《教育——财富蕴藏其中》一文中提出的"四个学会"的教育理念："学会认知""学会做事""学会共同生活"和"学会生存"，这四者成为教育发展的支

柱，也成了职业教育的整体目标与基本理念。在描述"学会做事"时，文章指出，"……已经不能再像过去那样简单地理解为学会做事的含义就是为了培养某人去从事某一特定的具体工作，……不能再被看作是单纯的传授多少有些重复不变的实践方法，……知识和信息对生产系统起着支配作用，专业资格的概念变得有些过时，……雇主们越来越注重能力方面的要求，……能力是每个人特有的一种混合物，它把通过技术和职业培训获得的严格意义上的资格、社会行为、协作能力、首创精神和冒险精神结合在一起"。当前，世界职业教育正不断地从传统的"工具性"谋生型教育向"发展性"适应型教育转变。在这样的大环境下，现代的高等职业教育承担着比以往更为重要的责任，一方面要培养就业者的岗位胜任能力，也要培养就业者的职业适应能力；另一方面要培养就业者上岗的基本专业知识与技能，同时也要培养就业者具备应对科技迅速进步、经济快速发展、社会不断变化的核心能力和基本的心理素质。在职业人才培养和人力资源开发中，就业者单纯掌握专业知识与专业技能已经远远不能适应社会的发展，因此，培养就业者的职业核心能力，已经成为世界职业教育与人力资源开发的发展趋势。近年来我国进行的能力本位的教育改革，也越来越重视学生一般素质的核心技能培养，认为职业核心能力是提高就业者多种职业适应性的基础，同时也是个体自身继续学习的能力基础。职业核心能力是高职学生综合素质的核心，是将来就业的关键能力，加强高职学生职业核心能力培养是"能力本位"教学的重要内容，是提高高职院校教学质量的重要举措。

第四节　高职学前教育专业学生职业核心能力构成要素

在职业核心能力的分类研究中，有学者把其分为社会能力和方法能力两种，主要是根据职业核心能力的内涵进行分类。本书中，为了使学前教育专业的职业核心能力内容更为清晰明了，按其含义将其分为学习能力、方法能力、社会能力、思维能力、心理承受能力，并在此基础上对每一项职业核心能力的要求一一进行阐释，使职业核心能力在培养过程中所要达成的目标更加明确。

一、学习能力

学习能力是高职学前教育专业学生职业核心能力构成的关键。无论是学生在校教育阶段顺利地完成学业，还是工作后进一步接受教育，学习能力对学生的进一步发展都有着至关重要的作用。通常而言，学生学习能力的养成意味着学习者拥有系统观察、分析与质疑的能力，以及对新知识和新技能保有好奇心并热衷于学习的良好习惯。学前教育专业学生毕业后走上工作岗位，工作上接触最多的是拥有好奇心、活泼好动的幼儿，不断学习是幼儿园教师增值自身的有力保障，也是幼儿园教师工作得以顺利开展的前提条件。高职学前教育专业学生学习能力主要包括以下两方面：

首先，学生要学会自我学习，形成批判反思的习惯。在学校学习的几年时间里，如何合理分配时间，对学前教育专业有更深入和系统的了解，在有限的时间里尽可能地汲取知识、获得技能，关键要看学生自我学习能力。除了学校规定的语文、英语、计算机、政治等基础课程，学前教育原理、学前教育史等专业课程，手风琴、绘画、手工等艺术技能外，为了对将来的工作对象有更深入的了解，学生应该选择性地学习一些学校没有纳入专业设置但又与将来工作息息相关的课程。如基础医学知识、管理学等，甚至为了应对突发事件，更好地照顾幼儿，传染病、常见病、外伤简易处理知识也应该稍有涉猎。学习能力在学生获取知识方面表现在，知道如何学习，用相对少的时间积累相对多的知识，并能熟练使用学习技巧和策略获取新知识。在积累知识的同时，也要拥有批判精神，对教师所教要学会思考，进行反思，从而不断扩充自身知识库。

其次，理论与实际相结合的能力。作为一名幼儿教育教师，纸上谈兵是不足以应对实际工作的，还必须具备实际的动手能力。为幼儿创设健康、优美的生活环境，这就涉及如何布置班级；而让幼儿快乐地玩耍的同时也能学习，要看如何组织班级活动等。幼儿教师必须学会把所学知识应用到实际的工作中去，须知"纸上得来终觉浅，绝知此事要躬行"。因此，学习能力不仅表现在知识的获得上，同时也包括技能的习得与应用。

二、方法能力

方法能力主要是指学生通过已掌握的手段、方式、方法等，去解决生活与工作中所遇到问题的能力。方法能力是作为一种辅助性能力而存在的，主要包括三方面：外语应用能力、信息处理能力以及数字应用能力。

外语应用能力，一般指学生能够熟练掌握英语的听说读写，并会用英语阅读外文文献，进行相关分析，对国外学前教育的相关成果进行学习吸收与应用的能力。作为幼儿教师，还必须能用英语进行流利的"双语"教学，间隔性地用英语组织日常的教学活动、生活活动以及游戏活动。也就是说，除了自身掌握外语的应用能力外，还必须把外语应用到教学工作中去。

　　信息处理能力，广义上指运用计算机信息处理技术对信息进行获取、加工、处理、应用、传递等的能力。信息处理能力不单是计算机操作能力，更多的是信息收集、分析、处理、呈现与交流的能力。对于学前教育专业学生而言，信息处理能力包括四个方面：一是获取信息的能力，对信息进行定义，确定搜索范围，并运用询问法、阅读法以及电子手段等进行搜索；二是整理信息能力，即对搜索到的信息内容进行选择、收集、辨析，同时整理并保存；三是传递信息能力，对整理的信息通过书面或口语的方式进行传递，或者通过计算机或其他电子手段对信息进行传输；四是展示信息的能力，即用图文图表等对信息进行展示，或者用演说传递信息，用多媒体和计算机等辅助展示信息等。学前教育专业学生在教学过程中，还要对所获得的信息进行去伪存真，并结合实际情况对所收集的信息进行有选择性的展示，以期达到教学目的。

　　数字应用能力，是指根据实际工作和生活需要，运用数字应用的知识和技能获取数据，读懂数据，并将数据进行归纳整理的能力。具体包括：从不同信息源获取相关数据信息；读懂图表上的数据；对数据进行分类汇总；编制统计图、统计表、坐标图、示意图、流程图；选取适当的方法展示信息和计算出来的结果等。数字应用能力是工作和生活中最基本、最实用的能力。

三、社会能力

　　社会能力是一个人在社会的人际交往过程中所需要用到的各种能力，可以借以构建个人社会关系，增强社会责任感，从而更好地为以后的生活和工作服务。社会能力主要包括沟通交流能力和与人合作能力。

　　1. 沟通交流能力

　　沟通交流能力是指个体在事实、情感、价值取向和意见、观点等方面采用有效且适当的方法与对方进行沟通和交流的能力。作为学前教育专业学生，将来工作的对象是幼儿，沟通交流能力显得尤为重要。概括来说可以从四方面进行界定：交流的对象、交流的目的、交流的方式、交流的手段。在工作对象上接触最多的是幼儿园的学生，因此在方式和手段上也必须有所侧重。幼儿的语言能力还没成熟，交流方式也就不局限于口头述说，还可以通过肢体语言、表情等促使幼儿获取教师传递的信息，同时在教学上也可以通过播放图片和动画等手段来加强与学生的沟通。除了注重与幼儿的沟通交流外，学前教育专业学生还应注重口头陈述能力（与家长、同事的沟通；

做演讲等)、书面陈述的能力(如发通知、写报告等)等沟通交流能力的提高。

2.与人合作能力

与人合作能力是在生活和工作中逐渐形成的一种与别人相互合作、相互促进、共同发展的能力。具体包括:(1)正确认识自我,尊重关爱他人。"金无足赤,人无完人",部分人有可能是自我中心者,也有部分人可能有着自卑、懦弱、蛮横、自大等不同性格。这些人与人合作的能力有可能稍显薄弱,不能正确处理自身人际关系。作为学生,要充分认识自我,不欺负弱小,尊重关爱他人;同时,性格懦弱者也应该进行自省,充分认识自身缺点,并尽量克服与他人交流合作的恐惧,进而完善自我。(2)对他人的做法与观点等持正确的态度。一千个读者就有一千个哈姆雷特,同一件事情有可能不同的人持有不同观点,与人合作必须接纳别人观点,取长补短,才能把一件事情做得更加完美。当然,别人意见或观点与自己相矛盾时,也不应该横加指责,而应委婉表达劝说。(3)学会宽容、忍耐、谦虚礼让等做人美德。具有较强合作能力的人,是会倾听别人意见、凡事宽容忍耐的人。幼儿园教师是个需要极度耐心与宽容的工作,很多时候对于家长的误解需要耐心地倾听,宽容地对待,教师与家长是孩子成长过程中必不可少的重要角色,通过彼此互相配合合作,从而达到家长希望的孩子教育好了的同时,也使教师的职业感悟更深了的双赢局面。

四、思维能力

思维能力是对实际问题运用方法能力进行分析整理,使得感性材料转化为理性认识,同时形成自己的一套理论并有所创新,最终解决问题的能力。主要包括解决问题能力和创新能力两方面。

解决问题能力是指在实际工作中发现问题并提出具体解决方案,最终解决问题的能力。一方面,在幼儿园工作中,有必要强调利用自身的认知与知识去解决现实问题中的跨学科性质的问题的能力。例如,幼儿在游戏活动中的摔伤,在没有送院前需要做好的一系列急救措施,应对医护人员到来前突发情况的能力;幼儿在幼儿园中的伙食涉及的营养学问题等。另一方面,在游戏活动中进行随机应变的实时教育的能力。幼儿教育并没有特定的课程,也没有硬性规定的上课时间,幼儿园对幼儿进行看护照顾,提供玩耍场所,并进行一些简要的知识启蒙。在这样的前提下,幼儿的教育机会是随时随地发生的,例如,很多时候幼儿会发生打架现象,这样的问题常见但不容易解决。很多时候幼儿园老师认为阻止了幼儿的一次打架就是问题的解决,但实际上还会经常发生。因此,打架的时候要对幼儿进行适当的教育,教会他们友爱同学、谦让朋友，从而在根本上阻止幼儿打架问题的发生。作为幼儿园教师，问题是随时会发生的，解决问题的能力是重要的，同时也是必不可少的。

创新能力主要指思维开阔、敢于想象、不囿于条条框框，能把新思想应用到新事物并制造出新事物的能力。作为幼儿园教师，对于幼儿具有的丰富想象与大胆构想应当进行引导与鼓励，充分激发幼儿的创造力。因此，在引导幼儿的同时，教师也必须具备创新能力，创新教学内容，创新教学方式，走在教育教学前沿。

五、心理承受能力

心理承受能力是指拥有自信心与良好的心理素质，并能适应环境、承受挫折的能力。幼儿教师是一种特殊的职业，教学的对象是幼儿，因此在工作上必须付出极大的耐心与细心，同时也面对着来自外界的监督。在这样高强度的工作压力下，决定着幼儿园教师必须拥有健康的心理素质，可以承受住来自社会、家长等方方面面加诸在身上的无形压力。这也就突出了教师心理素质的重要性，要求教师必须具有乐观开朗的性格、积极进取的精神、饱满的工作热情、坦荡宽广的胸怀、融洽的人际关系以及正确的角色认知，在工作上要有敢于创新的精神、善于接受新知识与新事物的能力、自我情绪调控的能力以及勇于面对挫折的勇气，这些都是幼儿教师必须具备的良好心理素质。

随着幼儿教师工作强度的提高、分工的细化、压力的增大，教师的心理健康也越来越受到人们的重视。无论是传统社会还是现代社会，人们对教师的知识水平与道德素质都提出相当高的要求，这也对教师的职业心理增加了一定的外在压力。从新闻媒体中频频曝光的教师体罚幼儿、殴打幼儿、虐待幼儿等一系列的非人性化的行为中可以看出，相当一部分幼儿园教师存在着一定的心理问题，其心理健康状况也令人担忧。因此，作为幼儿教师，必须要有健康的心理素质以及良好的心理承受能力。

第五节 高职学前教育专业发展理念

一、学前教育专业设置以市场需求为导向，树品牌意识

（一）学前教育专业教学的基本依据

高职人才培养目标是学前教育人才培养的总原则和总方向，是开展学前教育专

业教学的基本依据。高职人才培养目标具有人才层次的高级性；知识、能力的职业性；人才类型的技术性；毕业生去向的基层性等特点。随着社会经济的发展以及河北省经济规划的要求，我院学前教育专业从原来对人才基本技能的能力培养转向了以全面素质和综合职业能力的培养为目标。学前教育专业是阳光的事业，培养和造就的是为社会主义建设服务，德、智、体、美全面发展，具有大学专科水平，从事幼儿教育工作和家庭成长教育工作的专门人才。

（二）高职学前教育专业的定向性和针对性

高职学前教育专业具有较大的可变性和开放性，易受市场变化和经济结构调整的影响，这是因为高职教育培养的是高等应用型技术人才和管理人才。这类人才与一定区域的市场、职业、行业、产业等有着更直接、更紧密的关联，其专业具有较强的职业定向性和针对性。

1.具有灵活性和适应社会的需求原则

现在的家庭把子女教育放在第一位，对孩子的教育越来越重视。经过社会调查，改革开放30多年来，我国幼教事业发展迅猛，从国家到地方及个人，各种形式的幼儿园、幼稚园如雨后春笋般遍地开花，显示出它广阔的市场前景和发展潜力巨大的产业优势。目前河北省的实际水平是平均40个孩子有一名幼儿教师。现在儿童入园率不足40%，农村则更差。从数据上可以看出，幼儿教育远远落后于经济发达地区。因此，省教育工作会议提出，素质教育应该从幼儿教育抓起。学前教育专业的教学改革正是适应了辽宁省基础教育和经济、社会发展的需要，适应了京津冀一体发展的需要。

2.保证质量和结构最优先的原则

专业的设置要充分考虑人才培养的周期性，适应社会发展的需要，要调查区域的资源优势、支柱产业及发展方向，科学地预测人才需求，具有一定的超前性。专业设置的软硬件等必备条件必须满足专业设置的要求，形成专业结构综合优势，努力建设品牌专业，合理配置教学资源，加强师资队伍的建设、实验设备添置、实习基地建设，使学校的投资达到最大效益。提高教学水平，把学前教育的重点专业办出特色、创出品牌。

二、创新学前专业教学模式，打造专业品牌

学前教育专业人才培养计划的关键，在于根据专业人才培养目标构建课程模块和体系。围绕学前教育专业技术应用能力的形成，构建学前教育应用技术、技能训

练与学前教育技术理论的教学体系，并建立以培养技术应用型能力为主线的教学运行机制，以转变教育观念为前提，根据市场行业需求及学前教育发展快速的特点，构建培养学前教育"技术岗位型"的新教学模式及运行机制，形成具有河北青年管理干部学院学前教育专业特色的高职教学模式。强调高职教育的针对性、应用性、实用性等特点，强化实践环节，建立以学前教育技能训练为主的理论教学与实践有机结合的教学体系。

1. 理论和实践并重的课程模式

课程模式是实现人才培养目标的重要环节，包括课程内容体系和课程结构体系。课程内容的更新整合与新课程的开发，需要紧密结合社会经济技术的发展，必须对应不同教育对象的教学目标进行。课程结构就是课程的组织与流程，反映教学的框架与进程。本专业改变传统学科型的课程模式，根据培养目标与基本要求设置课程。并根据本专业实践性强的特点，构建了以职业能力为核心的模块式高职学前教育课程体系。设计和实施"学前教育"综合课程模块体系，目的是贯彻《教育部关于加强高职教育人才培养工作的意见》的精神，全面推进素质教育，形成学科加模块、具有中国特色的"多元整合型"高职教育模式。

"多元整合"策略思想应包括：课程观的多元整合——多元互补、博采众长，建立以综合技术能力为导向的现代高职课程观；课程内容的多元整合——"知识"、"技能"、"态度"三要素中各个成分的多重、多种综合，选择有价值的现代高职课程内容；课程结构的多元整合——架构模块化、综合化、阶段化、柔性化、个性化相结合的课程结构。

"学前教育应用"综合课程模式是根据社会、市场、学生的需求，灵活运用多种课程开发的思路和方法，被广泛应用于高等职业教育众多专业的课程设置上，具有很强的实用性。因此，高等职业教育的课程设计必须要经过详细的职业分析，根据职业岗位的需要科学选择课程内容，淡化学科知识的完整性、系统性，删除理论性过强、过深且脱离社会实际的课程内容，及时补充职业岗位所需的新知识、新技术，使教学过程更加符合学生的认知规律，满足学生学习心理的需要，使学生能够学到丰富的知识，掌握熟练的职业技能，形成良好的职业道德。

"学前教育应用"课程模块的最终目的是要实现高等教育的培养目标。因此，"学前教育应用"综合课程模块的设计和实施要全面贯彻教育部的有关方针和政策，树立以素质教育为基础、以能力为本位的新观念，切实突出高等职业教育的特色。要以学生职业能力的形成为出发点，探索打破旧的学科知识体系，尝试将知识能力、素质结构按以职业能力形成为线索进行相互渗透、排列组合，最终形成体现能力本位的课程体系。

2. 以培养学生职业能力和综合素质为宗旨的教学设计

党的十六大提出全面建设小康社会的奋斗目标，要求提高全民族的思想道德素质、科学文化素质和健康素质，建立比较完善的现代国民教育体系，这必然对基础教育的教师教育提出更高的要求。

从近几年的教学改革实践来看，河北青年管理干部学院高职院学前教育专业的教学设计，体现以培养学生职业能力和综合素质为宗旨的高职教育观念，显示出实践教学过程与职业活动的内在联系，使高等职业教育更加贴近职业岗位的实践活动。我们通过深入社会企事业单位、学校、幼儿园等对教师、幼教工作人员等职业岗位或职业岗位群进行了周密的职业调查和分析。在职业分析方法上，通过采用横向集群的分析方法，实现了从单一职业、单一专业的分析转向整个职业群的分析，拓宽了专业面，适应了社会发展对复合型人才在知识、能力、素质等方面的要求，适应了学生将来在同一行业变换不同的职业岗位的需要，为最终形成拓宽专业基础加专业化培养方向的课程结构创造了条件。可见，职业分析内容与方法的改进，明显提高了"学前教育应用"综合课程模块的针对性、有效性、实用性和工作效率。我院高职学前教育专业的学生毕业后主要从事幼儿教育工作，就业的岗位主要是企事业单位幼儿园、社区教育中心等单位。用人单位对他们的要求是：有事业心和责任感，具备扎实的专业基础知识，幼儿教育技术能力强，专业新知识吸收快，熟悉幼教方法，有良好的个人素养及具有与人合作的能力，能在幼儿教育管理与教学业务中发挥骨干作用。具体表现在：

（1）及时了解学前教育行业的基本情况。主要包括基础教育的行业背景和河北省基础教育企事业单位的数量和规模、发展水平，对第一线学前教育管理及应用型人才的需求以及学生个体需求等的情况。

（2）分析幼教职业岗位的实际需求与分布情况，确定幼教职业综合能力。幼教职业综合能力主要由专业能力、方法能力和社会能力三项要素组成。对有关专业进行职业综合能力的分析与分解，是高职专业教学中最重要、最具特色的一项工作。

三、培养途径

培养途径是指人才培养过程中为完成特定培养目标或教学目标所采取的培养形式和创造的教学环境的总和。以培养适合生产建设管理、服务第一线的应用型人才为主要目的的教育模式，是高职幼教人才培养最有效的、最基本的途径。因此，加强实训室和校内、校外实习实训基地建设，是高职教育办学特色的关键。目前，河北青年管理干部学院专业在产学合作方面进行了以下几个方面的改革：建立独立规范的实践教学体系。对于学前教育专业的社会调查、课程实习、专业实习、生产实习、课程设计、毕业设计、毕业实习等实践性教学环节，进行定性的论证与划分，制定各个环节的管理细则和评估方案，改进实践内容、方法、手段以及考核办法等，提高实践性教学环节的质量；建立独立规范的实践教学体系，与京津冀地区一些特色幼儿园建立实训基地，同省幼教基地建立联系，与外省市幼教单位紧密接触。

（一）开展学前教育项目学习

在探索能力本位的实践的学习中，根据学前教育职业岗位的实际需要和高职学生的能力要求，设计若干"全真"或"仿真"的职业任务，学习综合运用专项职业能力和适应职业环境的需求；在专项职业能力实践课程的学习中，设计系列的实践项目供学生学习。在项目学习的过程中，教师要根据具体的情况设计不同的教学策略，如"学工交替""现场情境教学""模拟仿真""综合实践项目双师导学"等学前教育教学形式。

（二）编制《实践教学法学习指南》，指导学生开展自主学习

指导学生开展自主学习，使学生明确学前教育职业岗位能力要求，了解专业技能内容，有目的地引导学生按就业岗位的职业能力要求选择、设计学习方案是意义建构的关键。在《实践教学学习指南》中明确了专业就业去向和职业能力要求，尽早为就业做好思想上的准备，面向就业需要谋划职业生涯的学习计划；明确了学生在实践教学法中的权利、责任；明确了实践学习班的程序、方法、内容；明确了学生在实践中如何参与教学活动、提出建议要求、提供咨询服务的途径和方法；明确了技能等级证书、职业资格证书的种类和取得的途径及实践技能考核的标准和方法。

（三）加强实训基地的建设，创设职业情境

实训基地建设要体现实践教学改革的需要，服务于教学组织结构的变革，服务于课程学习内容和方式的转变，从职业性、整体性、开放性、先进性等方面提升建设者水平。第一，职业性。实训基地建设力求体现职业的真实情境，建立模拟、仿真、全真的校内外实训基地。第二，整体性。实训基地建设要围绕职业能力目标和要求，建立能够适应完成多种实训基地项目和综合实训的校内外实训基地。第三，开放性。实训基地的建设要满足学生知识、技能主动建构和学生课余训练的需要，为学生自主学习、技能训练、发明创造提供条件。第四，先进性。实训基地建设在项目创设

意义、手段、职业情境的设计等方面要体现职业的先进性。

（四）加强信息化建设，利用信息技术开展实践教学

实践教学法改革要以信息技术作为基础平台，通过信息技术的运用，实现教学组织结构、教与学的方法手段、课程内容结构的整合，并由此促进学习模式的转变；加强信息技术的学习，提高学生信息技术的应用能力；整合教学资源，建设数字化的学习环境，开发教师课程主页、计算机仿真软件，建设网上教学平台，开展网上交流、网上辅导、网上答辩等活动，培养学生利用网络自主学习的能力。

（五）提高教师的专业素质和实践教学能力

承担实践教学的教师，要具备相应的职业经验，具有与教学内容相一致的职业活动经历；具有能够提供反映实践教学目标要求的示范性作品、成果等；具有组织设计和实施实践教学、创造性地开展实践教学活动的能力。

四、突出素质教育，培养学生有特长

（一）实施"五个一"素质教育工程，强调学生综合素质培养

"五个一"即"一口好外语、一手好字及绘画、一篇好文章、一堂好课和一副强壮的体魄"，着力提高学生的综合素质，并通过课堂教学、专家讲座、校园网、闭路电视、校园广播、图片板报以及学生喜闻乐见的文体活动、演讲辩论、社团组织、社会实践等形式付诸实施，收到了很好的效果。

（二）外语专业化

专业外语化将外语掌握的程度高低作为检测学生基本素质的一个标准。实施"专业外语"策略，让学生掌握一门外语知识，同时让学生了解所学语言所代表的文化底蕴，为幼儿"双语"教学打下基础。

（三）强化学生技能培养，使每个学生都有一技之长

一是"引路子"，提出"一技在手，就业不愁"，将学生的学习效果与成才就业结合起来，增强学生学习的方向性、主动性；二是"考本子"，学院着力培养一专多能型人才，缩短学校与社会的距离，实行多证书制度；三是"搭台子"，千方百计为学生搭建各种舞台，给学生的特长发展和素质锻炼提供机会。

（四）提高就业竞争力，构建职业能力评价体系

（1）评价目标。职业能力评价目标指向于个体知识、能力建构的学习结果，这些所要求的学习结果能够反映学生的能力水平。学生毕业由学校颁发记录学生能力水平的能力证书，为就业单位提供能力证明，提高学生的就业竞争力。

（2）评价标准。我们开设的校本《职业能力评价标准》采用标准参照评价，也就是说，评价时只将收集到的证据与能力标准相参照，而不与其他学习者的学习结果相比较，最终只是对是否具备相应的能力作出判断，而不是由评价人员给定一个百分等级分数。

（3）评价方法。根据目标多元、方式多样、注重过程的评价原则，综合运用观察、测验、课题教学、作品展示、论文答辩、自评与互评等多种评价方式。只是对学生已具备的能力进行描述、创新能力的评价。我们把学生的技能特长、创新创业活动等作为评价的内容，注重培养学生的创新能力。

第二章 调查分析高职学前教育专业学生职业核心能力培养现状

本章主要调查学前教育专业学生关于职业核心能力的相关问题。一方面了解高职学前教育专业学生职业核心能力培养的现状，分析存在问题。同时，对学前教育专业学生入职后的可持续发展与职业核心能力在职场中的影响做一定的了解，体现职业核心能力在就职后的重要性，从而引起高职院校对学前教育专业学生职业核心能力培养的重视，侧面上也反映出高职院校学前教育专业职业核心能力培养所存在的问题。另一方面是了解高职学前教育专业教师对职业核心能力培养上的不足，为下文方法与策略的提出奠定基础。

第一节 高职学前教育专业学生职业核心能力调查方案

本节通过对三所高职院校的300名大学生进行问卷调查，以及对部分学前教育专业教师进行访谈，希望从中了解高职学前教育专业学生职业核心能力培养的现状以及学生对职业核心能力的了解与掌握程度。同时，对43名幼儿园在职老师进行访谈，希望通过他们了解到职业核心能力在职场的影响以及对从事学前教育相关工作的作用，从调查的相关数据中基本了解当前高职学前教育专业学生职业核心能力培养存在的问题，进而客观地提出相关的策略。

学生调查问卷相关内容见表2-1。

表2-1　　　　　　　　　学生调查问卷相关内容

序号	调查内容	问题编号
1	被调查学生基本情况（性别、地域）	1、2
2	对职业核心能力认知程度（概念的了解、作用）	4、10、11、12
3	被调查学生综合素质（熟练掌握的能力、不熟练掌握的能力）	3、5、6、7、8、9
4	培养途径、培养的方式、课程的设置	13、14、15、16、17、18

第二节 高职学前教育专业学生职业核心能力培养调查结果分析

一、高职学前教育专业学生职业核心能力培养现状

随着时代的发展和社会对人才需求的转变，使得高职院校对人才的培养发生重大改变，适应社会瞬息万变现状的综合型人才受到各用人单位的青睐。因此，学生职业核心能力的培养成为高职院校近年来提升学生就业竞争力的重要举措。职业核心能力的培养是顺应经济发展与时代潮流的必然之举，而这需要在政府鼎力支持的同时，还需要各大高职院校的充分配合。然而，从调查结果来看，学前教育专业的学生对于职业核心能力没有充分的认识，对其内涵、作用等都是一知半解，在职幼儿园教师职业核心能力也十分薄弱，这从侧面上也反映了高职院校对学前教育学生职业核心能力培养的欠缺。高职院校学前教育专业应培养的职业核心能力包括：学习能力、方法能力（包括外语应用能力、信息处理能力、数字应用能力）、社会能力（包括沟通交流能力、与人合作能力）、思维能力（解决问题能力、创新革新能力）、心理承受能力。但从调查结果来看，在受访的教师中，7%的幼儿园在职教师对于职业核心能力这一概念感到很陌生，有一些甚至表示没有听过这一说法，其余的大部分教师则表示他们有听说过这一概念，但没有进行过深入研究。只有少部分教师表示他们有进行过一些项目，所以对这一概念的内涵比其他教师了解得较为全面。而在被调查的学生中，有23%的学生对职业核心能力这一概念一无所知，61%的学生只是听说过这一概念，但对于其内涵和本质并不了解，只有16%的学生听说过职业核心能力并对其有一定的了解，见图2-1。

古人云：以其昏昏，使人昭昭。教师在学前教育专业学生职业核心能力的培养中有着无法替代的作用，因此，教师的职业核心能力也势必要加强，以达到传道授业的标准。

同时，在调查中也发现，98%的

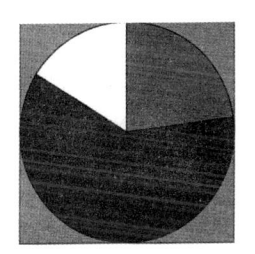

图2-1 学生对职业核心能力的认知程度

幼儿园在职教师都认为职业核心能力对他们的工作影响很大，有部分教师甚至表示对于职位调动帮助很大，甚至是在整个职业生涯中都必不可少；只有2%的教师认为工作上还是要看个人知识的深厚程度以及学历层次的高低，与能力没有太大关系。而学生对职业核心能力在将来就业与工作的重要性上，30%的人认为非常重要，并且对于将来就业帮助会很大；68%的学生则认为有一定的帮助；只有2%的人认为不会有太大的帮助。相应地，在对自身职业核心能力的认知上，受访幼儿园在职教师中多数人认为自己比较欠缺数字应用、信息处理这两方面的能力，比例分别高达58%和53%，而比较多的学生认为自己最为欠缺的能力是数字应用能力和外语应用能力，分别占被调查学生中的31.5%和31.5%。具体见图2-2。

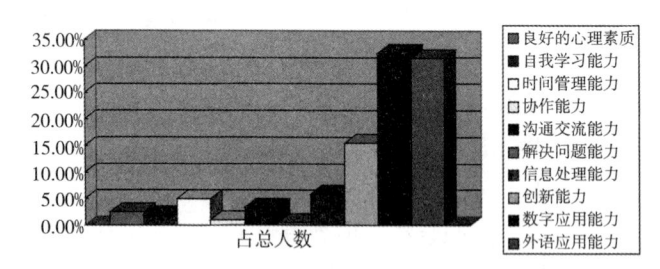

图2-2 学生欠缺职业核心能力排列

对于职业核心能力的作用，很多学前教育专业教师也表示，这对学生将来就业应该会有很大帮助，甚至在平时教育教学工作中也会不知不觉地应用到。但同时也表示，很多方面的能力他们自身也有所欠缺，因而无法给学生全面而系统的指导，希望学校对教师职业核心能力进行一个系统的培训，以增强这方面的能力。

二、高职学前教育专业学生职业核心能力培养途径

职业核心能力的培养途径是高职教育的一个探讨热点，同时也是高职院校职业核心能力培养的关键一环。一般认为，职业核心能力的培养途径包括系统培训、自学领悟、工作中摸索三种主要方式，而根据主辅关系又延伸出系统培训为主、自学摸索为辅和自学摸索为主、系统培训为辅这两种。根据此次调查数据显示，在受访幼儿园在职教师中，大部分教师表示他们在大学期间接触到职业核心能力培养方面的内容很少，都是工作后才开始意识到要开始能力的锻炼。70%的教师表示他们单位偶尔会组织培训或相关活动，但是多以教学方面的技能为主，以职业核心能力为专题开设的培训几乎没有，在职业核心能力的习得方面，他们表示多数在于日常工

作中的体会或感悟；剩下的30%则表示，单位很少会有培训，职业核心能力是从生活上、工作中或者是别人身上习得的，很大程度上是自学。而43%的学生认为系统培训为主、自学摸索为辅是职业核心能力培养的最有效途径，26.5%的学生则选择了自学摸索为主、系统培训为辅，16.5%的学生更倾向于工作中摸索。具体见图2-3。

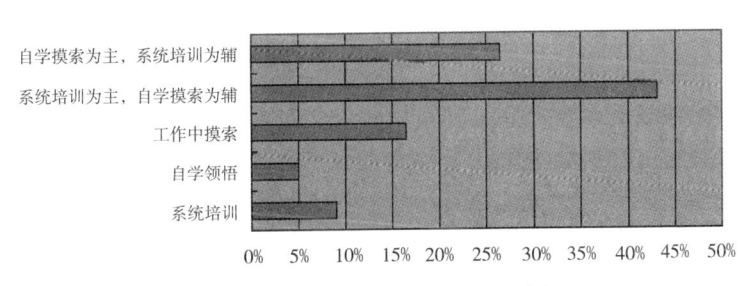

图 2-3　职业核心能力培养途径选择

调查结果表明，职业核心能力的培养中很大一部分学生还是难以摆脱系统培训这一传统的途径。但也有相当一部分学生乐于自我摸索式学习，从而养成自我学习、解决问题、创新能力等职业核心能力。同时，调查结果也显示，在培训方式的选择上，接近一半（47%）的学生选择了以案例分析方式进行职业核心能力的培训，24%选择了面对面咨询方式，16.5%选择了专家讲座方式，只有极少的一部分（3.5%）选择了传统的普通授课方式。

第三节　高职学前教育专业学生职业核心能力培养存在问题及成因分析

一、高职学前教育专业学生职业核心能力培养存在的问题

（一）对职业核心能力缺乏全面而系统的认识

职业核心能力的培养是提高高职学前教育专业学生综合素质的有效措施，同时也是增强学前教育专业学生就业竞争力的重要举措。然而，鉴于"核心能力"这一概念引入我国时间尚短，很多观点无法统一，研究成果也不能形成系统。理论与实践相结合的成果较少，尤其是像结合某一专业进行深入研究的可供参考资料匮乏，而学前教育专业职业核心能力的培养更是处于探索阶段，还有待继续探讨。尽管一

些高校已经开始接受职业核心能力这一观念并在学校进行自行摸索式培养，但对于其内涵、培养方式、教学方法、评价机制等仍然缺乏系统的认识。

对高职学生职业核心能力的培养也没有给予足够的重视，更没有明确的职业核心能力培养目标。从前文的调查中也得知，很多的幼儿园在职教师与学生都对职业核心能力这一概念感到陌生，只有一部分幼儿园在职教师与学生对职业核心能力有一定的了解。而在学前教育专业教师的访谈中，笔者了解到他们大多数对职业核心能力了解得不够深入，并且对职业核心能力内涵也各有看法，有的认为是《国家技能振兴战略》中的外语应用能力、信息处理能力、数字应用能力、沟通交流能力、与人合作能力、解决问题能力、创新革新能力八大模块。但更多的教师认为是只与学前教育专业技能相关的能力，例如：观察、评价能力；幼儿教育的相关理念；组织、设计幼儿园活动的能力；艺术的感受能力；组织基本艺术活动的能力等。对于如何培养学生职业核心能力，很多教师表示没有在教学过程中对学生有过相关的指导。可以看出，教师自身对职业核心能力缺乏系统的认识，同时对学前教育专业学生职业核心能力的培养意识也相对薄弱。

高职学前教育专业的课程设置对职业核心能力的培养作用不能完全体现，课程教学中的职业核心能力渗透极少，教师的观念也没有及时改变。事实上，职业核心能力是一种从事任何工作都需要的综合能力，是可迁移的、跨专业的，它不仅仅限于某一职业的专业知识与专业技能，因此需要看作是综合性的能力来进行培养，而这需要课程作为依托。但高职院校在课程设置上却偏重理论与实践，很少突出某方面的能力，也没有把职业核心能力融入课程与教学当中去。教师的观念也没有及时改变，在教学上依然按照往常的教学方式、教学内容对学生进行纯知识与技能的传授，没有在能力培养上做及时的引导。学前教育专业老师对于职业核心能力的培养无法从观念上作出改变，使得教师无法在教学实践中有意识地引导学生提升职业核心能力，间接地影响了高职学前教育专业学生职业核心能力的培养。

（二）学生职业核心能力相对薄弱，有待提高

学生职业核心能力薄弱具体表现在以下几方面：

一是自我学习能力不强。受传统应试教育的影响，学前教育专业学生在学校学习期间对于知识的学习缺乏主动性。很多学生平时缺乏知识的积累，没有主动学习的观念，往往在期末测试的时候采取"临时抱佛脚"、"背重点"、"押题"等形式以期渡过考试难关。对于专业知识不求甚解，也没有主动对其进行深入的探索和研究。自主学习观念的缺失导致学生对于专业知识一知半解，更不用说灵活运用了。

二是解决问题的能力有待提高。受到传统教学模式的影响，学生更为重视专业知识与专业技能的学习，忽略其他能力的培养。安逸的校园环境也让学生产生了懈怠心理，安全的校园环境也没有太多突发事件让学生对解决问题的能力进行锻炼。而往往实际工作的过程中，尤其是学前教育学生毕业后工作对象的特殊性，幼儿的多动与情绪化会在工作中给老师带来很多突发问题，这时教师的临场应变能力与解决问题能力就显得尤为重要。缺乏解决问题能力的锻炼让学生在刚步入职场时面对突发状况而手足无措，日积月累的专业知识和技能在此刻更是无法得以体现。

三是创新能力有待提高。作为高职学前教育专业学生，创新能力是必不可少的，在将来工作教学中对幼儿智力的开发与思维的形成有着重要的作用。然而，当前的学前教育专业学生的创新能力令人担忧。一方面高职院校对创新的支持力度不够，让学生没有足够的条件进行创新；另一方面是学生创新观念薄弱，学生没有主动进行创新的欲望，使得学生的创新能力无法得到提高。

二、高职学前教育专业学生职业核心能力培养出现问题的成因

（一）学前教育专业人才培养目标定位偏差

作为教育主体的老师，对学生职业核心能力培养存在着很大误解。有的认为职业核心能力就是专业技能；有的认为职业核心能力的培养是基础类和人文类课程，与自身授课的科目无关；有的认为专业知识与专业技能远比职业核心能力重要。在学生的培养上，高职院校应该倾向于前两者，职业核心能力的培养应该在专业知识与专业技能之后。

作为人才培养主体的学校，对"以能力为本位"、"以就业为导向"的认识存在偏差。"以能力为本位"在学校中体现在加大实践课程与技能的操练，使学生拥有"一技之长"，而不是注重学生综合能力的培养。因此，无论从培养方案到课程设置、从教学内容到教学方法都在反复打造学生的"技能"。"以就业为导向"则以把学生毕业后能与首个工作岗位无缝对接作为最终目标，从而忽视了学生职业的可持续发展和岗位迁移的普适性，把学校对学生的培养看成了一次性买卖。

以上误区表明，无论是教师还是学校，都对职业核心能力培养目标的理解产生了偏差，这些造成了教师对职业核心能力培养的不重视，同时也影响了学校对职业核心能力的培养的投入，势必对高职学前教育专业学生职业核心能力的培养造成影响。

（二）课程设置不合理、教学方式不得力

作为一种综合性的、可迁移的能力，大多数高职院校只是把职业核心能力的培

养视为基础课程或人文课程的任务，没有对职业核心能力的相关课程进行开发与整合。与此同时，多数情况下遵循专业课、专业基础课、公共基础课的课程模式，没有独立开设职业核心能力的相关课程（如沟通交流、团队协作等）。专业课与专业基础课对职业核心能力渗透力薄弱，公共基础课又因为自身教学任务等对职业核心能力的针对性不足。因此，作为校园文化活动的第二课堂、社会实践等成了职业核心能力培养的重要阵地。然而，在校园文化与素质教育建设作出重要贡献的校园文化活动，对职业核心能力的培养方面却缺乏系统规划和目标指向。

在教学方式上，传统的灌输式教学又与职业核心能力的本质要求相悖。作为可迁移的、普适的综合性能力，它要求在各种不同的经历与实践中不断地养成与积累。而现在的教师还是多数沿用老一套的教学方式，教师在台上讲，学生在台下听，长时间的口头式知识传授让学生感觉到学习的枯燥，同时造成精神上的疲惫，因此很多学生的学习效率不高。科技的进步让一些学校的教师教学方式得到很大的改进，例如使用投影、视频等方式让学生更直观地吸取知识。然而很多学校在设备资金投入上无法满足教师对设备的要求，这也一定程度上阻碍了教师更新教学方式，从而难以提高教学质量。

（三）师资队伍的职业核心能力薄弱

职业核心能力的培养离不开优秀的师资队伍。近年来我国高职院校的师资队伍建设有了很大的发展，但从总体来看，还不能满足职业核心能力的培养要求。一是教师的总体水平差距较大。从年龄上看，经验丰富的老教师较少，中青年教师较多；从来源上看，有幼教实际工作经历的教师少，高校毕业直接上讲台的教师多；从职称上看，高级职称教师少，中初级职称教师多。二是教师中重理论轻实践的现象依然存在。因为多数教师是从高校毕业就走向职业岗位，没有社会经历导致实践部分的教学有所不足。教师自身职业核心能力薄弱使其在教学上没有太多职业核心能力培养方面的启发，这也间接影响了学生职业核心能力的培养。三是教师的工作量促使很大一部分教师没有时间对新的教育类型的教学或者课程（组织内容、教学方法等）进行深入研究。虽然大多数高职院校为了提高师资队伍质量，组织教师进行相关的培训，但培训内容多数围绕教学工作展开，对教师自身能力的提高没有太大的帮助。这就使得教师专业知识、专业技能与职业能力无法同步提高，学习能力、方法能力（包括外语应用能力、信息处理能力、数字应用能力）、社会能力（包括沟通交流能力、与人合作能力）、思维能力（解决问题能力、创新革新能力）、心理承受能力等方面得不到锻炼，如此一来，势必也会影响学生职业核心能力的培养。

（四）职业核心能力培养方式和评价模式不科学

职业核心能力是一种跨学科、跨职业的综合性能力，但在当前的职业教育界却尚未形成一套规范的、并且行之有效的培养方法，这无疑很大程度上制约了职业核心能力的培养。很多高校在职业核心能力的培养上也只是在原有的培养方法上稍作改动，甚至原封不动，致使职业核心能力的培养收效甚微。同时，由于职业核心能力涉及内涵范围较广，包括一切具体专业知识与专业技能以外的能力，其涵盖方法能力、社会能力、道德与心理素质等，也就导致评价职业核心能力难以像评价专业知识与专业技能那样可以通过一定的考核来进行量化评估。这也在一定程度上加大了职业核心能力量化考核的难度。加之我国至今尚未对职业核心能力的评价标准进行权威的界定，这也致使职业核心能力的培养无法在高校中得以推广并得到落实。

第三章 高职学前教育专业学生职业核心能力培养方法与途径

第一节　正确定位培养目标

一、明确高职学前教育专业学生职业核心能力的培养目标

职业核心能力的培养是一个系统的过程，而培养目标的正确定位对培养体系有导向作用，是人才培养的前提条件。高职学前教育专业的定位是培养面向各类学前教育机构，学前教育基础理论知识扎实、艺术功底深厚、教学技能纯熟、职业心理素质良好的幼儿园教师。人才培养的总目标是通过职业核心能力的培养，在了解职业核心能力基本知识的基础上，重点掌握其基本能力，通过岗位实践转化为岗位职业能力，并达到提升学生的就业竞争力，提升学生的职业核心能力，提升学生的职业生涯可持续发展能力的目的。其可以在具体的人才培养中进行细分，包括解决问题能力培养目标、学习能力培养目标、与人合作能力培养目标、数字应用能力培养目标、信息处理能力培养目标、与人交流能力培养目标和创新革新能力培养目标。通过细分培养目标，使得人才培养更加明确、具体，同时具有针对性与可操作性，最终达成人才培养的总目标。

二、专业技能与核心能力培养相结合

在学生职业核心能力的培养过程中，通过把学前教育专业技能渗透到核心能力培养当中去，使学生对职业核心能力有更清晰的认识，同时也对职业核心能力的培养目标有更明确的把握。这样，在学生学习专业知识与专业技能的同时，也促进了学生职业核心能力的提升。

举例如表3-1。

表3-1　　学前教育专业学生职业核心能力具体体现

工作任务	职业核心能力在专业能力中的体现
授课教学	1. 设计编写教案→信息处理、自我学习、解决问题
	2. 制作PPT或动画→数字应用、信息处理、解决问题
	3. 讲授新课→外语应用、沟通交流、创新、解决问题

续表

工作任务	职业核心能力在专业能力中的体现
组织幼儿活动	1. 绘画与手工→创新、解决问题 2. 编排活动→沟通交流、创新、合作、解决问题 3. 会唱歌、跳舞、手风琴、钢琴等→自我学习、创新

在表 3-1 中，虽然对职业核心能力在专业能力中的具体体现做了整理，但在实际工作中并没有如此明显的分工，职业核心能力的应用是相互作用、相互影响的，很多时候是综合在一起的。例如在实际工作中的问题解决能力，实际上夹杂着沟通交流能力、合作能力、信息处理能力等的综合。这里的举例解析也只是为了使学生在学习的过程中对与职业核心能力有更好的认识与掌握。在具体的操作中，教师更是要对职业核心能力的要素、要点在专业技能上的体现作具体说明，让学生做到有的放矢。

第二节　优化课程设置

一、增加实践课程的比例

高职学前教育专业学生毕业后是以服务幼儿教育事业为宗旨，面向各类学前教育机构，成为具有良好职业素质、扎实学前教育基础知识、扎实艺术功底和良好教学技能的幼儿园一线教师。因此，实际工作中更多需要的是实际动手能力以及发现问题和解决问题的能力。然而学生所学的经验和知识很多时候处于隐性状态，需要学生被动"激活"才能得以体现和应用，也就是需要学生的实际动手操作进行实践融合。职业核心能力的培养，最好的第一平台是高职院校的实训基地。但目前很多高职院校依然把大部分的时间和资源投放在理论教学上，忽视实践方面的锻炼，无论是受"学科本位"思想束缚的或者是本身没有条件进行实训基地建设的，都间接减少学生的实践机会，使学生只掌握理论知识，缺少理论与实践相结合，无形中影响了学生职业核心能力的培养。

要培养学前教育专业学生职业核心能力，通过大量的实践是很好的实施方式。例如在完成布置幼儿园室内环境的任务时，学生通过实地观察、设计方案，与同学进行相互交流，最终确定方案并合作动手进行方案实施，从而解决问题完成任务。从中可以看出，学生在实践的过程中，用到了沟通交流、彼此合作、信息处理、问题解决等能力，在不断的实践中，学生的职业核心能力得以应用，久而久之就会有所提高。因此，在课程设置上，必须使得理论课向实践课有所倾斜，增加实践课程的比例，加强学生职业核心能力的培养。

二、课程中渗透职业核心能力的培养

职业核心能力的培养需要以课程作为依托，通过把职业核心能力渗透进学前教育专业的相关课程中，达到职业核心能力培养的目的。

一方面，在理论课程上进行职业核心能力的渗透学习。例如：《大学语文》《大学英语》等课程在教师教育教学过程中有意识引导学生踊跃发言，并对教师提出的问题开展探讨，同学间进行相互辩论，既加深了学生对知识的理解，同时也提高了语言的应用能力与人际间的沟通交流能力；《儿童意外伤害预防与急救》《幼儿园活动场地设计与布置》在让学生学习了急救措施与场地设计布置的同时，在一系列急救和场地布置与设计遇到问题并设法解决问题的过程中，也无形中提高学生的问题解决能力；《幼儿园课件制作》《大学计算机基础》在课件制作、计算机知识应用的过程中，让学生获得了数字应用与信息处理能力；《幼儿园活动设计》《手工》在创作中锻炼了学生的创新革新能力；《心理健康教育》为学生的良好心理素质打下基础。通过一系列课程的学习，潜移默化地也让学生的学习能力得到锻炼。可以看出，每门课程都存在职业核心能力的影子，但是如何使职业核心能力在课程中更好地体现，需要教师的积极引导。因为在课程中，职业核心能力是隐性存在的，同时也可以很好地渗透到课程中的，没有教师在教学过程中刻意地进行引导，学生在很多时候会将其忽略掉，从而错失锻炼职业核心能力的机会。教师在课程中渗透了职业核心能力的培养，久而久之，学生在教师多次的引导下，在遇到其他课程的时候，会自然而然地把课程中渗透职业核心能力这一观念带入到新的课程中，达到良性循环。而教师在不断地引导学生进行职业核心能力锻炼的同时，也会提高个人的教学能力，且无形中自我职业核心能力也会得以升华。另一方面，在实践课程中加以锻炼。学生在理论课中形成了职业核心能力的培养意识，并在一定程度上摸索出自我的学习方法。而实践课程就是要把理论课中所学应用到实际中去。通过校内幼儿园情景模拟，或者是校外幼儿园实习，把职业核心能力渗透到工作中去，从而达到职业核心能力培养的目的。

三、增设职业核心能力相关理论课程

核心能力的培养虽然是贯穿于每一门课程、每一项实践中，但对于高职学前教育专业学生而言，仅仅夹杂在普通的课程与实践中学习是不够的，要想对职业核心能力有更深入的了解，还必须有一定专门的训练时间。因此，在普通基础课程学习期间，学校必须配合开设职业核心能力课程，使学生能够充分掌握职业核心能力的训练方法，以便更好地结合各种行为活动与专业技能对核心能力进行学习。为了配合高职院校对职业核心能力培养工作的开展，人力资源与社会保障职业技能鉴定中心专门对职业核心能力的培养出版了除"创新能力"和"外语应用能力"以外的六项职业核心能力培训教材，如"与人交流能力训练手册""解决问题能力训练手册""信息处理能力训练手册"等。"创新能力"与"外语应用能力"被排除在外，是因为创新能力在实际工作或生活中考验的是个人思维的发散与开阔，在具体解决问题中都会有所涉及，而外语应用能力则是很多学校都开设有外语课，例如大学英语、综合英语、法语、德语等，都有专门的教材。教材从易到难、从低到高分为初、中、高三级，循序渐进，学习者的能力也可以有一个渐变过程。该系列教材的出现填补了职业核心能力培养教材上的空白，对职业核心能力的培养有着积极的意义。学校在开设职业核心能力课程的时候，可以将其作为参考，结合学校的需求和专业的特色进行有关课程的开设。当然，在课程占用课时方面也需要注意，因为教材的使用规定每一项职业核心能力的训练课时不得小于 30 课时，对于学校的人才培养来说并不可取，因此要结合实际情况斟酌所开课程的课时，做到基础综合课、专业课、技能课、核心能力课合理分配时间，齐头并进。

第三节 加强实践教学

一、提高实践教学比重

实践是锻炼学生职业核心能力的有效途径，因此高职院校在人才培养的过程中，一方面要提高实践知识在课堂教学中的比重。教师在编写教案时，应该更多地采用实践案例或者场景教学，以此提高教学的趣味性，帮助学生最大限度地吸收掌握新知识。在实践案例上，教师可以适当摘取时下最新的关于学前教育的案例，无论是

发生在社会上的还是在幼儿园中的,通过口述或者视频的形式展示给学生,然后教师分析案例的细节,结合学前教育相关知识模拟解决案例中的问题,促使学生理论与实践相结合,更好地把所学知识应用到实践中去。而场景教学则通过教师设定一个教学场景,给出任务在特定场景内进行展现。学生分组进行方案的设定,然后通过场景的展现完成教师给出的任务,从而在实践中夯实基础。另一方面要提高实践课程在教学计划中的比重。高职院校应该适时地进行教学改革,对学前教育专业理论课程与实践课程的比例进行一定的调整,加大实践课程的比例,给学生更多的动手实践机会,提高学生的实际动手能力。

二、给学生提供实践机会

首先,提供学生模拟教学的环境,让学生实际体会教学过程。在实训中,通过模拟真实的幼儿教学场景,从而达到职前培训的目的。一开始由教师对幼儿教学场景进行示范,也可以通过视频直观展示,教师通过指导学生如何进行教学以及指出相关注意事项,为学生接下来的模拟教学做好铺垫。教师演示完后,学生自行进行设计"模拟教学方案"。为了最大程度还原幼儿园环境,学生分为教师模拟和幼儿模拟两组。教师模拟者进行教案撰写、活动设计,并根据教案进行活动准备;幼儿模拟者主要扮演幼儿园的学生,配合教师模拟者的教学。等双方展示结束,教师对场景进行评价,同时学生之间也可以进行相关的心得交流,促进教学能力的提高。一轮展示结束,学生可以进行角色轮换,教师模拟者与幼儿模拟者互换,开始新一轮的教学展示,如此一来,多次的交流学习更容易发现问题,同时也提高个人教学能力。

其次,组织学生去幼儿园见习,实地观摩幼儿教师的教学过程。在学校已有模拟教学的基础上,组织学生到幼儿园进行实地学习,通过学生自行观察幼儿的情况、幼儿园教师的教学过程,从而把观察所得与自身所学进行对比,找出自身不足与所长,扬长避短,查漏补缺,完善教育教学技能。

三、保障实践条件

学生的实践活动需要大量的条件保障,政府、学校必须从资金、技术、场所、设施等方面提供大量的支持,才能保障学生的实践活动得以顺利进行。目前,很多高职院校都设有实训楼和实验室等提供学生动手实践的场所与设施,但是学前教育专业的模拟实训场所却很少,这使得学前教育专业的学生在校期间的实训教学难以落实，同时也不利于毕业生的岗前培训。从场所、设施这两方面看，学校可以模拟真实的幼儿园环境设立若干个实训教室，在场所的布置上也要突出幼儿园的环境，体现出趣味性、教育性的要求。教室的细节上也要遵照真实幼儿园的标准，卫生间、就餐区、游玩区做好细致的规划分布，力求还原幼儿园的环境氛围，方便学生在实训的时候快速地融入到真实的工作场所。为了保障场所与设施的顺利运转，政府和学校应该加大资金上的投入，用以设备的更新维护、技术的引进等。

第四节　创设校园氛围

一、营造丰富多彩、积极向上的校园文化

学校作为人才培育的场所，对学生能力与品质方面有着潜在的熏陶作用。良好的校园文化作为一种隐性课程，对学生的良好行为习惯与能力养成有着巨大的作用。而职业核心能力的培养不是一朝一夕的事情，只有从观念上改变，形成一个注重核心能力培养的氛围，职业核心能力的培养才能拥有良好的外在环境。陶行知曾说过："熏陶和督促两种力量比较起来，熏陶尤为重要。"学校应该对职业核心能力的培养进行一定的宣传，从而使职业核心能力的概念深入人心，形成全校重视的培养氛围。同时，学校还可以适当地举行一些学术活动、艺术比赛等引导学生职业核心能力的发展，例如歌唱比赛，在锻炼学生的组织管理能力、沟通交流能力的同时还能促进学生之间的人际交往；微视频大赛，让学生在视频准备、制作的过程中无形间提高自我的信息处理能力、数字应用能力等。在这样潜移默化的过程中，学生自然而然地应用了核心能力，做到从做中学、从玩中学的良好循环。

二、支持创新行为

思想有多远，行为就能走多远。无论是创新思维或是创新技能，对于职业核心能力的培养作用都是巨大的，因为一个人在进行创新的过程中，往往会综合应用其他的能力，如沟通交流能力、与人合作能力、解决问题能力等，从而导致其他的能力都会得到相当的锻炼。然而，目前我国的高职院校对于学生的创新行为支持力度不大，很多学生空有创新的想法却不能付诸行动，导致很多新思维湮灭在脑海中。久而久之，学生的创新意识变得越来越薄弱，创新也成为一纸空文。

第五节　改变教学方法

一、组合多种教学方法

随着科技的日新月异，计算机技术以及多媒体技术的不断革新，教师的教学方法也日益丰富。为了有利于学生职业核心能力的培养，教师应该在传统教学法的基础上，灵活采用多种教学方法，如行为导向教学法、项目教学法、案例教学法等，让课堂的内容变得丰富多彩，积极调动学生的学习兴趣，使学生通过主动参与提高职业核心能力。

行为导向教学法与项目教学法对提高学生职业核心能力都有着极大的帮助。随着教学方法的不断完善，很多教师对于教学甚至不再限制在固定的课室内，实验室、实训室、车间等都能成为教师授课的地方，通过实际动手演示、讲解，学生对所学知识与技能有更直观的认识，从而加深学生的学习印象。而在授课结束后，教师布置给学生相应的任务，让其在规定时间内完成，能在很好地巩固学生所学知识的同时增强学生的动手能力，对核心能力的提高有着重要作用。例如，学前教育专业中的手工制作课，教师在讲述完相关的内容后布置学生手工任务，把学生分成若干小组，每个小组合作完成一个手工物品，老师交代完注意事项和任务要求，规定时间内学生课后完成。这样的项目教学法使得学生在项目过程中锻炼各种职业核心能力。如表3-2。

表3-2　　　　项目过程中职业核心能力在其中的具体体现

项目过程	能力体现
确定设计的手工物品	需要组员之间对所设计的物品进行协商（沟通交流能力、创新革新能力）
查阅资料	需要处理各种不同信息以及运用不同方法、技术手段进行信息的加工处理，对手工物品有一定的了解并进行材料、制作方面的分析、人手分工等（信息处理能力、数字应用能力、自我学习能力）
搜集材料	对做手工物品的材料进行收集整理（解决问题能力、与人合作能力、信息处理能力）
动手制作	对所涉及的手工物品动手制作成品（与人合作能力、解决问题能力、创新革新能力）

当然，在项目实施前，教师必须做好充分的准备，任务的布置、实施的时间、小组的分配、最终的评价等都要经过周密的思考。在项目过程中，教师要实时进行引导和监督，以备随时解决学生提出的问题。项目完成后，教师要适时做好评价工作，收集学生的反馈信息。

职业核心能力的培养可以采用多种的教学方法，行为导向教学法、项目教学法、案例教学法是其中的几种，教师还可以在实际操作的过程中将现场教学、小组学习等多种教学方法结合在一起进行综合运用，促进学生职业核心能力的提高。

二、利用多种教学手段

在教学活动中为了引起学生的学习兴趣，使学生在课堂上集中注意力，教师在授课的过程中应该应用不同的方式进行课程内容的阐释。从传统的黑板粉笔的教学到投影、幻灯，再到多媒体的应用，教学手段逐渐多样化。然而，教学手段的多样化需要资金的投入，很多学校因为经费不足或者场地受限、教师不会用等原因，没有应用现代化的教学手段进行教学，致使一部分采购设备在学校被闲置，又或者出于应付检查的原因偶尔才会使用，从而浪费教学资源。为了提高教师教学质量，现代教学设备的应用是大势所趋，教师应该自我更新教学手段，学习不同的现代化教学手段的应用，从而提高学生的学习兴趣和加深学生对知识的理解。课堂的教学一般可以采用以下几类：一是如幻灯、投影等光学手段；二是如远程教学、有线电视等图文视听手段；三是如3D模拟图电子图文。多样的教学手段相结合，能有效提高教师的教育教学质量，提高学生的学习效率。

第六节 加强高职院校师资队伍建设

一、拓宽师资来源渠道

学校应该拓宽师资引进渠道，多方引进人才，壮大师资队伍。首先，减少应届毕业大学生的教师选聘人数。高校大学毕业生无疑具有深厚的理论知识，但作为高职院校而言，需要的是既能教给学生理论知识和专业技能，又熟知学生毕业后工作诉求的"双师"型教师。作为刚从高校毕业的大学生，对于自身工作尚有一定的盲目性，更无从对所教学生进行一定的职业指导，实际工作中需要的职业核心能力还在摸索中，对学生的职业核心能力培养更是无从谈起，因此应减少应届毕业大学生的师资比例。其次，应多方引进与培养专业带头人。引进与培养有丰富幼儿园实践经验和广泛社会资源的专业带头人，同时，积极争取选派专业带头人参与各种学术会议与进修，到幼儿园进行顶岗锻炼，参与幼儿园教学、管理和科研等活动。这类教师的存在能在很好地带动专业发展的同时，也能把工作中所遇到的问题对学生进行解答，从而使学生更好地了解将来的工作岗位需求，让学生在学习上能有针对性地改进，为将来的毕业工作做好更充分的准备。最后，培养骨干教师。每年选送骨干教师到幼儿园顶岗挂职锻炼，同时派教师到示范高职院校学习先进理念，扩大教师视野。同时，也要鼓励教师参加"蒙氏"、"育婴师"、"营养师"等证书等培训与考核。

二、优化教师自身能力结构

教师作为传道授业解惑的存在，除了要有深厚的学识外，自身的素质和能力也必须达到一定的高度。俗话说，要给茶杯倒水，首先茶壶中必须要有水。要培养学生的职业核心能力，作为教师首先要完善自身的能力结构。对于新引进的应届毕业大学生，理论知识扎实但实践动手能力薄弱，自身能力体系有待完善，基于这样的情况，学校可以对新进教师采取进修的方式增强教师动手实践能力和职业核心能力的培养。同时在寒暑假的时间，也可以安排教师到幼儿园、幼教机构等进行学习，了解行业最新动态与新技术，提高自身实践能力。例如学前教育专业教师可以到幼儿园进行参观实习，通过实地观察、参与工作，深入了解幼儿园教师的工作，同时对发现的问题及时找幼儿园教师进行解答，加深对本专业教育教学的了解，提高自身教学质量，增强自身核心能力。学校也可以定期开展师资培训班，为教师们提供一个交流学习的场所，让教师得以更新知识，了解国际前沿科技成果，交流教育教学心得，提高自身职业核心能力。如此一来，教师的整体素质有了提高，同时也为学生职业核心能力的培养打下了坚实的基础。

第七节 改革评价机制

一、总结性评价与形成性评价相结合

在高职学生的学习中，动手实践能力的要求很高，同时在学习的比重中占比也很大，如何全面综合地评价学生，是教师教育教学中很重要的一个环节。"能力"没

有办法像具体的知识那样,通过罗列的题目得出确切的分数,更多地要依靠教师在与学生平时相时处,看学生在平时的练习、动手实践等进行评价,也就是使用形成性评价或叫发展性评价。学生职业核心能力的培养需要形成性评价的参与,通过形成性评价,使学生逐步认识、发展、完善自我,并不断地调整自我学习目标。而教师也可以通过教学目标的调整,促使学生不断进步,从而达到教学目标。当然,对于一些基础课程和专业课程,总结性评价仍然是最好的选择。如此可以对学生在一个阶段内的学习成果有一个整体性的把握,有利于教师对下一阶段教学计划的顺利实施。从职业核心能力培养而言,能力的提高与否,最好通过形成性评价来完成。从评价内容来看,形成性评价不仅仅关注学生的学习成绩,同时更多地关注心理素质、道德品质、解决问题能力、沟通交流能力等全方位的发展,更有利于职业核心能力的提高与培养。

二、多方位对学生职业核心能力培养进行评估

在职业核心能力培养中,除了评价方式上要注重总结性评价与形成性评价相结合外,对学生的自身能力方面也应该进行多方面的评估。首先,对于在校学习的知识与技能进行总结性的评价,这是学生自我学习能力的其中一个方面。同时,教师在平时教学活动中,对学生的动手练习与实践等进行形成性的评价,涉及方面包括解决问题能力、创新革新能力、信息处理能力、沟通交流能力等;其次,由实习单位对学生的职业核心能力进行评估,通过学生在实习期间的表现,对学生职业核心能力方面进行一个全面评估;最后,还要对学生心理素质、职业道德等作出一定评价。通过多方面的综合分析反馈结果,对学生的表现作出综合的评价,好的方面予以表扬,鼓励再接再厉,不好的方面进行指导培训,如此反复下来,学生的职业核心能力将会得到全面提高。

第四章 高职学前教育专业学生教学能力的培养

第一节 教学能力的正确理解

教师的教学能力是指教师从事教学活动、完成教学任务的能力。它是教师业务能力的主要体现，是教师领导、组织与实施教学活动的核心能力。教师的教学能力结构主要包括具体学科教学能力、一般教学能力和教学认知能力三种，由以下能力构成：一是认识能力，表现为敏锐的观察力、丰富的想象力、良好的记忆力、积极的思维力，尤其是逻辑思维能力和创造性能力等；二是设计能力，表现为教学设计能力，包括确定教学目标、分析教材、解决重点和难点问题、选择与运用教学策略及实施教学评价的能力等；三是传播能力，表现为语言表达能力、非语言表达能力及运用现代教育信息技术的能力等；四是组织能力，表现为组织教学能力、思想教育的能力、协调内外各方面教育力量的能力及组织管理活动的能力等；五是交往能力，表现为教育教学活动中师生间的交往能力及沟通能力。

大量的教育实践表明，教师的教学能力主要由下述五方面构成：一是基本素养；二是学科知识背景；三是对所教知识结构的认知；四是对学生认知发展的认知；五是学科教学能力。教师的教学能力不仅包含了教师的基本素养和基本技能，还包括了教师在长期的教育教学实践中所习得的学科知识结构、学生认知发展规律，以及学科具体内容教学时的情景导入、问题设计、教学方式及教学策略等。

研究表明，一个优秀的教师不仅应具有良好的素质和知识背景，还应具有一个明显的特征，就是"脑中有结构，心中有学生"。所谓"脑中有结构"是指教师对所教学科知识结构有清晰、完整的认知与理解；"心中有学生"是指教师不仅要关注学生的学习过程、学习表现，还要懂得学生认知、心理、态度、情感的发展规律。

第二节 高职学前教育专业学生教学能力存在的问题与解决对策

一、目前高职学前教育专业学生教学能力存在的问题

学前教育专业由于其教育对象的不同而具有教学的独特性，目前高职学前教育专业学生在教学能力上存在诸多问题，主要表现在如下几个方面：

（一）对幼儿的观察和了解不够

在幼儿一日教育活动中，学生缺少热心、耐心、细心，不能全面、认真、仔细地观察幼儿及发现其行为背后的内在动机和需要。在对观察结果进行分析和评价时，不能从实际出发，带有明显的主观片面性。在设计教学活动时不加思考，出现盲目性、随意性，习惯在网上下载教案，缺乏从实际生活中选择适合幼儿认知发展规律的教育内容和将相关学科知识及教法知识迁移到具体教学设计中的意识和能力。学生缺少与幼儿间的互动交流，缺乏对幼儿的提问，提问时由于问题表达不精练、不准确而导致答非所问，结果只能自问自答，草草了事，不能达到提问所起到的真正目的和效果。对幼儿的提问也不能很好地回应，情感上缺乏鼓励性和激发性。

（二）语言表达能力和教学媒体使用能力不强

学生教学语言缺少训练，没有节奏感，语速太快或太慢，语言表达不精练，缺少逻辑性、直观性和形象性。学生缺乏自信和亲和力，眼神常游离在幼儿群体之外，肢体动作和语言的协调性不够。在使用教学媒体时，表现单一枯燥，幼儿不感兴趣，容易导致幼儿疲劳。有时不能依据幼儿的身心特点和教学内容的需要来选择、设计和使用教学媒体，有时过分青睐现代教育媒体，有时选错教学媒体，有时多种媒体之间的配合不协调，不能发挥教学媒体的教学功能，使得幼儿注意力分散，不能全面掌握学习内容，从而严重影响教学活动的质量。

（三）缺乏反思的习惯和能力

学生教学监控的能力较低，缺乏主动的反思习惯和反思方法，有时能反思也是被动反思。在教学反思中，表现的是抽象、笼统的评价，没有进行深入分析并提出相应的改进措施与策略。

二、影响高职学前教育专业学生教学能力提高的因素

教学能力是在教学活动中逐步形成和发展起来的，是教师获得教学技能的基础。在教学实践中，影响学生对教学能力的认识、理解和训练的因素很多，主要有：

（一）自我教育力

自我教育是教师教学能力的源泉。因此，在提高教师素质中，强调教师的自我教育力是非常重要和十分必要的。所谓"自我教育力"，是指以具有学习兴趣、学会学习方法、发展个性品质、形成社会应变能力为主要内容的综合概念。自我教育力的高低将带来教学能力的差异，也直接影响教学质量的提高。目前高职学前教育专业的学生专业思想难以形成，自我教育能力也较低。因此，在职前教育阶段就应培

养学生积极向上的心理状态，鼓励他们不断求得"专业成长"，自觉提高自我教育力。

（二）教师素质

教师素质是教学能力的重要因素。培养高职学前教育专业学生的教学能力，有实践经验的教师更能胜任。这是因为，高职院校承担专业课程的教师应当是"双师型"教师。"双师型"教师从两个方面论述：其一就教师个体而言，是指教师的双师素质，即理论教学素质和实践教学、操作素质；其二就教师集体而言，是指教师队伍的双师型结构，即教师队伍由理论型、实践型、双师型教师和外聘教师组成。目前，高职院校教师的理论教学素质和实践教学、操作素质是不平衡的，实践型的外聘教师进校兼职、青年教师下基层挂职锻炼，都缺乏组织性和实效性。

（三）课程因素

学前教育专业传统的六门教学法课程是传授幼儿园教学知识与技能的重要课程。20世纪80年代末，学前教育专业在原有"六法"的基础上进行了学科建设的革新，改变了分科教学体系。目前，幼儿园课程改革开设五大领域课程，即学前儿童健康教育、学前儿童语言教育、学前儿童社会教育、学前儿童科学教育、学前儿童艺术教育，也有把其中某领域课程与其他课程融合。从"分科"到"综合"，课程设置的不同形式反映出学前教育专业对幼儿园教学活动的认识与把握不清。在课程实施中，影响了学生对幼儿园教学知识与技能的全面和系统的学习。因此，应积极理顺好课程间的相互关系，既包括理论与操作、各种活动之间的关系，也包括该课程与其他专业理论学科的关系，同时还包括与其他人文学科、艺体学科之间的关系，减少课程内容的交叉与重复。

三、高职学前教育专业学生教学能力的培养途径

高职教育的特点是以职业能力培养为本位，强调对学生实践操作能力的培养，使学生能适应特定职业岗位的要求。为培养高职学前教育专业学生的教学能力，应注重加强学前教育专业课程和师资队伍的建设，制定学前教育专业学生专业技能训练与考核方案，要求学生能够独立设计幼儿园各个领域的教学活动并进行模拟教学，会说课和评课。为使学生达到考核要求，要结合课程内容和教育实习进行课堂教学技能的训练，培养学生的教学监控能力、教学认知能力和教学操作能力。

（一）案例分析法的运用

为提高学生的教学能力，既要学习实践经验，又要学习专业理论，两者兼顾。为避免理论与实践的脱节，在教学实践中根据需要，大量运用案例分析的办法，使

学生正确处理教法与学法的辩证关系，把握好教学活动中师生的互动关系，主动学习和换位思考。案例分析法主要有两种形式：

1. 文字的形式

在专业课程中运用案例分析的方法，帮助学生在模仿中发展教学认知能力和教学操作能力。如在学习设计活动方案时，可在讲解基本要求后呈现已有的活动方案和修改后的活动方案，引导学生对比分析。为帮助学生掌握适宜的教学方法，也可呈现两种教学实录进行对比分析。

2. 影像资料的形式

在教学活动中，呈现给学生完整的教学活动录像，以期引导学生在模仿中学习教学组织等技能。还可呈现一些有针对性训练任务的教学片断，或者不太完美的教学录像，引导学生分析其失败的原因。此外还可通过看录像，引导学生结合幼儿园不同类型的教育活动去感知学科课程、活动课程和核心课程的真谛，从而领悟分科课程和综合课程的精髓和内涵。

（二）模拟教学实践训练

高职学前教育专业着重培养学生的教育实践能力，要实现提高学生教学能力的目的，就应当在实践中探索。一方面，在平时的教学中组织教学训练；另一方面，在教育实习前专门组织模拟教学实践训练。模拟教学实践训练包括两部分：一是教学方案设计的训练。根据教学需要，选择适合学生的学习内容和相应的领域，提出模拟训练的任务，让学生根据教学目标和幼儿身心发展特点与规律设计活动，撰写活动方案。活动设计主题或范围一般由教师选择性地规范，也可由学生自拟主题。二是模拟教学训练。组织学生以小组为单位，在校内的实训室进行模拟幼儿园活动的实际训练。先通过预先设计的活动方案真实模拟幼儿园教学活动过程，然后利用教室的设备将活动过程以全程录像的方式对学生进行反馈，再组织集体讲评，教会学生掌握正确的评价方法。这一活动对培养学生的领导、组织和实施活动的能力尤为有益，提高了学生的教学实践能力和综合素质。

（三）说课训练

说课是指学生在备课的基础上，分析教学任务，表述教学目标，讲解教学方法的一种有计划、有目的的教学活动，然后由老师和学生进行评说，达到相互交流、共同提高的目的。在学前教育专业课程教学中，运用说课组织教学，会收到事半功倍的教育效果。通过训练和考核，培养学生说教材、说教法学法、说教学过程的能力，使之能够正确理解教学内容，准确把握重点、难点，合理构建教学目标，科学选择教学策略，整体安排教学教程；也使教学构思从隐性思维走向显性思维、从静态思维走向动态思维，充分锻炼学生的教学监控能力。因此，加强说课训练，能有效地提高学生的整体素质和教学水平，在他人思想的影响下，对自己的说课不断修正而使其更合理和完美，在合作学习和实践训练中，逐步提高学生的教学能力。

第三节　应用数字教学系统培养学前教育专业学生教学能力

一、数字化教学系统的功能

数字化教学系统是指利用现代计算机技术、多媒体技术、网络技术、通信技术等数字化传输和存储手段建成的，集教学、学习、实践、考试、评价、管理等功能于一体的教学系统。国内外在这方面已有十几年的应用研究，并且已总结出很多教学方面的经验与理论。实践证明，数字化教学系统在提高教学效率方面有着强大的功能，主要表现在以下几个方面。

（一）科学管理功能

数字化教学系统是集教学管理、学生学习、考试、评价与管理等于一体的网络化管理系统，它能有效组织与处理各种资源，使得各类资源的利用率达到最大化。

（二）教学资源的制作与管理功能

数字化教学系统中的数字教学资源开发系统、视音频录制与转播系统等均可以随时根据教学的需要，为师生制作和开发所需的教学资源并以先进的网络化管理方式进行存储与传播，丰富了师生的教学资源。

（三）教学创新功能

数字化教学系统提供了多媒体教学、网络教学、学生自主学习、协作式学习等多种教学方式，师生可以根据学习内容利用各种学习资源进行综合式教学与学习，为教学改革与创新提供了很好的平台。

二、应用数字教学系统培养学前教育专业学生教学能力实施方案

（一）培养学生职业认同感

在培养学前教育专业学生的过程中，首先要培养的是职业认同感，因为它是学前教育专业学生将来从事该领域工作的前提。如果学生对自己将来所要从事的工作

不感兴趣，不热爱儿童，不能正确认识学前教育工作的重要性等，就会对所学专业产生否定、厌恶情绪，继而会导致后期的厌学，给将来从事相关工作带来隐患。为培养学前教育专业学生职业认同感，可通过以下方式：

（1）应用专业职业性格分析软件对学生进行心理测试，根据结果分析，可在今后的培养过程中有针对性地进行个性化培养工作。对于不适合从事该专业领域工作的学生，经过确认可依据个人意见选择适合自身发展的专业学习。

（2）在日后的相关课程教学中应用现代媒体传播有利于培养学生职业情感的数字化教学资源，诸如儿童教学的图片与视频、优秀学前教育工作者的专题报告等。

（二）专业知识的培养

学前教育专业的学生如要在今后的教学工作中展开有效的教学，熟练掌握专业知识是必需的。目前，我国学前教育专业的专业知识主要包括学前心理学、学前教育学、学前儿童卫生保健与健康教育、学前儿童科学教育等方面的基本理论与知识，以及幼儿音乐、幼儿美术、钢琴舞蹈的基础知识与基本技能等。对于专业知识的学习，建议通过以下方式培养：

（1）在专业理论知识的培养过程中，教师的教应与学生的学相互结合起来，尽可能地应用数字化教学环境。比如应用数字多媒体教学可以将基础理论知识用实际的案例视频或动画等方式展现出来，便于学生对知识的理解与接受；课堂教学课与网络教学、远程视频教学等多种方式结合起来，便于学生对相关专业知识的掌握。

（2）音乐、美术、舞蹈等艺术类教学技能的培养。在教师专业教学的过程中，可以应用现代数字视音频摄录技术，将教师教与学生学的情况全程摄制下来，并上传至数字化教学系统的网络服务器中，学生可以通过下载或点播的方式观看，便于学生在课堂或课后对相关的技能要领反复学习，以达到教学能力要求。

（三）专业教学技能的培养

学前教育专业学生的专业教学技能是一项非常复杂的综合技能。幼儿的教学不同于小学、中学、大学等其他层次的教学工作，幼儿园实际教学工作中教学与幼儿的生活管理是结合在一起的。因此，它对学前教育工作者的要求非常高，既要懂得基本教学活动的实施，还要具备相关儿童心理活动掌握与突发事件处理的能力。对于专业教学技能的学习与掌握，建议通过以下方式培养：

学前教育专业学生对于教学技能的学习除了教师在课堂中教授外，可以应用现代化的数字微格教学系统加以训练，具体实施步骤如下：

（1）理论学习与基本操作。数字微格教学系统有其自身的操作流程，学前教育专业学生在教学实践之前应当由实践操作人员进行短期的理论与操作培训，以便能够灵活应用微格教学系统开展教学能力训练。

（2）专项技能讲析。完整的教学过程有很多教学环节，而且每个教学环节会采用不同的教学方法、教学手段、教学策略等，在实施微格教学技能训练之前，指导教师应当将各项教学技能的含义、应用方法及技术要领等详细地为受训学生进行剖析。

（3）教学系统设计。确定了某一项训练技能后，学生就可以根据自身感兴趣的某一课题进行系统化的教学流程设计，并撰写微格教学教案，教案力求详细、完善，以便提高训练效果。

（4）教学实践及全程记录。完成教学系统设计并撰写好微格教学教案，通过指导教师的审核后，就可以安排听课、评价等人员共同实施教学技能训练的实践过程并做全面的视频记录，以便为后期的评价和有针对性的整改方案提供完备的视频依据。

（5）受训视频观摩及评价。受训学生完成教学实践活动后，可以通过观摩受训视频进行综合评价，受训学生可以有针对性地对其教学技能进行改进，以达到熟练掌握各项教学技能的目的。

学前教育专业学生教学技能的培养，关乎其将来从事幼儿教育工作的成功与否，在教育信息化程度日益完善的情形下，各类培养学前教育专业学生的院校与机构应当积极开展利用数字化教学系统进行学前专业学生教学技能培养的应用与研究，为我国的幼儿教育事业贡献自身的一份力量。

第四节 "全实践"理念下高职学前教育专业学生职业能力培养

随着《国务院关于当前发展学前教育的若干意见》的出台，从中央到地方都高度关注学前教育的发展。广西壮族自治区政府顺应形势，出台了多项政策措施助推学前教育发展。在学前教育大发展的背景下，社会需求的不断提高也对学前教育专业学生的职业能力与综合素质有了更高的要求。为了适应创造优质高效、动态而有活力的学前教育发展趋势对人才的需求，我们需要探索怎样提升学前教育专业学生的职业能力，实现与职业岗位的"无缝对接"，并能适应特定职业岗位的要求。

一、"全实践"理念的提出

高职学前教育专业是我国幼师师资培养体系的重要组成部分，以培养一线幼师为对象，强调学生具有较好的职业能力。笔者通过调查访谈等方式，对广西河池市区的多所幼儿园进行调查，了解到高职学前教育专业毕业生总体素质良好，专业理论知识及各项基本功都比较扎实，但在实践能力方面有欠缺，如还不能有效应对幼儿活动中的突发问题，还不能高效灵活地组织幼儿教育各领域的活动等。对此，可引进和推行"全实践"理念，以培养实用型、技能型人才为出发点，针对幼儿园实际需要，更强调应用教育，在"实用和够用"上下功夫。

所谓"全实践"，是指将学前教育专业学生在校学习期间的所有实践环节作为一个整体来系统定位、统筹安排，彰显教育的实践特性。这种理念将学前教育专业的实践性课程扩展到素质教育课、专业基础课、专业主干课、选修课的技能操作、各学期的见习实习、短期的社会实践、寒暑假社会实践、毕业前的综合实习以及毕业论文等所有教学环节中，重视实践中的反思和反思中的知识重组重构，可使理论与实践相结合、课内与课外相结合，在理论学习的同时促进学生提高教育教学实践能力，逐渐成长为反思型和智慧型的现代幼儿教师。

二、当前高职学前教育专业学生职业能力不足的体现

2011年12月12日教育部颁布的《幼儿园教师专业标准（试行）》中规定，幼儿教师须具备的职业能力有：环境的创设与利用能力、一日生活的组织与保育能力、游戏活动的支持与引导能力、教育活动的计划与实施能力、激励与评价能力、沟通与合作能力、反思与发展能力。然而，当前高职学前教育专业学生职业能力存在不足，主要体现在如下方面：

第一，职业价值观缺失。对于所从事的职业意义、地位认识不足。表现为在工作中自我期望值过高，进而产生失落情绪，失去职业热情和兴趣，甚至还表露出消极的懈怠心理，对幼师专业内涵理解不透，对幼儿失去奉献和关爱的精神，更有粗暴训斥打骂幼儿的现象。

第二，专业技能和教学能力较缺乏。高职学前教育专业学生录取时不考察美术、音乐、舞蹈等专业技能，导致有些高职学前教育专业学生艺术教育技能先天不足。在组织教育教学的能力方面也不尽如人意，主动学习新知识、接受新思想的愿望较差。

第三，管理和保育能力欠佳。很多高职学前教育专业学生不能灵活地把学到的理论知识运用到实践中，缺乏独立带班的能力，面对幼儿的突发状况手足无措，对幼儿一日生活的组织与保育不够重视，缺乏对幼儿行为习惯的细致关注、对幼儿爱心不够，存在怕苦怕脏怕累的"三怕"思想，不愿接触幼儿盥洗、排泄、饮食等。

高职学前教育专业学生毕业后在一线从事幼教工作，工作的对象是幼稚活泼的幼儿，学前儿童特有的心理特点，决定了幼儿教育工作的特殊性和复杂性：幼儿教师不再是传统意义上的知识的传授者，更多的是"幼儿学习活动的支持者、合作者、引导者"。要扮演好这样的角色，离不开基于实践的反思和领悟。实践经验在幼儿教师成长中具有极为重要的作用，这决定了有必要在"全实践"理念指导下培养学前教育专业学生系统的职业能力结构。

三、"全实践"理念下培养高职学前教育专业学生职业能力的策略

（一）培养高职学前教育专业学生的职业认同感

高职学前教育专业学生职业能力发展的前提是要有良好的职业认同感，使学前教育专业学生真正产生乐于从教的意愿，并体验到职业的幸福感，产生幼儿教师情感最持久的原动力。高职学前教育专业学生职业认同感的培养要从多方面入手：首先，增强学生的职业情感。目前我国幼儿教师的工资报酬和福利待遇不甚理想，离职率高，针对这种情况，在人才培养过程中，要加强学前教育专业学生职业信念和职业理想的培养，从单纯地关注工资待遇转到关注职业的发展，把幼儿教师当作事业来经营，树立坚定的职业信念。学前教育专业院校可利用一些优秀的社会资源，比如邀请优秀的学前教育专家、教坛新秀、师德楷模等来作报告、开座谈等，以榜样的力量促进学前教育专业学生职业认同感的形成；其次，通过良好的专业教育促使学生正确认识学前教育专业的角色定位，懂得幼儿教师职业的社会责任，激发内在的职业认同感。还可以组织丰富的活动为高职学前教育专业学生提供一个施展的平台。高职学前教育专业学生一般多才多艺、能歌善舞，通过一些能力展示的比赛活动，可以提高学生的职业自豪感和认同感。

（二）构建模块化、多层次、全方位的实践教学活动来培养学生的职业能力

新形势下高职学前教育专业在设置人才培养方案时应以幼儿园教师的职业岗位能力为核心。依据高职学前教育专业的职业能力目标，可以设置实践教学的"五大模块"——课堂教学、顶岗实习与见习、社团活动、技能竞赛、社会实践，以项目化教学形式多层次、全方位进行培养。

1. 课堂教学

学生职业能力的核心部分需要通过课堂渗透实践学习，要依据高职生的实际水平来开展教学，将各类教学法和教育技能融为一体，结合专业课程内容开展研究性学习，大力提高高职学前教育专业学生的理论素养和实践能力。在一些专业实践技能课程，比如幼儿园活动设计与指导、幼儿园游戏、幼儿园家长工作等中，可融入蒙台梭利教学法、奥尔夫音乐教学法等，加重实践教学分量，以利于学生掌握相应专业技能，形成职业能力。

2. 顶岗实习与见习

顶岗实习与见习是学前教育专业学生充分认识专业的绝好机会。可依托实践基地，按学习进程开展不同主题项目活动，通过学科课程实践、专题见习、毕业实习等多层次的实践模式，在真实的职业岗位中检验所学的知识，提高对岗位的适应能力。

3. 社团活动

社团活动有其他教育形式不可替代的功能，可以弥补课堂教学的不足，让学生有一个施展才华的舞台。高职学前教育专业学生实践技能的培养应贯穿在课外的一切实践活动中。学生可以成立各种社团组织、才艺特长协会，组建一些与专业关系密切的手工艺品协会、音乐协会及幼儿歌曲创编、幼儿戏剧表演等兴趣小组，强化学生职业技能。

4. 技能训练与竞赛

根据实践教学要求开展各项竞技类比赛与技能训练。比如讲故事大赛、朗诵诗词大赛、歌手比赛、专业技能考证等多元化训练。在竞赛的活动类型、对象、内容和形式上创新，做到形式多样、出奇制胜，全面落实专业技能的培养。通过设计、表演、竞赛和考核活动，全方位检验和激发学生的专业技能学习，实现"一专多能"的培养目标。

5. 社会实践

让学生提前接触幼教机构，了解幼教发展状况，更进一步了解所学专业，在实践中培养独立思考、独立工作和独立解决问题的能力。通过社会实践可以巩固所学的知识，依靠实践的经验和锻炼把知识转化成真正的能力，获得职业认同和理解，为未来幼教职业生涯做好心理上的准备。

（三）建立科学、健全、规范的职业能力考核的长效机制

根据幼儿教师职业能力结构要素确定考核内容和项目，采取技能抽查的模式来

检验学生职业能力的水平。每学期针对教学计划中设置的学前教育专业的核心技能，由专业老师设计出技能抽查标准和题库。标准要反映幼儿教育的最新发展对教师的专业要求，并参照近年来高职学前教育专业学生初次就业岗位的核心基本技能要求，设计出不同的情境考试题目，现场操作测试。如语言活动设计、班会活动设计、幼儿园玩教具制作、家园共育栏的策划等。这种方式以一种常态的教学结果检测，促使学生职业习惯、职业素质的养成。

同时，将学生职业能力考核与职业资格证书制度相衔接。在教学中，充分体现职业教育的功能作用，积极开展职业技能培训与鉴定相关工作，推行职业资格证书制度，培养学生的综合职业能力。要求学生考取育婴师、保育员等国家职业资格证书；将学生职业能力的考核在制度上进行规定，如在校期间要取得英语国家A级证书，普通话取得二级乙等以上证书；还有计算机等级考试证书，以及各项课程培训及竞赛的等级证书，如亲子课程培训、感觉统合训练、蒙台梭利教育培训、奥尔夫音乐培训等课程的合格证书；参加舞蹈、歌唱、美术等技能比赛的获奖证书也可以作为学生职业能力的考核指标。

实践证明，在"全实践"理念指导下，打破束缚高职学前教育专业发展的"瓶颈"，形成与其自身的知识水平、学习能力相适应的职业实际应用能力，有助于培养"宽口径、厚基础、强能力、高素质"的新时代幼儿教师，满足社会对高素质幼儿教师的需求。

第五节　高职学前教育专业校企深度合作人才培养

高职院校要培养高素质应用型人才，最理想的形式就是与企业合作。随着社会经济的不断发展，学前教育人才需求标准发生改变，这就预示着培养应用型学前师资的高职学前教育专业就必须走校企深度合作、人才共同培养之路。本节试图从实践研究探索高职学前教育专业校企深度合作人才培养措施，以此来提高高职学前教育专业教育质量，解决技能人才培养瓶颈。

《关于推进高等职业教育改革创新引领职业教育科学发展的若干意见》明确提出："建立和完善学校、行业、企业、研究机构和其他社会组织共同参与的质量评价机制，将毕业生就业率、就业质量、企业满意度、创业成效等作为衡量人才培养质量的重要指标。"

一、目标方案、共知共融

高职教育的发展体现出了开放性与职业性的特点。坚持以就业为中心,校企合作、产学结合是我校学前教育专业发展思路。为有效实现学生与岗位"零对接",使培养的学生符合当前及未来社会幼师职业发展需要,我们与用人单位共同商讨培养目标,确立的人才培养目标和定位是"立足本地区,面向全国,思想品德高尚,专业基础扎实,职业技能突出,综合实践能力强,具有创新精神、创业意识和创业能力,适应学前教育改革和发展需要高素质技能型人才"。

二、互惠共赢、订单培养

(一) 互惠共赢是基础

《教育部关于全面提高高等职业教育教学质量的若干意见》提出,"校企合作,双赢发展"。校企合作只有合作各方都能获利,合作才能深入。高职院校学前教育专业选择合作单位,主要看幼儿园是否优秀,能否高效满足学前教育人才培养的需要,而幼儿园与学校的联合也希望通过校企合作,获得人力资源储备、学校文化资源高层次的指导等。只有各方的条件与需求都相适应,才能顺利实现校企合作,并能纵深发展。

(二) 实施订单式培养

为有效实现学生毕业即就业,就业即"上手",使学生能够与岗位实现"零对接",我校学前教育专业能够与多家用人单位实施签订协议合作育人的"订单式培养"。我们除了培养学生基础性、综合性的知识和综合能力素质以外,还根据合作幼儿园的实际需求,有针对性地对学生进行特定的实践技能培训,使人才培养更具有岗位针对性,等学生毕业后就可以直接上岗工作。

三、专业建设、资源共享

校企深度合作,加快专业改革与建设,提高教学质量,才能保证学生就业率和就业质量。

(一) 送教入企、引企入校

以"教精学实,够用、适用、能用、会用"教学原则为依据,实施送教入企、引企入校的"四进课堂"活动,即把幼儿园教材带进课堂,加强实践环节训练;学前教育专业教师进入幼儿园课堂,进行听课、指导、调研;幼儿园教师进高校课堂,即通过实习实训联谊活动进行交流，聘请幼儿园教师进行指导或专题讲座；学生进入幼儿园课堂方面，我们通过观看优质课录像、见习实习、实训课程入园等形式进行。"四进"课堂活动使我校学前教育专业学生毕业之后就立即能转变角色投入工作，实现学生能力与幼儿园需求的零对接。

（二）课程共建，增强学生职业能力

课程建设与改革是提高教学质量的核心，也是教学改革的重点与难点。课程建设应该以就业为导向、以应用为主线，做到基础课为专业课服务，专业课为就业服务，课程建设与改革为增强学生的职业能力服务。

1. 合作开发课程

聘请行业企业领导、幼教专家给学生授课。根据企业岗位的任职要求，改革教学内容与教学方法，广泛采用案例教学、情景模拟、任务驱动、现场指导等教学方法，融"教、学、做"于一体，提高教学效果与教学质量。

2. 共建精品课程

扎实推进校级、省级乃至国家级精品课程建设，把行业专家、幼教精英纳入精品课程建设中来，把学前教育专业理论知识与幼教实践更好地融合。通过精品课程共建活动，促进校企深度合作的内涵发展，实现校企合作互惠双赢。

3. 协议置换课程

对"订单式培养"的学生，以灵活课程置换的形式进行校企深度合作，如用人单位对"订单班学生"进行企业所需课程讲授并按课时折合学分，再如学生到订单培养实践单位接受企业文化与职业技能培训课程，也可以按课时折合学分，学生对职业规划的课程学习效果好。这样课程置换的形式深受学校、用人单位、学生、学生家长的欢迎，实现了互惠多赢的效果。

4. 加大实践课程比例，注重职业能力培养

高职学前教育专业人才培养模式改革的重点就是教学过程的实践性、开放性和职业性。为此，我们加大了课程实践教学比例，实践课程设置占整体课时的半数以上，并且认真编写实践课程教学大纲和实践指导书，按教学计划上好实践课。

5. 校企合作共同促进教育教学研究成果的转化

与共建单位共同开发教材，对合作成果加以提炼与总结，在加强教学内容的针对性和实效性的同时，提高校企社会声誉。组织行业、企业一线专家、专业技术人员参与调研，进行专业发展状况调查，利用学校的智力资源，共同进行课题研究，解决校企合作的难点、热点、焦点问题，实现校园合作的双赢局面。

（三）丰富实践教学环境，完善校企合作教育机制

给学生提供足够的校内仿真实训室和校外实践基地，通过见习、实习、顶岗实习实训等环节，满足学生实践技能培养的需要。在原有的以城市为主、农村为辅的校外实践教学基地的基础上，根据我省在"中长期教育发展纲要"中对学前教育发展规划的要求，积极开拓农村学前实践基地，形成市、县、乡三级平衡的、多样性的专业实践环境。

在科学稳定的实践基地建设的基础上，加大校、园深度合作力度，把已成熟合作模式进行推广。加大课程置换力度，在原有课程置换、委托培养、毕业设计（校、园）同步指导等合作项目的基础上，进一步增强实训的针对性和情境性，有效提高实训效果。对校、园合作教育项目，采用双向指导双方评价学生能力的考核制度。学前教育专业只有与用人单位密切合作，形成人才共育、过程共管、成果共享、责任共担的紧密型合作办学体制机制，才能发挥各自优势，促进校园深度合作，增强办学活力。

第五章 高职学前教育专业英语教学模式研究

随着国际一体化的不断发展和国际交流的日益频繁，英语作为国际通用语言已经逐步成为世界各国外语教育的核心。在我国，英语学习已经呈现全民化、低龄化的发展趋势，幼儿教育越来越受到家长、幼儿园及社会各界的关注。幼儿英语教学的兴起和发展，对具备较高英语素质的师资提出了全新的需求，从而对学前教育专业的学生提出更高的专业要求。他们除了具备相关的儿童心理学、教育学、卫生学等综合知识外，还必须具有专业理论知识和实际操作能力。在英语能力方面，学生不仅应该具备扎实的英语综合能力，更应该具备结合学前教育专业基本知识和技能开展英语活动的技能。

这就要求学前教育专业不仅应该注重培养学生的英语综合应用能力，更应该注重培养学生在幼儿园活动中运用语言的能力，为以后成为一名合格的幼儿园英语教师，为培养在幼儿园开展双语活动的能力，作好充分的准备。

第一节　高职学前教育专业英语教学模式现状

一、高职学前教育专业英语教学存在的问题

（一）教学模式单一，过于书本化

据调查，大约 60% 的高职学前教育专业所使用的英语教材是普通中高职英语教材，其内容也大多是与专业无太多关联的日常英语，许多学前教育专业的英语教师所采用的教学模式也与其他专业无异，内容只局限在课本中的日常社交英语，这样便无法拓展学生的专业技能，使得学前教育专业的学生无法形成初步的学前英语教学概念及思路。学前儿童不同于小学或中学的学生，语法及语言学等知识对他们来说过于晦涩深奥。

（二）人才培养目标不够贴近幼儿园教学实际

学前教育与其他形式的教育有极大差异。比如初等教育阶段的学生已经形成了良好的自控性，且在思想及行为上也逐步成熟，所以对其采用的英语教学模式较学前阶段而言，更加系统、成熟。但这样的英语教学模式并不适合学龄前儿童，不仅无法达到期望的教学目的，甚至还会使学龄前儿童对英语学习产生抵触心理，反而更不利于之后英语教学的深入。如何上好幼儿园英语课程，这是学前教育专业学生需要思考的问题，同时也是学前教育专业英语教师需要在课堂中去引导并加以指导的问题。

(三)"双师型"教师不足,幼儿园实践经验缺乏

高职英语教师都具有较强的业务能力和教学水平,但对于幼儿园的实际英语教学情况却不甚了解,无法很好地将幼儿园英语教学场景融入英语教学课堂中。若不能真正模拟实际工作场景,学生便无法对幼儿园英语教学工作形成概念,很难去思考适合自身的教学方法与思路,只是盲目地学习理论知识,这便失去了职业教育的意义。另外,高职教师的授课压力较重,大多数教师忙于每日的教学任务及科研任务,无暇深入幼儿园等实训基地进行调查研究,造成了"老师不了解、学生不明白"的教学窘境。

(四)学生基础较差,忽视英语教学的重要性

由于招生方式和录取体制的改变,高职的部分学生学习基础尤其是英语基础较差,对英语的学习兴趣不浓。又由于成长环境的限制,有些学生还存有诸如"幼儿园不需要英语"、"中学学的英语已经足够教幼儿园"之类的想法,使得英语课程在教学过程中受到不小的阻碍。

二、学前教育专业英语教学调整思路

(一)严把招生关

高职学前教育英语(双语)方向的专业,在招生时就应要求学生的英语成绩达到一定水平,要求学生对英语感兴趣,热爱幼教事业,并能为此付出艰辛努力。如果对学生英语成绩不加控制,必然导致学生英语水平参差不齐,给教学实施带来困难;如果学生对英语或幼教不感兴趣,必然会产生厌学情绪,更谈不上为学业付出艰辛努力了。

(二)转变教学思维

时代在发展,教育思想也应随之调整。教育是一门特殊的事业,其对象会不断地更新进步,教师的思维若一直停留在以往的模式上,很快便会被时代的淘汰。高职学生正处于青春期阶段,对于新事物新思想的接受速度非常快,他们能够迅速地对新的思想进行消化吸收,若教师不能及时更新教育思维,反而落于时代之后,就无法对学生进行更有效的教育。作为高职学前教育专业英语教师,应及时给自己充电,多了解一些最新的英语教育资讯及理念,同时也要关注学前教育事业的发展动态,适时地对自己的教学模式及教学内容进行更新,这样才能够适应时代的不断发展变化。

1. 采用 EPP 教学模式

即英语语言(English)+ 专业知识(professional knowledge,幼儿英语教育专业知识)+ 专业能力(professional ability,幼儿英语教学能力),开设学前教育专业英语课程,将英语语言学习与学前教育专业知识学习融为一体。

幼儿英语教师必须具有扎实的学前教育相关知识和较高的英语知识水平。幼儿英语教师必须要掌握儿童心理学、教育学、语言学等相关知识，从中了解幼儿的年龄特点、学习特点、兴趣爱好等，根据幼儿身心发展的规律，制定合理的教育目标，充分利用儿歌、游戏等方式创建良好的英语环境和学习氛围，达到良好的教学效果。幼儿年龄小，模仿能力强，可塑性强，对事物比较敏感，接受能力强，日常生活中，幼儿对某种技能或知识一旦掌握形成定式，就不易改变，这点在语言学习中尤为突出。幼儿教育一般是老师怎么教，他们就怎么学，因此幼儿英语教师的英语口语表达能力和准确自然的语音语调等扎实的英语专业知识显得尤为重要。

传统的大学英语课程注重学生英语综合运用能力的培养，具有基础性和统一性的特点，但缺乏专业性、系统性、层次性，难以满足幼儿英语教育对学前教育专业学生英语语言能力的要求。学前教育专业英语课程为幼儿英语教师教育的基础课程，以基础性、系统性、实用性为导向，从而将英语学习与学前教育专业的知识学习融为一体。学生不仅可以提高语言的综合运用能力，还能够深化学前教育专业知识的学习。

2. 采用 EGP 教学模式

采用EGP(English for General Purposes)+ ESP(English for Special Purposes)(2+2)相结合的教学模式。学前教育专业将分为两个阶段授课：第一阶段是在校的一、二年级，为英语基础课；第二阶段是在校的三、四年级，为学前教育专业英语课。基础课我们将采用 EGP 的教学模式，从听、说、读、写的基础入手，注重培养学生的语言综合运用能力，提高学生的英语水平。学前教育专业英语课我们将采用 ESP 的授课模式。设计与组织幼儿教育活动，将各种知识技能应用于培养儿童各种能力的相关技能和学前教育科研能力。重视岗位技能的培养，打破传统的"学科本位"的教学思想，将其课程目标确定为用英语组织幼儿园每天的活动，与幼儿进行简单的日常对话交流，用简单的英语组织幼儿英语教学活动，使幼儿能够掌握一些基本的日常英语词汇。

（三）重视实践性教学

职业教育的目的就是要让学生掌握基本的职业技能，单纯对书本进行学习并不能使高职学生切身领会到实际的工作场景，因此，实践性教学是非常必要的。例如，在日常英语课堂中，教师可尽可能多地使用幼儿园课堂常用英语，使学生置身于真实的幼儿园英语课堂中，让学生尽早了解到如何用英语组织幼儿园英语课堂。另外，也可让英语教学融入学前教育专业学生的专业素质培养中。学前教育专业的学生必须掌握唱、跳、画、游等基本技能，但如何使用英语来组织这些基本的幼儿园活动，是使不少学前教育专业学生挠头的问题。有些高职学前教育专业开设有"幼儿园英语活动"课程，该门课程便是实践性教学的一项有力体现。通过学习这门课程，学生们可以了解并学习到英语是如何融入幼儿园活动并对幼儿园活动产生积极影响的。但是，该门课程对师资的要求也相对较高，只有同时具有幼儿园教师专业素养及英语专业素养的"双师型"教师才能胜任。由此可见，高职对英语教师的"双师"培养是不能忽视的，应多组织教师深入各幼教机构实地考察学习，感受实际的幼儿园教学课堂，实现学前教育专业教师与学生的双实践教学。

（四）选择适合学前教育专业的英语教材

目前高职学前教育专业的英语教材理论性太强，大多选择有关教育理论的文章，这导致教师在讲授中不能结合专业特点创新授课，学生对枯燥的理论不感兴趣，影响学生英语技能的提高。因此，学前教育专业的英语教材的选择应考虑儿童教育特点。这就要求高职院校教师在教学过程中根据儿童教育的特点，灵活处理教材，补充所需相关内容。教师可以尝试在语言专业课中加入经典的、脍炙人口的儿童文学作品，如童话故事、科幻故事、童谣、诗歌等，带领学生们研读、欣赏、模拟、表演等。学生们通过学习和实际的演练能更深刻地感悟和体验到儿童教师的专业情意、专业素养，能更积极主动地进行专业知识的学习和专业技能的训练。

（五）加强英语专业技能训练

1～6岁儿童正是处于语言系统高速发展的时期，对语言的接受与模仿能力要比其他阶段强得多，合理利用并发挥出该阶段的优势，可以使学龄前儿童成功打下英语学习的基础，而幼儿园英语教师在其中的作用与影响就不言而喻了。加强学前教育专业学生的英语专业技能训练就显得很有必要，其中尤以英语语音的训练最为重要。在幼儿园英语教学中，由于学龄前儿童的理解分析能力有限，无法理解深奥枯燥的英语语法知识，所以幼儿园的英语教学中较为着重的是日常英语口语及词汇部分，这就对幼儿园教师的英语发音有较高的要求。高职学生大多来自农村地区，之前对英语的学习不够专业系统，尤其是在英语语音及口语表达上有较多不足，因此在对学前教育专业学生教授英语课程时，应加强对其英语语音的训练。如果是英语基础较差的学生，首先要提高他们的学习兴趣，同时可以从最基础的英语音标开始学习，巩固其英语基础，这样才能为之后步入工作岗位奠定扎实的基础。

（六）利用多媒体进行辅助教学

在我国，英语课程的讲授太过强调语法的重要性，而语法的讲授大部分时候只需要一块黑板和一根粉笔即可完成，多媒体在此时显得有些多余。但对于学前教育专业的学生而言，语法是必要的，但不是最重要的。正如笔者先前所述，英语口语表达以及英语课堂的组织才是学前教育专业的学生最需要多加学习和训练的，而多媒体正好可以为英语口语训练课程提供许多方便。例如，对于幼儿园英语课堂的组织与进行，很多学生都不太了解，而有些地方院校也没有太多机会让学生进行实地学习。因此，教师可以通过多媒体的帮助，让学生观看幼儿园英语课堂视频，使学生们对其形成大概的印象。同时，教师还可以借助因特网及多媒体，提供学生更多更好的英语口语及听力训练材料，让学生的训练课程不再枯燥，并且可以让学生处于一些虚拟场景中，使学生身临其境，有效地提高其训练效果。

（七）建立多元化的评价方式

教师和学生同时作为评价的主体，发挥评价促进学生发展、教师提高和改进教学实践的功能。传统的考评机制内容较为单一，而且重"知识"轻"能力"，这必将导致学生在学习过程中缺少语言的实际应用能力，语言表达无法提高。因此，教师采取多元化、综合化的评价方法，即教学日志、学习档案袋、教师评价、学生自评和同伴互评等相结合的方式，以尊重学生的个体差异，关注学生个体的发展。老师可根据学前教育专业学生的特点与英语课程相结合，以规范学生英语技能的培养，刺激学生学习英语的积极性和主动性。例如，考试课可由三部分组成，即平时成绩（出勤+课堂表现+课后作业）、笔试成绩（"知识点"的考核可改为能力考核，侧重考查学生英语实际应用能力）和口试成绩（通过英语对话、朗读、讲幼儿英语故事等来考察学生的英语口语交际能力）。另外，学生在毕业时除了毕业证书外，还必须考取一定的英语等级证书和从业资格证书，从而增加学生的英语学习兴趣和主动性。

（八）组建合格的师资队伍

学前教育专业的英语老师一般由英语专业的老师担任，他们一般都只担任英语专业的教学任务，学前教育专业的英语教学也只是工作的一部分。一般的英语老师不太了解学前教育专业具体需要哪些教学工作，这就造成了社会需要与教师教学相脱节的现象。虽然他们在英语的语音语调、基础知识储备和交际应用能力方面占很大优势，备课时也会查阅大量相关教学资料，但是在实际教学中仍然不能够用幼儿教学实例来进行教学阐释，也不能告诉学生目前幼儿园英语教学常用的教学方法和技巧，造成了学生在学习过程中所学到的知识不能马上应用到实际的教学实践中去，容易造成理论和实践相脱节的现象，所以就需要对专业英语老师进行相应的培训。例如，让专业英语教师到兄弟院校进行学习培训，或者让老师深入幼儿园了解社会、家长和幼儿对老师的要求，这样英语老师就可以全面把握、充实自己，然后去教学生，使学生成为合格的学前教育专业英语教师。

综上所述，学前阶段是儿童各方面得到迅速发展的一个时期，该阶段的教育为儿童之后的学习和成长过程奠定基础，对儿童的成长有着至关重要的作用。近年来，国家也大力发展学前教育，对学前教育从业人员资格的审查与认定也随之更为严格。此前，幼儿园教师的资格审查非常松散，也出现了许多不合格的幼儿园教师，可见对于专业幼儿教师的培养刻不容缓。这就要求职业院校在培养学前教育专业学生的过程中，更要严格把关，从专业基础抓起，精益求精，努力培养出适合国家社会所需的真正专业幼教人才。

语言学习是学前教育的一个重要组成部分。学前阶段儿童的模仿能力以及对新语言的敏感性都很强，因此在该阶段进行英语的初步了解学习，可为儿童之后的英语学习甚至是其他语言的学习打下了坚实的基础。虽然我们并不提倡在学前阶段灌输过多的基础课程知识，但让学龄前儿童在游戏娱乐中对英语学习形成一个初步的积极印象，还是很有必要的。幼儿园阶段的英语教学是多种多样的，可以是英文歌、字母游戏或者是字母抽象画，这些都能让学龄前儿童换一种方式去思考问题、活跃思维、开阔眼界，对他们的智力发展有极大益处。可以说，学前教育需要英语教育作为一针催化剂，推进学前教育的顺利进行与健康发展。

第二节　职业能力培养视角下的高职英语教学模式改革

随着经济全球化步伐的加快，社会各界越来越需要具有良好的英语应用能力的实践应用型人才。高等职业教育的迅猛发展为社会各界提供了越来越多的具有一定职业能力的复合型人才。可是，高职院校的学生们普遍英语水平不高，听说能力更是达不到用人单位的要求，高职毕业生难以适应工作岗位的需求。分析其原因，主要是高职院校的英语教育模式普遍存在问题，主要采用的是课堂填鸭式的教学，重理论轻实践，不能符合专业发展和社会需求。所以，为了更好地满足社会需求，高等职业教育应大胆改革英语教育模式，转变教育理念，培养学生专业英语领域的职业素质，完善综合素质和职业技能，增强学生的英语实践应用能力，与市场需求接轨，提高学生的就业竞争力，提高社会、企业对人才的认可度和满意度。因此，如何提高高职院校英语教学中的职业能力水平，已然成为当前摆在高职院校英语教育者面前亟待解决的难题。本节在职业能力培养视角下探讨高职英语教学模式改革。

一、高职英语教学中职业能力培养的问题

（一）教学观念陈旧

尽管我国高职院校当前的培养目标是提升学生的职业技能，在教授学生掌握专业知识的同时，提高实践能力。但是因为英语教育的逐渐功利性，忽视了英语的交流能力。甚至很多英语教师仍持有传统的守旧的英语教育观念，没有充分发挥市场需求的导向功能，忽视学生的职业实践能力。

（二）教学缺乏针对性和实效性

当前的高职英语教学与市场需求存在严重脱节，教材、教学方法和教学内容等缺乏职业针对性，没有注重职业能力的培养，学生使用的是统一的英语教材，教师采用的是传统的教学方法，缺乏针对不同专业的职业英语教学，从而使英语实效性不高，无法满足用人单位的需求。

（三）学生学习积极性低

高职学生普遍英语学习基础差，对英语学习兴趣低，不清楚高职英语教育的目标，不信任学校和英语教师，不喜欢英语教师的教学方法，不愿意配合英语教师展开互动学习。同时，高职学生也没有形成终身发展的理念，不重视英语学习，尤其是英语职业能力的培养。

（四）专业英语和公共英语各自为政

虽然很多高职院校开始重视高职专业英语的教学，也开设了专业英语课程，但是担任专业英语教学的教师和公共英语的教师不在同一个教研室，两者之间缺乏交流，教学内容重复。专业英语的教学还是重复公共英语的教学，重点在语法、词汇和阅读等方面，并没有体现职场英语的优势。

二、职业能力培养视角下的高职英语教学模式改革途径

（一）明确教学目标

高职英语教学目标应围绕公共英语教育，在提高英语技能的同时，注重培养职场应用能力，提高综合素质。具体表现为三方面的能力：英语社交技能、团队合作和创新技能。英语社交技能是培养学生流利顺畅地运用英语进行交流沟通，运用英语开展社交活动。高职英语应根据专业需求，培养学生团队合作能力，拥有良好的职业精神与团队成员合作，进行情感交流。高职院校还应培养学生的自主学习和独立思考的能力，培养创新的思维方式，灵活运用专业知识，创新性地解决职场问题。

总之，高职英语应转变传统观念，以职业需求为导向，使英语成为交流技能，提高高职英语的职场能力。

（二）重构教学模式

传统的教学模式大班教学，采用统一的教学内容、教材和教学方法。高职英语应改革教学模式，按照不同的类型分类授课。一方面，实施模块化教学，培养学生的职场能力。高职院校应把高职英语按照内容和社会需求分为不同的模块，并针对学生的不同专业背景、实际岗位需求设计相应的职业任务，提高学生的未来职场竞争力。如可以划分为商务英语、建筑英语、会计英语、法律英语、机电英语、计算机英语等模块，学生根据不同的教学模块，结合自身的学习特点和兴趣爱好有所侧重，并将所学的知识运用到实际职场中，从而令学生提高学习效率，体会到学习的乐趣，掌握终身学习的方法。另一方面，因为不同的学生专业不同，岗位要求不同，高职英语教师根据学生的不同学习基础，采用分层教学方法，重点培养，有效关注，有针对性地培养学生未来的工作能力。

（三）改革教学方法

为了有针对性地提高学生的就业竞争力，高职英语教师应改革教学方法，改变传统的单向灌输式教学，多采用"对话式"的互动教学方式，提升学生的沟通交流能力，拉近与学生的距离，营造良好的教学氛围。同时，英语教师不应仅仅局限在教材内容，还应充分利用生活中、职场中的资源，进行广泛式教学，采取模拟职业现场的方法，使学生身临其境，学以致用。此外，高职英语教师应在教学中善于利用现代信息技术，建立网络学习平台，使教师、学生、教学资源整合成一体，充分调动学生的学习积极性，促进教学效率的提高。

（四）转变教学评价

目前很多高职院校还未建立有效的英语教学评估机制。所以，高职院校应建立以职业能力为目标的高效的英语教学评价模式。高职院校根据高职英语的教学目标和自身的需要，建立一套能反映学生实际学习情况和教学实效性的评估机制。首先，高职英语不再仅仅以学生的英语卷面考试成绩来决定学生的学习情况，而应设置职场任务模拟现场中的英语交流任务，根据学生的实际表现情况给予相应的分数，这不仅仅有利于考察学生的英语交流能力，也有利于考核学生的职场能力和综合素质。同时，评估方式应多元化和动态化。多元化不仅指评估内容多元化，也指评估对象、评估方法多元化。评估内容多元化是指不仅要评估学生的英语水平，还要评估学生的学习积极性、解决问题的能力、团队合作能力和创新能力。评估方式要由单向评估转化为自我评估、学生互评相结合的方式。同时，多元化还要求能不再依赖试卷评估，而应结合小组合作、角色扮演、分组讨论等方式进行。动态化评估指英语教师应发展地看待学生学习英语的情况，客观、多元化地评估。在学生不同的学习阶段，根据不同的学习需求，有针对性地采取教学策略进行评估，培养学生学习兴趣，培养学生职业技能，同时使英语教学更加高效。

总之，高职英语教学应根据用人单位的用人需求进行有针对性的教学，以提高学生就业、职场竞争力为目标，培养学生的综合职业技能。英语教师也应适时注重自身素质的提高，不仅加强英语能力的教学，还应根据所教授学生的专业加强相关学习和培训，同时还应学习新的教学理念，有针对性地采用不同的教学策略，注重培养学生的终身学习能力，引导学生自我学习、自我创新，提升高职英语教学实效性。

第三节 维特根斯坦的"语言游戏说"对高职学前教育专业英语口语教学模式的启示

维特根斯坦是20世纪最有影响的哲学家之一，他提出了哲学中的一个核心概念"语言游戏说"。所谓"语言游戏"即把语言比作游戏。语言游戏说为高职学前教育专业英语口语教学提供了一条新的途径。目前将语言游戏说应用于三年制学前教育专业的英语口语教学中的研究很少。因此，本节以维特根斯坦"语言游戏说"为指导，探讨了其对高职学前教育专业英语口语教学的启示。

一、"语言游戏说"解读

维特根斯坦在《哲学研究》中指出，"我将把由语言和动作交织成的语言组成的整体称为'语言游戏'"。他把语言和游戏作比喻揭示了语言用法的多样性和实践性，强调了语言活动的重要性，旨在通过语言的使用过程习得语言。这种活动被他称为游戏。

语言游戏说具有规则性和目的性。维特根斯坦喜欢用棋类游戏来阐明语言游戏。语言如同下棋，语言的语词如同棋类游戏的棋子，语词的使用规则如同棋子的下法。每一个游戏都有相应的游戏规则和目的。在玩游戏时，只有掌握并遵守规则才能进行语言游戏，达到游戏目的。

语言游戏说具有多样性和不统一性，其源于生活形式的多样性和易变性。维特根斯坦举出一系列的语言游戏事例:命令、提问、演戏、唱跳圆圈舞的歌曲、讲笑话等。不同的语词在不同的场合下有不同的意义。

语言游戏说具有生活性。维特根斯坦认为语言游戏是为了强调一个事实而使用语言的一种活动或生活形式。生活形式是语言游戏赖以进行的基础。

语言游戏说不仅对哲学发展有重大意义,而且对高职学前教育专业英语口语教学理论的构建有重要意义。

二、高职学前教育专业英语口语教学现状

尽管很多高职学生在英语考试中能顺利通过,但是大部分口语能力并不乐观。大多数高职生只会表达些简单用语,或用中式英语交流,其表述常常令人费解。高职口语教学效果不明显。近几年来,幼儿英语教育实践十分普及。培养学生的口语能力是高职学前教育专业英语课程的重点和难点。在此,笔者从学生角度分析了高职学前教育专业英语口语教学的现状。

(一)忽视口语的重要性

大多数高职院校的英语课程设置与专业课程设置没有相关性和交叉性,这大大减弱了高职院校对英语课程的关注。很多高职院校学前教育专业只开设了每周两课时的大学英语课程,而没有专门开设英语口语课程。部分院校盲目追求英语考级过关率,英语授课内容完全依附于等级考试内容。在英语教学中,教师常常感慨要在有限的教学时间内给学生提供足够的练习口语的机会,并在大班教学中的分组活动中得到所有学生的反馈,实践起来非常困难。此外,很多考试没有口语测试。上述原因使更多学生忽视了口语的重要性,不重视口语。

(二)英语基础薄弱

高职学前教育专业的学生只具备了基本的英语技能。很多学生没有良好的学习英语的习惯,英语基础薄弱,掌握的词汇有限,语法不系统,发音和语调不标准。这些因素严重影响了高职学前教育专业学生口语能力的表达。

(三)学习动机不明确,自信缺失

高职学前教育专业的学生在英语口语学习方面有严重的心理障碍。很多学生对英语不感兴趣,学习动机不明确。部分学生学习仅仅是为应付考试或过级,甚至有些学生过了 CET3 后就停止了学习英语。大部分学生很想学好英语,尤其是口语。但面对现实,他们总是困惑,很容易产生失望情绪,对英语产生抵触,进而选择放弃学习。很多学生学习态度被动,缺乏自信心,课堂表现不积极。在口语交流中,

他们表现过度紧张，甚至怕出错而不敢开口。

三、"语言游戏说"对高职学前教育专业英语口语教学的指导

针对高职学前教育专业英语口语的教学现状，并结合其特殊性，笔者认为高职学前教育专业英语口语教学更需要维特根斯坦的"语言游戏说"的指导。

（一）规则性和目的性启示

语言游戏的规则就是语言游戏的逻辑。只有重视和遵守使用语言游戏规则才能有机地把语言构成的活动完成。高职学前教育专业英语口语教学的当务之急是加强学生对口语的重视和自主学习的意识，帮助学生了解社会对幼儿园英语教师的期望和要求，激发学生学习动机。教师在口语教学中应该增加各个环节的目的性和自觉性，使用任务型教学，有意识地引导学生用英语交流。同时，充分利用教学互动模式，活跃课堂氛围，增加学生学习兴趣和开口练习的机会，提倡学生尽量用英语表达，必要时可借助汉语表达。

教师的适时鼓励有助于学生获得成就感，激发学生学习兴趣；教师的及时评价有助于学生反思自己的学习，从而提高学习激情。同时，教师应区别对待学生在课堂中所犯的错误：在强调口语流利性的活动中，教师应鼓励学生多开口，少纠正错误，适当减少教学干预。此外教师可以借助支架理论教学，帮助学生搭建支架，循序渐进地进行语言游戏，适时放开手，撤出支架，让学生自主独立地在小组合作、表演话剧、讨论、讲故事、情景对话、猜谜语等中进行语言游戏。

（二）多样性和易变性启示

教师应转变教学观念，由单一传统的教学模式转变为现代多样化的教学模式，由教师为中心的教学转变为以学生为中心的教学，由教师教授学生过渡到学生自主学习的过程中来提高口语。

高职学前教育专业均开设了唱歌、琴法、舞蹈、美术等专业技能课程，并且学生热衷于唱歌跳舞，善于表现自我。鉴于此，高职学前教育专业英语口语教学设置应结合学前教育专业特色和学生的特征，口语课与专业技能课交叉，突出趣味性、多样性和实用性。这样既能满足社会对幼儿园英语教师的要求，又能激发学生学习兴趣，提高英语口语教学水平。教师应在教学中运用多种教学手段促进学生参与教学。针对不同口语水平的学生，教师可以进行分层教学、因材施教，并结合弹性口语练习制度，加强学生的口语能力。

(三) 生活性启示

"语言游戏说"的生活性强调语言与活动的不可分割。从建构主义学习理论的观点而言,学习与一定的情景相联系。英语口语教学,实质上是每个学习者在一定的情景及文化背景下,借助教师和同伴的帮助,根据已有的知识和经验,利用信息沟,主动地加以意义构建,并通过师生共同进行语言交际活动而进行的过程。

高职学前教育专业英语口语教学的难点是"如何培养用英语交流信息的能力",其主要问题在于缺乏语言环境。因此,教师在教学中可采用情景教学法,辅以多媒体教学、设计活动,尽力为学生营造一个融视、听、说于一体的语言环境。在口语情景教学中,教师可以借助图片、幻灯片、教学电影、录音、音乐、肢体语言等让学生更加直观地感知口语内容,获得最大量的语言信息,从而帮助学生更好地融入语言情景,树立开口说英语的信心。此外,教师可通过话剧表演、讲故事、角色演练、小组讨论、专题演讲等活动来创设情景,帮助学生塑造出真实的语境,启发学生的创造性思维,促进学生口语能力的提高。教学互动在语言游戏中必不可少,教师应以学生为中心,强调生生互动和生师互动。

目前,高职学前教育专业英语口语教学不容乐观。本节以维特根斯坦的"语言游戏说"为理论依据,结合高职学前教育专业特点和学生的特征,在英语口语课堂中引入"语言游戏说"教学,探讨了其对高职学前教育专业英语口语教学的指导作用。这不仅可以有效地提高学生口语能力,而且可以有意识地培养学生语言游戏精神和运用语言游戏组织教学的能力,对高职学前教育专业英语口语教学具有重要意义。

第四节 三年制普通高职学前教育专业英语教学模式

一、三年制普通高职学前教育专业学生英语现状分析

三年制普通高职是高等职业教育的一种形式,招收普通高中毕业生,学制2~3年,学生毕业后取得大专文凭。学前教育专业是指培养具备学前教育专业知识,能在幼儿园等机构从事学前儿童教学和研究工作的教师等的教学人才。

笔者所在的河北青年管理干部学院学前教育系是通过高考进行招生的,学生的英语水平有一定基础但总体不高。为此,笔者抽取本系200名左右学生为调查对象,进行问卷调查,对本专业学生的英语学习现状和存在的问题进行分析,探讨合作学

习教学模式在本专业英语教学中的应用。

（一）学前教育专业学生英语学习现状

笔者通过问卷调查和访谈等形式，对学前教育专业学生的英语学习状况进行了解和分析，发现了不少问题。

1.学生对英语学习的兴趣较高，但学习动力不足

在对200多名学生的问卷调查中，大部分学生喜欢英语这门学科，并认为英语很重要。应该说学生对英语学习的兴趣还是比较高的，能认识到英语学习的重要性。但由于学习动机不够明确等原因，使得学生的学习动力并不强，上课容易分心，找不到合适的学习方法，学习没有成就感。

2.学生的英语基础较薄弱，学习能力较差

学前教育专业学生的录取分数略低，高考英语科目的成绩都在七八十分左右（总分150分），学生英语基础较为薄弱且有一定差异。进入高职学习后，学生明显不适应高职的学习氛围和学习环境，不能及时消化吸收教师所教内容，不会归纳总结知识点，还在等着教师"喂"，学生找不到合适的学习方法，学习能力较差，学习效率低下。

（二）学前教育专业英语教学存在的问题

1.课程设置不够合理，缺乏配套教材

学校学前教育专业开设的英语课程采用普通高等教育"十一五"规划教材，该教材跟学生高中使用的教材衔接性较好，但难度较大，词汇量较多，专业性不强，学生使用起来比较吃力。八年级时采用普通高校通用的《大学英语》教材，跨度较大，专业针对性不强，学生兴趣不高，并不适合本专业学生。

2.重视专业技能的训练，文化课相对薄弱

学校比较注重学前教育专业学生专业课程的教学和专业技能的培养，学生将大部分精力都花在技能的训练上，对文化课只是应付式地完成作业。然而，随着当前双语幼儿园的兴起和升学、就业的新趋势，学前教育专业的学生不但要有弹唱等专业技能，还要有良好的文化综合素质。因此，必须加强对三年制普通高职学前教育专业学生的英语教学，培养文化素质和专业技能都过硬的人才。

通过对本校学前教育专业学生英语现状的调查和分析，笔者发现传统的教学模式已经不适应高职英语课堂了，教师要转变教学观念，改变教学模式。教学实践证明，在三年制普通高职英语课堂中采用合作学习的教学模式，符合当前三年制普通高职英语教学的目标，能有效提高学前教育专业学生的英语应用能力，为学生就业打好基础。

二、合作学习的理论简介

合作学习的理念产生于 20 世纪 70 年代的美国。合作学习理论的主要代表人物是美国斯莱文教授，他认为："合作学习是指使学生在小组中从事学习活动，并依据他们整个小组的成绩获取奖励或认可的课堂教学技术。"我国教育学家王坦在《合作学习——原理与策略》中把合作学习定义为："以异质学习小组为基本形式，系统利用教学动态因素之间的互动促进学生的学习，以团体成绩为评价标准，共同达成教学目标的教学活动。"

合作学习基本要素比较公认的是由美国明尼苏达大学合作学习中心约翰逊兄弟提出的。他们认为，合作学习的关键因素有五个：积极互动、面对面的促进性互动、个体责任、人际与小组技能、小组自评。

三、合作学习在五年制高职英语教学中的意义和作用

小组合作学习可以改善课堂气氛，提高课堂效率。通过小组合作完成各项任务，全面提高了学生的英语听说读写能力，培养学生的合作精神和合作能力，并能大幅度提高英语教学质量。

（一）创造和优化语言学习的环境，提高学生的学习兴趣和自信心

合作学习为学生创设了语言环境，提供了良好的学习氛围，学生获得大量使用英语进行交际的机会。在宽松和谐的交际情境当中，学生以积极的态度投入学习，学习兴趣高涨，学习自信充分，学习效率大幅度提高。这种教学模式保证了学生学习的主体地位，学生成了课堂活动的积极参与者，课堂气氛融洽，降低了学生的焦虑感，使学生敢于开口使用英语，敢于表达自己的想法，从而提高了学生的英语语言应用能力。

（二）促进师生合作和生生合作，培养学生的合作与竞争意识

在合作学习中，教师设计合作学习的任务，把任务布置给合作小组，并对各小组合作完成任务时出现的问题给予适当的指导，这种师生间的互动有效地拉进了师生间的距离，增进了师生的相互了解。同时，合作小组各成员间通过互相协作、交流讨论等方式共同完成任务，每个成员机会均等，都能通过小组这个平台表现自己。而小组与小组间的竞争关系，又使得同一小组成员必须同心协力，高质量完成自己的任务，才可能去跟其他小组竞争，学生的合作与竞争意识得到了培养。

（三）改进了传统的课堂教学模式，有利于高职大班教学

在传统的大班教学的情况下，教师通常以讲授为主，学生课堂上练习英语的机

会很少，更别提对英语应用能力的训练。小组合作学习打破了难以组织课堂活动的大班教学的局限性，将大班化整为零，把一个 40～50 人的大班分成 4～6 人一组的合作学习小组，在合作小组中每个学生机会平等，都有发言权，学生成为课堂的主人。通过形式多样的合作任务，学生的英语听说读写能力能得到全面提高，教师的教学质量得到了保证。

四、合作学习在三年制普通高职英语教学中的有效开展

（一）合理分组——组内异质、组间同质

合作学习小组的编排直接关系着合作学习能否成功开展。在三年制普通高职英语课堂中，可按组内异质、组间同质的方法来进行分组，每组 4～6 人。在一个合作小组中各小组成员的英语成绩应有高、中、低各个层次，并具备不同的个性品质和学习品质。这样，小组各成员能相互学习、取长补短，使各成员得到充分的发展。各合作小组之间，整体英语水平要比较均衡，要有可比性，这样组间才能开展合理的竞争。

（二）设计任务——教师主导

合作学习任务的设计是有效开展合作学习的基础。教师应根据教学目标和教学重难点来设计小组活动方案，所选的任务要适合进行小组合作，可以对文章中的重点词汇和句型进行小组合作学习，可以对文章的大意或结构进行讨论，也可以对文章相关话题进行讨论。教师设计小组合作任务时应注意以下几个问题：①所设计的任务既不能超出学生的能力范围，又应当具有一定的难度和挑战性；②所设计的任务要由易到难，由浅入深，使学生在适应的过程中不断拓宽思维的广度和深度；③所设计的任务要形式多样，侧重于培养学生解决问题的能力，而不是简单地获取答案。

（三）小组合作完成任务

合作小组在完成任务时，可由组长去组织和分配任务、安排人员，让每名小组成员都能发挥自己的作用。学生在合作完成任务时，不但扩展了知识面，训练了英语听说技能，提高了英语的应用能力，还培养了学生团队合作的精神，优化了小组的整体功能。在学生合作完成任务期间，教师应深入到每个合作小组中去，对学生碰到的问题给予及时的指导和疏通，引导学生发散思维，拓宽学生思路，使学生敢于发表自己的看法。

(四)小组汇报

小组合作完成任务后,每个小组选一名发言人向全班同学汇报任务完成的结果。发言人应由小组成员轮流担当,并给予适当的奖励。对一些比较内向的学生,教师要调动他们的积极性,让他们体会到作为小组发言人的荣誉感。由于课上时间有限,每个小组要在限定的时间内完成汇报任务,也可以挑选几组汇报任务,其他几组可交书面材料。

(五)任务评价和反思小结

教师应客观公正地进行任务评价,发挥评价的激励作用,使学生在评价的过程中,发现自己的长处和短处,明确改进方向,从而提高综合运用语言的能力。评价形式也应多样化,可以是学生自评、组内互评、小组互评、教师评价等方式。通过评价还可以使教师获得反馈信息,反思自己对合作活动的主旨以及合作目标和活动的设计,以便及时调整,使合作学习更有成效。

在三年制普通高职学前教育专业英语课堂中采用合作学习教学模式,弥补了大班教学的不足,提高了整体教学质量,保证了学生良好的就业前景。通过学生之间的合作与竞争,提高了学生的团队合作意识以及交际能力。当下教师要做的就是不断探索,努力研究,根据学生实际情况,不断调整合作学习模式,让合作性学习更有成效。

第五节 高职院校学前教育专业英语教学技能的培养内容

近年来我国出现了全社会英语学习的热潮,不但各级学校空前关注英语教学,许多幼儿园也开始探索幼儿英语教学。目前我国幼儿园英语师资主要有三种,即本园教师、外聘英语教师、外籍教师,但三种师资都存在明显的不足。由于非英语专业幼儿教师的英语基础本身比较薄弱,用双语进行教学的能力十分有限;外聘的中小学英语教师和外籍教师,普遍不了解幼儿教育的规律和特点,往往背离了幼儿英语教育的根本原则和最终目标。因此,培养既了解幼儿教育理论,又具有良好英语教学技能的学前英语教师是当务之急。《幼儿园教育指导纲要(试行)》中陈述了幼儿教师在教育及儿童发展中的作用和地位,同时对教师素质提出了更全面、更具体的要求。作为幼教的专业工作者,要有较高的学历层次、较深的文化底蕴、较强的专业能力和较强的科研意识和能力。而能胜任学前英语教育的教师除了应该具备学前教师的一般素质之外，还应具备两个方面的基本能力：一是有较为扎实的英语基础，了解英语国家的文化背景；二是掌握先进的幼儿英语教学法和教学技能技巧。因此，作为专门从事幼儿园师资培养工作的高职院校，更应进一步了解当前幼儿教师的专业水平和发展的基本方向，在学前英语教学技能培养上进行深入研究。

一、掌握扎实的英语基础知识

一名合格的幼儿英语教师应掌握规范的英语语音，具有较好的听力、口语能力，并且具有一定英语文化背景知识。

（一）规范的英语语音

英语是由语音、语法、词汇三个部分构成。语言首先是有声的语言，因此语音是语言的本质。学前儿童英语教学属于语言的启蒙教育，在这一阶段，教师的英语水平、语音语调对幼儿的影响很大，因此幼儿英语教师应掌握规范的英语语音，在未来的教学中才能更好地教授幼儿英语。

（二）较强的听力、口语技能

学前期是幼儿听说能力开发的最佳时期，因此教师自身首先要有过硬的基本功。幼儿英语教师要有较强的听音、辨音能力，能在教学过程中准确地纠正幼儿读音方面的错误；幼儿英语教师还应具有较强的英语口语能力，能用简练、准确的语言组织课堂教学活动和课外活动，并且能在教学过程中培养幼儿初步的运用英语进行交际的能力。

（三）英语文化背景

知识语言和文化是密切相关的。语言是文化的载体，不了解一种语言的文化，就无法准确地运用这种语言。因此，幼儿英语教师不仅要有扎实的英语语言基础，还应该了解丰富英语文化背景知识，能从多元文化的角度理解英语国家的文化、传统、习俗等，让幼儿在学习英语的同时也能理解英语国家的社会文化。

二、注重英语知识与学前教育专业理论知识和基本技能的整合

幼儿英语教师除了要具备扎实的英语知识以外，还应该掌握学前教育专业的专业理论知识和技能。

（一）学前教育理论知识

学前英语教育的教学对象是幼儿，幼儿的身心发展具有一定的特殊性。幼儿英语教师在具备了扎实的英语语言知识的基础上，还应掌握学前教育的理论知识。主

要包括学前心理学、学前教育学、学前卫生学等方面的知识。这些专业理论知识能够帮助教师全面系统地掌握儿童身心发展规律、认知规律以及语言学习规律，从而更好地进行英语语言教学。

（二）学前教育基本技能

考虑到学前儿童年龄特征、兴趣爱好、认知水平、学习特点等，幼儿英语教师应该能唱、会跳、会制作、善表演。幼儿教师要具备边弹边唱、伴奏、演唱、教唱的能力，弹唱的同时要加入肢体动作，训练学生具有舞蹈创编、表演和编排的能力；幼儿英语教师还应掌握基本的美术教育理论，掌握简单的绘画、折纸、教具制作的技巧，能够充分利用体态语、表情、动作表演情景，协助教学。

三、加强幼儿英语教学技能的训练

鉴于学前儿童英语教育的特殊性，各高职院校的学前教育专业教学计划中都设置了幼儿英语教学法这门课程，但是在实际教学过程中普遍存在重理论教学、轻实践教学，或理论和实践相脱离的情况。许多教师对学生幼儿英语教学技能的培养训练不够重视，导致学生上岗后仍然不会授课或者缺乏授课技巧。因此，各院校应当重视幼儿英语教学技能培养模式的改革，解决理论、实践相脱离的问题，加强对学前英语教师的职前教育，建立一支高素质、懂理论、有技巧的高素质师资队伍。学前英语教学技能训练的重点内容应包括：游戏教学技能、故事教学技能、歌曲歌谣律动教学技能、语音教学技能、口语教学技能、听力教学技能等。

（一）游戏教学技能

幼儿园英语学习活动的游戏化，是学前儿童的年龄特点和学习特点所决定的。《幼儿园活动指导纲要》中明确规定了游戏在我国幼儿教育中的地位。《纲要》指出："幼儿园教育应尊重儿童的人格和权利，尊重儿童身心发展规律和学习特点，以游戏活动为基本活动，保教并重，关注个别差异，注意每个儿童富有个性的发展。"儿童英语教学的首要目的是培养儿童的兴趣，而游戏又是培养儿童兴趣的有效手段。幼儿园英语教学应遵循以游戏活动为主的教学模式，构建以儿童的主体性活动为特征的幼儿园教育活动体系，培养、发展儿童的主体性，创造与儿童年龄特点相适宜的幼儿园活动。在幼儿英语教学中利用游戏有助于激发幼儿学习的兴趣，有助于幼儿身心、智力的发展，并且能够帮助幼儿掌握知识与技能。

（二）故事教学技能

故事具有人物性格鲜明、情节曲折生动的特点，故事提供的虚拟世界跨越了时空的界限，为儿童的想象提供了空间和机会，能够吸引儿童的注意力，唤起他们的情感体验，促进其心理发育。儿童心理发展的要求和故事的特性使得故事对儿童具有普遍的吸引力，因此故事对于儿童不仅是一种娱乐方式，更是重要的学习方式。长期的教学实践证明，利用故事教授儿童外语知识是一种卓有成效的方法。故事教学能很好地解决儿童的学习兴趣和学习动机问题，为教学提供理想的语言输入，突出了语言的表意功能，利于掌握知识和培养语言交际能力。

（三）歌曲歌谣律动教学技能

音乐给人以智慧，悦耳的音乐对儿童的神经系统起着良好的刺激作用，易于激发儿童的情绪和想象力，使儿童在无意识的状态下习得英语。认知心理学研究表明，儿童在学习外语时运用音乐、运动、节奏，可以感到松弛、愉快和满足，产生兴奋的情绪，达到长时间记忆的目的。利用英语歌曲、律动教学符合幼儿的形象记忆的特点，以韵律式的"说、唱"形式，配合科学编排的韵律动作，全方位地调动视觉、听觉、言语能力和肢体动作，有助于激发儿童的学习兴趣，活跃课堂气氛，减轻学习压力，巩固所学的单词和句型。

（四）语音教学技能

从幼儿语言发展的规律来看，幼儿期是熟练掌握口头语言的关键期，幼儿具有对第二语言语音语调学习的敏感性。这种敏感性表现在学前阶段开始学习第二语言不仅在发音方面具有不可逆转的优势，在语音的听觉方面同样也具有这种优势。语音教学需要进行很多操练，过程往往会比较枯燥，因此语音教学尤其要注意方法和技巧。在幼儿语音教学中经常会运用模仿学习、绕口令练习、韵律诗练习以及利用歌曲歌谣进行语音练习。教师在教学中要及时发现并纠正幼儿的发音错误，帮助幼儿掌握规范的英语发音。

（五）听力教学技能

同母语习得过程一样，第二语言的习得也必须从听力起步。听的过程是收集信息并在大脑中处理信息的过程，这一过程如果有一个良好的开端，将大大促进说、读、写的能力。因此，幼儿英语教师应在教学过程中重视听力训练活动，着重培养幼儿的听力理解能力。在听力教学活动中，教师要根据儿童年龄的特点，选用灵活多变的训练方法和手段，多给幼儿提供纯正、地道的英语原声听力材料；还要把听力活动同其他活动结合起来，发挥儿童学习的主观能动性，循序渐进地培养幼儿的听力理解能力。

（六）口语教学技能

"说"是幼儿英语教学中最主要的语言输出方式，是检测学生英语运用能力的重要内容。幼儿英语教师在教学过程中应有意识地培养幼儿喜欢开口说英语，培养幼儿主动用英语参加活动、运用英语进行语言交际的能力；引导幼儿做到语音准确、语调正确、吐词清晰、表达流畅，培养幼儿运用英语进行思维的习惯，能够使用英语表达自己的思想、情感，简单地描述事物等。教师可运用句型操练、口头模仿、问答、情景对话、看图说话、角色扮演、英语歌曲歌谣等方式帮助幼儿训练口语能力。

随着我国幼儿英语教育事业的蓬勃发展，幼儿英语教师的师资水平逐步受到社会、学校及家长的重视，高职院校学前专业学生幼儿英语教学技能的培训也愈加受到关注。因此，在专业化的幼儿英语教师发展观中，教师是否具有扎实的教育理论基础以及组织与实施教育教学活动的教学技能，应成为培养幼儿英语教师的立足点。只有不断提高学生的教育理论水平和切实加强教学技能的训练，才有可能培养出适应社会发展水平的合格的幼儿英语教师。

第六节　设计教学法理念在高校学前教育专业英语教学中的应用

学前教育专业强调综合性和应用性，其随着学前教育的不断发展而日益受到重视，培养学前教育师资也从原来的中职和高职学校过渡至高等学校。高等学校学前教育专业培养的目标是基层幼教机构的专业工作人员，而这一目标也要求学前教育专业学生要具备专业的理论知识和扎实的实际操作能力。

一、学前教育专业英语教学模式存在的问题

现在，高校的学前教育专业的英语教学采用传统班级授课制，教师是主导，负责系统讲课并指导学生进行学习。这种教学形式可以确保教师指导学生，有利于学生提升学习英语的能力。但它忽略了学前教育专业所要培养的师资目标的特殊性，因此也产生了一些问题：

（一）重视英语知识灌输，忽略运用能力培养

高校英语教学普遍存在着重知识教学、轻知识运用的教学弊病，而学前教育专业的英语教学，也保持着学生在英语教师的引领和指导下，学习指定的内容、指定的教材和知识，却没有重视学生实际运用英语的语言能力的培养，如听、说能力的培养。

（二）重视英语的系统学习，忽略学生语言表达能力

学前教育专业英语最重要的要求是，学生在以后从事幼儿教育时，必须具备出色的双语表达能力。而现今的高校学前教育专业在为基层培养幼教双语教师时，只是重视英语的系统学习，却忽视了学生既要有英语的表达能力，又要学会运用流利的英语组织英语教学。目前教学极少偏重于这方面。

（三）忽略学生的专业结合能力的培养

幼教双语教学是用母语和英语组织幼儿开展不同的教学活动，这也包括开展其他课程的教学。学前教育专业培养的学生既然立志成为优秀的幼儿园教师，就必须具备良好的英语基础及教学能力，还要有其他的如舞蹈、音乐及美术等方面的专业技能，即必须能够综合运用英语和专业技能组织好幼儿园的其他活动。而学前教育专业设置的英语教学没有与其他技能进行有效结合，造成学生无法用英语开展其他的幼儿园活动学习。

要想改变上述存在的问题，就必须引入设计教学法，改进高校的学前教育专业针对学生开展英语教学的模式，以期提高学生的英语综合和应用能力。

二、设计教学法理念在高校学前教育专业英语教学中的应用

设计教学法是国际教育改革推行的先进的教学开展方法。设计教学方法强调摒弃班级授课制，打破不同专业间的界限，不以教科书为重点，主张教师指导学生自主学习，即学生设计自己的教学活动，以取得相关专业知识及运用知识解决问题的能力。

（一）设计教学法在学前教育专业英语教学中应用的基本构想

在高校学前教育专业英语教学中引进设计教学法，即开展以活动设计和开展为重心的活动教学，教师要整合学前教育专业不同学科的教学资源，并以提升学生的英语语言运用能力及活动设计能力为完成目标。这一融入了设计教学法的新教学模式可以分成基础英语教学时期与活动教学时期分别阐述。

（二）基础英语教学时期

本时期加入设计教学法，其特点是英语教学以单科教学为主，英语教学的开展形式以课堂教学为重，同时以提高学生的英语应用能力及教师英语应用能力为目标。

教师开展英语教学要以知识性内容教学为重点组织课堂教学。学生要通过教学传授英语的知识性内容而产生如下能力，一是教师语音能力，可以使用标准英语语音开展英语教学；二是教师口语能力，流利的英语教学对话；三是教师能力，可以科学合理地计组织教学活动。

（三）活动教学时期

这一时期设计教学法具体实行的方案如下：在学生具备基础时期的学前教育及英语专业水平后，继续进行基础教学，并进入活动教学时期，借助于设计教学法，整合各科资源，以设计相应的教学活动来带动不同学科的教学。教师可以启发学生选择一项幼儿双语教学活动作为本身的目标，自己设计相关的教学如何开展，在设计过程中提高各项能力。

学前教育强调综合性及实用性，所以我国高校培养学前教育专业人才时，既要注重学生专业理论的培养，还必须重视其实际操作能力的培养。学前教育专业的英语教学必须引进设计教学法，才能满足当前培养学前教育专业人才的专业知识和操作技能培养的客观要求，经由设计教学活动，指导学生在准备、设计和完成自身的教学活动的过程中，有效提高专业知识和实际操作能力。

第七节　基于任务的学前教育专业英语教学模式

学前教育专业英语立足于我国幼儿教育实践，结合国外的教育理论与实践及我国幼儿英语教育的实际情况，糅合了学前教育专业知识和英语语言知识，探索了适合中国国情的、以母语为汉语的学前双语教育的理论框架。学前教育专业英语是学前教育专业知识课程中的重要课程，也是培养具有综合素质的学前教育专业人才的重要课程。

自 2001 年开始，我国外语教学界已开始关注任务型教学模式。该模式就是在英语教学中，在一定教学思想和理论指导下，使学生在任务的驱动下积极主动地参与活动，在完成任务的过程中习得英语知识。在长期的课堂教学实践中，以任务型教学模式为基础，结合学前教育专业的自身特点，一方面要改变传统的以教师为课堂主要讲授者的教学方法，提倡以学生为主的基于任务的探究型学习；另一方面将教师讲授与学生基于任务、项目的学习结合起来，探索出一条有效的学前教育专业英语教学模式。

一、以"任务"为基础的学前教育专业英语教学模式的结构

以"任务"为基础的学前教育专业英语教学模式的结构主要包括五个阶段。

（一）任务的导入（Leading-in）

任务的导入是该教学模式的起始阶段。为了激发起学生的好奇心和学习动机，

使学生产生学习兴趣，教师可以通过图片、录音、录像等方式给学生介绍与任务相关的信息，使学生在开始学习之前就对所要学习和探索的内容产生浓厚的兴趣，以激发学习热情，提高学习效率。

（二）前任务阶段（Pre-task）

教师在这一阶段为学习者提供有益的输入。这一阶段的主要目的是突出任务主题，激活学生已有知识结构中与任务有关的知识。在这一阶段中，教师需要做到两点：一是帮助学生熟悉要求，把完成任务需要的语言知识点呈现给学生；二是帮助学生熟悉主题，从而激发起他们学习的兴趣并提高其自信心。

（三）任务环（Task cycle）

在任务环阶段，教师要根据任务的不同类型，为学生提供不同层面的语言使用机会，以此来完善他们的语言内容，提高综合语言应用的能力。另外，教师要注意对学生的语言表现进行及时反馈，有助于教师积累经验并更好地指导学生学习。

（四）语言焦点阶段（Language focus）

在这一阶段，学生通过视频、录音等形式分析其他组执行任务的情况。语言焦点阶段的重点是体现任务环阶段的语言特征，教师要对语言难点进行指导并督促学生进行练习。这样既使得学生的注意力在处理语言意义之后集中到语言形式上，又保证了语言使用的正确性。

（五）课堂评价和课外作业项目化阶段（Assessment and homework）

基于任务的学前教育专业英语课堂教学评价，一方面是促进学生成长与发展、激发学生学习动机的重要手段；另一方面是帮助学生正确使用语言，提高语言应用能力的重要途径。课堂教学评价包括教师对学生的评价、学生互评、学生自评三种形式。课外作业项目化是课堂学习的进一步巩固和延续。课外作业的形式可以是以"任务"为中心的书面或口头作业。一方面，学生通过完成课外作业进一步消化所学知识；另一方面，课外作业项目化能使作业成为学生再学习、反思知识、探究问题的学习活动。

二、基于任务的学前教育专业英语教学案例

（一）教学内容

此项基于任务的学前教育专业英语教学案例的教学内容主要是幼儿英语名词教学活动的设计。

（二）学情分析

教学案例里的主要参与者是学前教育专业大学二年级的学生。他们已经在大学

第一学年掌握了基本的理论知识，现阶段正是理论和实践相联系的关键时刻，最具有代表性和实践意义。

（三）教学目标

1. 知识与技能目标

学生以小组为单位询问调查、分析讨论和利用信息，说出名词的种类，收集幼儿相关名词词汇，能够利用图片游戏设计幼儿英语名词教学活动。

2. 过程与方法目标

培养学生搜集和分析信息的能力的及设计幼儿英语活动的能力，从而使学生熟悉真实的课堂情景，积累教学经验。

3. 情感与态度目标

培养学生与他人交流的能力，使其在教学中感受到学习英语的快乐，进而激发其学习英语的兴趣，也在交流中发现存在的问题，达到学习和教学的目的。

（四）教学过程

1. 任务的导入（Leading in）

首先教师要向学生介绍英语名词的含义。名词（Noun，简称 n.）是词类的一种，属于实词，表示人、事物、地点或抽象概念的名称，分为专有名词和普通名词。然后，教师展示一下对话，让学生找出句子中的名词并大声朗读出来。

2. 前任务阶段（Pre-task）

在 Pre-task 中，先让学生在小组内说出自己收集的有关名词词汇，并把每个同学收集的名词词汇进行整理，学生以小组为单位汇报各自收集的名词词汇并和全班同学分享的收集成果。教师则通过出示图片让学生对出示的名词进行分类的形式，调动学生的积极性。在这一阶段中，学生既学会了合作，又学会了分享；既锻炼了汇报学生的口语表达能力，也锻炼了学生的听力。

3. 任务环阶段（Task cycle）

在 Task cycle 中，让学生通过设计中班英语教学活动的形式，将自己在完成"任务"过程中习得的知识与技能应用到活动设计上。初步设计以某一类名词词汇为活动内容，然后在小组内进行讨论，完善小组的活动设计，并进行练习，为下一个阶段的学习做好准备。

4. 语言聚焦阶段（Language focus）

在语言聚焦阶段，请每个组选派一名同学大致说明自己组的活动设计过程及具体内容。各个小组之间进行互评，根据其他同学的建议，最终完成各自的活动设计。

5. 课堂评价和课外作业项目化阶段（Assessment and homework）

根据教案，准备简短的演讲并根据教案来设计课堂英语活动。任务完成后，要完成课堂学习评价表（见表5-1）来实现自我评价、学生互评和教师评价，实现此课堂教学实践的最终目的和意义。

表5-1　　　　　　　　　　课堂学习评价表

评价内容	自我评价	学生互评	教师评价
课前准备			
语言表达能力			
课堂理解能力			
课堂参与情况			
与他人合作精神			
角色表演			
课堂任务完成的质量			

长期的课堂教学实践证明，一方面学前教育专业学生在听、说、读、写等方面有所提高，并能设计幼儿英语活动；另一方面，学生的英语学习方式和学习态度有所改变。在完成任务的过程中，体验了成功，学会了与其他同学进行交流，学会了合作学习、独立思考，在互动中会用所学知识进行交际，并能将所学应用到实践（幼儿英语活动设计）中。因此，基于任务的学前教育专业英语教学模式改变了传统的教学方式和学习方式，提高了学生综合应用语言的能力。

第六章 高职学前教育专业声乐教学模式研究

第一节　高职学前教育专业声乐教学模式现状

一、过于强调声乐学科的专业性

多年来，学前教育专业声乐教学一直陷入一个误区，把声乐教学视为单纯的音乐学习，教学内容专业性强、难度大，脱离教学实际。多数专业教师都片面地追求考试成绩，强调专业水平，却忽略了将来的实用性，不能体现专业特色，导致许多学生出现学习困难、学习兴趣不高等情况。

二、过于强调声乐技能技巧的训练

声乐技能是学生将来从事幼儿园工作必须具备的多种技能之一。学生声乐技能掌握的程度并不能决定学生是否胜任幼儿园工作，而是看在音乐教学中能否将所学的知识和技能运用到幼儿教学中去。许多教师把大量时间都用在单一的声乐技能技巧训练上，在应对技能竞赛时的确收到了理想效果，但事实证明，一些音乐技能很好的学生在实习的过程中，同样也出现了面对幼儿时不知所措，不知如何上课的问题。可见，专业技能的高低并不是决定学生能否胜任幼儿园工作的关键所在。

三、专业理论知识与专业技能相脱节

目前，高职学前教育专业的音乐教师大都是从音乐院校的音乐专业科班出身的，没有接触过学前教育专业的相关知识，对幼儿园的工作和性质知之甚少，更没有在幼儿园实践和工作的经验。在教学中，主要沿袭音乐学院的教学方式，很难给学生以针对性的指导。

第二节　学前教育专业声乐教学模式的创新

声乐是当前学前教育专业中必修的重要课程。科学设置声乐课程、合理规划教学内容、创新声乐教学方法，对于全面提升学前教育专业学生的音乐素养和专业技能水平，培养合格的幼儿专业教育人才，具有十分重要的作用。由于培养目标的特殊性，

决定了教学内容和方法不同于一般音乐系声乐课。结合自己的教学实践，就如何有效地提高教学质量，在不断创新和探索中找到快速培养学生能力的途径，提出一些建议和意见，以便集思广益，推动高职学前教育专业声乐课的不断成熟和完善。本节声乐教学模式的创新，涉及三个部分，即教学形式、教学内容以及学生实践。

一、采取多样化的教学形式

（一）合唱教学

除传统的齐唱外，可以让学生演唱一些短小、优美的中外合唱作品，让他们细心聆听各声部的旋律，训练学生的听觉能力，从音乐本身的旋律中体会合唱艺术的旋律美，以此来培养学生合唱的兴趣。还可以自编一些比较简单的两声部练习曲让学生练习，同时让学生做到在唱自己声部的同时还能监听另一声部的音高及和声效果，通过训练使学生的音准能力得到提高。另外，在学生歌唱时还要加强节奏感的培养。

（二）小组课教学

把全班同学分成几个小组，每个小组6~8人，教学内容根据不同声部或者相同声部的组合，进行重唱、对唱、小合唱等形式的训练。在小组中，因为人数较少，上课时间相对多一些，可以组织学生相互交流、观摩、研讨，在观看、聆听中得到启示，找到问题。这样，不但锻炼了学生的歌唱技能、舞台演唱经验、心理素质，提高了学生的演唱水平，又能观摩到其他同学的演唱，还能了解学生歌唱中容易出现的问题以及解决问题的教学手段和方法。

（三）个别课教学

个别课教学就是所说的"一对一"单独指导，这是使每个学生所存在的问题得以解决的关键阶段。教师必须针对每个学生存在的问题，从声音类型、音色特点、音域范围、换声点位置等采取不同的训练方案，有针对性地进行教学。通过这一阶段的训练，使学生的声乐技巧得以完善，这是大课的很好补充。

二、教学内容的创新

（一）艺术歌曲

艺术歌曲歌词通常都是在日常生活语言的基础上提炼、加工、创造出来的，它具有文学性，其特点是旋律优美、意境高远、伴奏生动、艺术价值高。例如《摇篮曲》《送别》《鼓浪屿之波》等，这些歌曲广为传唱至今，可以让学生体会到歌曲给他们带来的美好意境与感受，提高歌唱兴趣。

(二) 儿童歌曲

儿童歌曲是以儿童生活为题材、反映儿童的思想感情、体现儿童的心理与审美特点的歌曲，比如《花孔雀》《种太阳》《数鸭子》等。歌曲曲风要欢快明丽、清新甜美，旋律简单并且易记。因此，在教学实践中，要求演唱儿童歌曲时要体会儿童的特点演唱与表演，即童心、童趣、童言。要求学生尽量站在儿童的角度去歌唱，在演唱时不需要有宽厚的声音，也不需要有满气息量，只需把握好声音的清新明亮、甜美与快乐的声音质感就好。

三、推进声乐专业技能实践改革创新

一是开展实训活动锻炼。可自行建设实习基地，组织学生进行模拟教学，帮助学生边学习边实践，在实践中检验所学、改进不足、全面提高。也可以采取社会化运作模式，联合社会幼儿教育机构共同建设实训基地，不定期组织学生进行实习。二是参与赛事活动历练。可依托校内日常汇报演出、集中文艺活动，组织学生开展形式多样的表演活动，培养学生的实践能力。同时，要鼓励学生积极参加社会上举办的各类声乐比赛活动，增强学生的表演信心，提高学生的实际表演能力和演唱水平。三是整合社会资源深造。可联合地方文艺演出、艺术中心等机构，建立学前教育声乐专业技能实训基地，并聘请社会专业人士担任校外指导，不定期组织学生进行学习交流和培训深造，全面提升学生的声乐专业水平。

总的来说，传统的声乐学科教学模式已经不能满足学生就业所需。当前，我们应以学前教育专业学生的就业导向为指引，处理好当前学前教育专业声乐课堂教、学、用三者的关系，促进声乐学科课堂模式的改革。声乐课教学模式及内容的改革，对社会的发展和进步起到了推动作用，没有变革就不会有创新，没有创新就没有更好的将来。学生只有做到学有所用，专业才有更好的发展前途。

第三节 高职学前教育专业声乐教学中多元化理念的应用

一、以激发学生的兴趣为前提

学前教育专业声乐教学由于培养目标的特殊性质，其教学模式、教学内容与其他专业院校的声乐教学相比有很大差异，若学生本身对声乐学习的兴致不高，敷衍

了事，便会拉低声乐课的教学质量，对后期从事幼教工作造成影响。基于这一因素考虑，在多元化教学理念的应用下，当务之急，便是要以激发学生的兴趣为前提，展开声乐教学。

基于幼儿园教师的特点分析，我们应该以培养综合性强的应用型、技术型人才为目标，对高职学前教育专业学生进行声乐课教学。采用能激发起学生兴趣，启发学生创新思维能力与想象力，且能使学生欣然接受的教学方式。例如，利用角色扮演的教学方式，让一部分学生扮演幼儿园小朋友，一部分学生扮演教师，真正的声乐教师则在一旁引导，带动课堂气氛使之活跃，在激发学生学习兴趣的同时，强化学生的幼教意识，为后期发展奠定坚实基础。多元化理念中的兴趣教学与丰富情感的融入也离不开关系，因此，教师还应该利用情感融入的方式，引导学生以积极的态度对待声乐学习。尊重学生的个体发展，针对学生学习能力的不同，制定适宜的教学/学习计划，帮助学生建立自信，在声乐学习中学会如何取长补短，多给学生提供自由发挥的空间，避免灌输式教育、严厉式教育对学生积极性的打压。通过以学生为主体、教师为引导的教学模式改变，便会促进学生主动学习。

二、多媒体技术在教学中的充分应用

多媒体技术在当前教学中的应用已是十分普遍，但如何应用才能使多媒体技术发挥应有的效果，也是各教职人员需要思考的问题。将多元化的教学理念应用于高职学前教育专业声乐教学中时，多媒体技术的应用必不可少，具体的应用策略体现以下几点：

（一）视频引导

在高职学前教育专业声乐教学中，也有很多的理论知识，若只是"照本宣科"式的讲解，会让学生感觉非常抽象、乏味，不能理解核心理念。因此，通过视频教材的引导与观看，便可将复杂、抽象的理论知识形象化，使学生更易理解。例如，教师在讲解关于歌唱时气息深浅程度把握这一知识时，学生常常难以理解导致气息过浅或过深。教师可将人的呼吸系统生理结构图利用多媒体视频的形式展现出来，便能将知识更加直接地传达给学生，然后再结合对或是错的歌唱呼吸演唱实例视频，就更加容易使学生理解，从而准确把握气息的深浅程度。

（二）共享网络资源

教师在教唱每首新歌前，将要教唱的歌曲或者与之相关的歌曲制作成MV，利用学校网络平台共享，让学生下载下来，在课余时间反复聆听观看，以帮助他们掌握歌曲正确的节奏与音准，为课堂学习打好基础。此外，教师还可将流派、风格、时代背景不同的声乐作品制作成多媒体课件，通过网络将其共享给学生，或是布置成赏析任务，让学生通过网络搜索，对歌曲的风格、背景、节奏等进行了解。

（三）录音辅助

利用多媒体技术中的录音软件，将学生的单独演唱、合唱进行录音，然后再回放给学生。这种教学方式能够让学生通过倾听自己真实的声音，及时发现声乐练习中存在的错误，并在教师引导下，利用声音波形的形状来判断共鸣大小，利用同步的五线谱分析音准到位与否。

三、理论与实践相结合的教学模式

在高职学前教育专业声乐教学中，教师讲得再好，学生听得再认真，若是没有实践操作的机会，也等于纸上谈兵，难以使学生在今后的工作中将所学知识灵活应用。基于这一现象，将理论与实践相结合，加大学生的实习、实训力度，提升学生的实践能力，便也显得尤为重要。高职学前教育专业可以与各幼儿园建立良好的合作关系，定期输送人才去幼儿园实习，给学生提供与幼儿园小朋友接触的机会，使其能通过观察幼儿园小朋友的特征，以满足小朋友需求为前提完善自己的声乐水平。再者，还可通过定期组织演唱活动（独唱、重唱、合唱均可）、声乐比赛、歌手比赛等方式，帮助学生树立自信心，提高学习效果。

将多元化理念融入高职学前教育专业声乐教学中，利用该理念"多方位""多层次""多角度"的特点，整合及优化声乐教学内容，促进学生学习的积极性，提升声乐教学水平，进而为培养幼教领域技能型与应用型全面发展的人才打好基础。

第四节　高职院校学前教育专业声乐教学中的唱法研究

高职学前教育专业声乐教学以培养将来肩负学龄前儿童音乐教学任务的人才为目的，在教学目标以及方法上与传统音乐院校的声乐专业教学有区别，我们值得深入探讨其声乐课程的具体实施。目前高职院校学前教育专业的学生在声乐演唱上淳朴自然，感情真挚不做作，深入教学的可塑性比较强。

一、高职院校学前专业声乐教学的唱法

（一）美声唱法

该唱法产生于意大利，是从 17 世纪开始发展成的一整套声乐艺术技巧。其唱法相对于其他唱法，强调关于气息方面的控制以及发声共鸣的使用，要求达到纯净清亮、柔美高亢的发音效果，而能使之在整个音域的范围内保持声音均匀、圆润、不费力气，从而积累一套对高音、假声以及轻唱等演唱技巧。

（二）民族唱法

即我国民族传统的声乐演唱技法，包括不同地区戏曲、曲艺以及民歌的传统唱法。该唱法十分强调语言与音乐的关系，并根据演唱语言的发音规律进行诠释，具有浓郁的民族气质和独特风格。

（三）通俗唱法

该唱法在世界性范围内具有通俗化的特点，是我国民众普遍喜好的一种大众化的唱法。通俗唱法即流行唱法，其娱乐性质比较大，更适合人们内心情感的抒发。其演唱要求在语言的韵律、吐词咬字以及气音、音色等方面进行修饰。在通俗演唱的方法中，良好的演唱以良好的呼吸为基础，正确的呼吸吐字即完成了一半的歌唱。

二、如何让高职学前教育专业学生更好地完善声乐教学中的唱法

在声乐课程中，"弹""唱"技能在教学上是完美融合的。根据学前教育专业学生基础的差异进行分层教学。教学方法根据教学内容多样化处理，从而促进学生积极主动地学习。在声乐课教学中坚持集体发声为主和单独训练为辅。提供相关的教学示范，并充分应用多媒体设备达到辅助教学目的。在练声时，选择一些符合学生口味的歌曲调动学生的学习积极性，使课堂氛围活跃，从而取得较好的教学效果。鼓励学生多当众演唱以锻炼学生的心理素质并加强舞台表演经验。选择贴近专业培养目标的儿童歌曲学习，构建具有操作性技能的适合幼儿教师的声乐课程体系，从而突显综合能力的培养。

培养学生关于识谱等基础的乐理知识，便根据每次教学内容的知识点，选择与其难易程度相当的歌曲伴奏进行有计划、循序渐进的唱法指导，学生就会逐步养成良好的演唱习惯，以使唱法甄于完善。

三、提高声乐唱法水准需要培养的一些能力

听辨能力：听力的训练在声乐教学课程中具有举足轻重的作用。首先，听自己的演唱要判断优缺点，力求不依靠老师或他人的指点；其次，学会学习示范以及吸取同学的长处；最后，要学会欣赏以及感受音乐。

处理歌曲的能力：诠释好歌曲是学习的是重中之重，可以分段、分句、甚至分小节进行声乐练习，捕捉乐感以达到显著的效果。

四、从更加专业化的角度重新发展构建优质的声乐教学体系

学前教育专业教学体系建设应立足于幼儿教育的实践，其声乐教学应当在教师专业化发展理念的指导下，建立多元化的教学培养模式以及专业成长构建一体化的支持系统。而这必须注重强调利用学生年纪小、可塑性强的优势，增强声乐专业素养培养的基础性以及加强声乐基础训练。同时，要注重将学生专业理论掌握以及实践应用能力进行高度的协调统一。考虑到学生接受声乐教育的时间也许不是很久，就必须加强教学中幼儿歌曲的创制以及表现等。最后，考虑到本科生有更加扎实的文化知识基础，在进行声乐教学中坚持基础实践性共存的方针，在必修课时不足的前提下，对选修课进行充分利用，从而帮助学生选择适合其自身发展需要的一系列声乐教学。

加强培养学生的音乐综合素质以及特长，不管在何种学制都十分必要，这就需要完善声乐基础、教育理论知识与专业技能的培养，并将培养专业技能水平与发展个人的个性特长相结合，对个别差异使用因材施教的教学方式，加强教学同应用实践的诸多联系，实现课程实施的多元化与灵活化。

首先，声乐教学在针对不同学制的学生在培养目标和内容的侧重上具有明显不同。针对学前教育专业声乐课程缺乏有效的实践性、应用性的现状，要加强培养不同学制的学生对幼儿歌曲教学和音乐综合能力的掌控水平。如以高中为起点的四年制本科学前教育专业为例，第一学年是必修的声乐基础训练课，此阶段采用美声方法进行训练为主，目的是培养学生的歌唱能力，搭建教学基础体系；第二学年进行必修的美声和民族唱法的结合培训；第三学年则进一步加强幼儿歌曲的演唱与表演，并同舞蹈表现、朗诵等综合方式结合进行；第四学年则强化实施幼儿教学的基本功过关考试，主要考核学生对于幼儿歌曲演唱和表演以及即兴弹唱的掌握程度等方面的能力。还可实行打破年级限制的分级教学，按照学生不同的专业基础进行分班，

一方面可以让专业基础好且知识接受能力强的学生获得更好的声乐素养发展，另一方面根据自身的实际情况对于那些专业基础较差的学生进行学习进度的自由调整，从而获得更加适宜的相关专业发展支持。

其次，应设置相应的声乐欣赏计划，以提高学生的声乐鉴赏水平和评判声乐的能力。帮助儿童获得初步欣赏美的能力是幼儿园艺术教育的主要目标之一，这就非常明确地要求幼儿教师必须具备一定的艺术鉴赏，以及文化知识的素养。针对目前学前教育专业的学科门类种数众多，且课程设置密集使得学生通过专门的艺术欣赏课来提高自身艺术修养是不现实的，为此可以尝试在平时的声乐教学中贯穿声乐欣赏，多利用多媒体视频等现代化的教学设备使得声乐欣赏教学进一步常规化，以此来提高学生的文化艺术修养。

通过多种方式不断强化学生声乐教学的实践能力，教师专业化的核心是教师教学实践能力的培养。这要求必须重视学生的幼儿园见习和实习活动，让学生在深入参与幼儿园日常声乐教学的过程中去领会幼儿园声乐教学的要求以及特点。因此，高职学前教育专业有必要提供更多的教学实习机会，并经常与幼儿园保持联系以及合作，然后经常性地组织幼儿园相关教学活动，不断为学生提供更多的声乐教学的实践机会；其次，学前教育专业在教学过程中还更应该注重通过童话剧等易于被儿童接受的表演形式等，充分融合多种学科的力量，将音乐、舞蹈、美术、语言、文学、表演等集合为一体，帮助学生全面理解和运用声乐教学技能，并提供机会，从而增强学生综合把握声乐艺术教育的能力；第三，充分利用现代多媒体教学技术，为学生从多方面进行声乐艺术的比较、分析提供条件，从而帮助学生形成理解和运用声乐艺术的技能。

通过对教学内容、教学模式、教学手段进行优化和改进等一系列措施来培养学生的声乐能力，使学生在掌握基础的理论知识后达到一定的声乐水平，为将来的幼教工作奠定坚实的基础。

高职学前教育专业对人才培养的目标是培养德、智、体、美全面发展，同时以热爱教育事业为根本，进一步掌握学前教育理论知识，掌握好学前教育专业基础知识和各项基本技能，具有一定英语以及计算机的应用水平，从而培养出适应现代学前教育改革以及发展需要的实用型人才。声乐能力以培养学生幼儿歌曲的演唱技法为主，把乐理、视唱练耳等即兴伴奏演唱五门课程进行整合，以培养和提升演唱自如的能力。要想提高声乐演唱能力，必须从演唱教学模式、内容以及考试内容几方面下手。

统一的考试内容不能全面考核学生掌握教学内容的准确情况。考试内容也应根据分层教学的特点有所区别。首先，相同的题不能全面考查学生学期的学习状况，对于具有一定基础的同学无须花太多的时间进行练习，就可以顺利地通过考试，进而缺乏学习的压力和动力；对于没有基础和接受能力慢的学生来说，看到别的同学高于自己的弹奏能力，不甘于落后，面对巨大的学习压力而放弃了循序渐进的学习步骤，甚至一学期只练习两首考试的曲目以通过考试，没有经过扎实训练无法应对实践中的具体要求。其次，考试中还存在着考查的内容不全面的普遍现象。因此，要改革考试内容和具体做法：根据教学大纲及学期教学进度要求进行音阶部分学习，学生在本学期应熟练掌握的音阶全部为音阶的抽签范围。

总之，声乐演唱能力是学前教育专业学生的核心职业能力之一，是成为一名合格的幼儿园教师必备的一项基本技能。在幼儿园课堂教学中，声乐唱法占有重要的地位。我们通过在教学过程中的相互结合和渗透来培养学生的声乐演唱能力，最终使学生达到一定的声乐、演唱水平，通过学习能够触及更广阔、更精彩的世界，充分陶冶学生的身心，为其以后成为一名出色的幼儿教师奠定坚实而完备的基础。

第五节　学前教育专业声乐教学中的律动情感教学方法策略

一、目前学前教育专业声乐教学存在的问题

现在，国内学前教育专业在高职院校的发展如火如荼，已经形成一定的规模，各高等职业院校学前教育专业多以提高专业理论为重点，其各个学科也不同程度地推出了相应的教学实用性的实践与研究并有一些成果，但各学科还有待于完善。如声乐学科到目前为止几乎没有统一标准的内容和教材，教学方法和手段上都是沿用对声乐专业一对一的老一套，只是把小课换成了大课的形式而已。声乐教学只注重发声原理，把歌曲机械地教给学生，不管是老师还是学生都只注重学生自我的歌唱能力好不好、声乐的水平有多高，对学生音乐想象力、创造力及律动能力的开发还不够重视，往往忽略了学生自身将来是一名幼儿教师的身份，以后如何去教幼儿的唱歌课。没有考虑到律动情感教学对学前教育专业学生的幼教能力的提升，没有考虑到结合幼儿歌曲教学的特点使学生进行学、教相结合，没有充分发挥出学生的能动性，挖掘学生既能学又能教的潜能。也就是说，声乐教学模式还没有真正意义上结合学前教育专业特点进行实用性实践和研究开发。

另外，我们面临更为严重的是学校招进来的学生情况各有不同，完全没有按照声乐专业学生音乐素质较高的招生要求，而是声乐嗓音条件、音乐感悟能力及音乐节奏把握能力都是参差不齐的，也不说他们不尽人意的律动协调能力，更有甚者其音乐素养完全不符合招生要求却通过"关系"招进来的学生比比皆是。这对于今后要从事幼教工作的学前教育专业高职学生来说是有很大的差距的。

在幼儿教育中，由于幼儿好动、好奇、好玩的心理特征，如何抓住这样的特征进行愉快的教学，目前还没有研究出一个更好的适合幼儿唱歌教学的方式和方法。发展幼儿的协调性能力，激发幼儿的好奇心，以游戏活动的方式，通过想象并参与歌唱表演，从而学到一定的音乐知识和音乐审美的感受。况且，高职学前教育专业在我国还处于发展中，不够完善，教学内容还不能真正与幼儿园教学工作相结合，尤其是声乐学科教学领域中还需要更多的教师去研究和开发。

针对高职学前教育专业学生来说，现在的身份还是学生，将来就是幼儿园的老师，学会以后如何教好幼儿唱歌还没得到解决。发展好幼儿教育，就要加强高职学前教育专业学生的律动情感教学实践活动，但是我们高职学前教育专业声乐教师的使命感不够强烈。如何培养出这样优秀的幼儿教师是我们目前迫切需要研究并解决的课题。

现今高职学校的学前教育专业有五年一贯制学前教育专业和三年制幼师专业两种学制形式（极少地区还出现了四年制幼师专业的学制形式）。设置这样的学制也是多年的经验形成的，有利于学前教育专业的发展，但是不同学校声乐课教学状况各有不同，都按各自学校自身的特点而设定，没有统一的标准。我校的声乐课教学情况的设定是按每周每人一节集体（小组）大课。一个小组大约十几个学生，课时量较少，教学内容由各自老师自定，老师的课务又重，因此，课时量少与教学内容繁重之间存在矛盾，加上又没有统一的内容和教材，无法优化课程，无法合理有效地整合声乐教学内容、调整教学计划。同时，教师如何在有限的教学时间内，充分调动学生学习的积极性，让学生在短时间内学到更多实用的东西，达到学以致用的目的，更是当务之急。

二、学前教育专业声乐教学中律动情感教学的重要性

"律动情感教学"是按照音乐的旋律和节奏利用情感想象而通过身体的表演方式表达出一定的形象，以发展学生协调性能力为主，激发学生的学习欲望和学生参与音乐活动的积极性，从中学到既能学又能教的能力和一定的音乐知识，来满足教师和学生互动参与体验的教学方法。在学前教育专业声乐教学中，需要结合学前教育专业和幼儿歌曲教学的特点进行学、教相结合，就是以教师为主导，学生为课堂

的主人的主体地位，每位学生都是参与者和创造者，再也不是有负担的被动接受者，师生融洽地投入到浓烈的学习兴趣中，从而使学生喜欢上声乐，乐于参与音乐活动，并且学会这种教学方法使之将来应用到幼儿教学的实践中去。

充分地发挥学生的能动性，挖掘学生既能学又能教的潜能，同时也可以弥补学前教育专业声乐教学只学不懂教的单一模式教学的缺陷，来促进学生的发展，为将来学前教育专业声乐教学设计一种新的教学模式，不是单独培养学生独唱能力，而是培养学生今后走上幼儿声乐课教学打下一定的基础。在学前教育专业声乐教学以组为单位的集体课进行教学的这个大环境下，我们不但要考虑到全体学生的不同条件的状况，更要注重一个共性问题——如何开展幼儿唱歌课教学为主题。既不能像对待声乐专业课那样只是学好唱歌和表演就行，只注重声乐的水平高低，而且又不能只以组为单位的集体大课形式进行一碗水端平的教学模式。通过"律动情感教学"实用性的实践与研究，使教师能够根据自身实际和时代发展的需要，积极帮助学生了解并学会律动情感教学的方法显得更为重要，因而，律动情感教学在学前教育专业的声乐教学的价值就会体现出来。

三、学前教育专业声乐律动情感教学的策略和方法

（一）声乐律动情感教学的目标策略

声乐课教学作为高职学前教育专业的骨干课程，通过对学前教育专业声乐教学中的律动情感教学实用性的实践与研究，结合现有零星的教材和同类学校的改革经验，研究制定合理的课程目标，做到课程目标科学性、合理性、实用性，以学生易接受为目标，也可编写出学前教育专业声乐学科律动情感教学内容及教材。

拓展幼儿声乐的教学与律动情感教学创编，日常教学注重基础声乐技能传授与幼儿声乐教学相结合，学生在进行声乐技能表达能力训练的同时，加强学生对幼儿声乐律动情感表现能力的开发和培养，使之毕业后能顺利地走上工作岗位，适应时代的需要，为成为一名合格的幼儿教师打好坚实的基础，更为其可持续发展做充实的铺垫。可以从以下三个阶段确立具体的研究目标。

1. 第一阶段目标：第一学年的声乐教学应该渗透律动情感的教学，着重声乐技能技巧方面的训练，加强声乐的基础训练，能使学生初步掌握歌唱发声练习和最简单的歌曲演唱能力。

2. 第二阶段目标：第二学年的声乐教学应该着重声乐教学的律动情感教学训练，加强声乐技能技巧训练。指导学生对幼儿歌曲进行演唱和表现，强化幼儿歌曲弹唱

方面的教学，加强对学生幼儿歌曲伴奏能力的培养，让学生能"自弹自唱"，逐渐提高幼儿歌曲弹唱能力。

3. 第三阶段目标（五年制与四年制实施，三年制为实习阶段不作要求）：第三学年的声乐教学要求是着重幼儿声乐教学的律动情感教学训练，让学生学会如何到幼儿园去教幼儿歌曲，突出实践教学，加大教育实践的深度与广度，努力与幼儿园共建有关声乐课程的实践基地，声乐教师联合教学法教师，有计划有针对性地带领学生到幼儿园观摩主题特色课程和日常歌唱教学活动，让学生从声乐专业的角度更深地理解和落实幼儿园歌唱教学的价值。有必要的可开声乐观摩会。

（二）创编声乐律动情感教学实用性教材

目前高职学前专业声乐的教学内容及教材没有统一的规范，很多学校是由任课教师自选歌曲来进行教学，类似于脚踏西瓜皮溜到哪算哪，而且只注重学生的专业技能的训练。但是高职学前教育专业学生未来的工作对象是幼儿，幼儿对感性的、直观的教学内容更容易接受，因此要突出"幼儿性"这个特点。教学内容就要在声乐教学中有意识地将幼儿声乐作为教学侧重点，把声乐理论知识渗透到每节课的教学中，学生在学习声乐技能的同时加强幼儿歌曲的教学意识，整合现有的教材资源，选择思想性较强、易学易唱、训练价值较大、结构简单的中外歌曲和幼儿歌曲等内容，既要照顾高职学生的声乐技能技巧训练，又要考虑学生的职业性，还要适合教师有步骤有计划地培养学生声乐学习的进程，在声乐教学教材的编写中需要具有律动情感教学实践和实用性。

（三）声乐律动情感教学方式与方法

高职学前教育专业的学生今后面对的对象是幼儿，需要善于站在孩子的角度去思考问题、去歌唱，只有这样，教学才具有亲和力，孩子才会喜欢。因此，声乐教学方式与方法更要体现学前教育专业的特点。

1. 首先解决好学生自身的声乐演唱技能技巧的学习，打好歌唱的基础，演唱水平不必要求太高，但可择优发展演唱水平较高、有潜力的学生，可作为教学时交流的对象。

2. 声乐教学的不同内容与不同环节中始终贯穿和渗透着"幼儿性"，突显学前教育职业模式，激发学生的学习兴趣，挖掘出更大的潜能。当兴趣形成后就应以培养专业的学习能力和分析问题、解决问题的能力为中心，拓展学生创编幼儿歌曲律动表演的能力。

3. 关注声乐学习中学生差异性问题。以前我们总认为学生之间差异太大，很难进行教学，特别是声乐教学，总怕基础差的跟不上，条件好的吃不饱。其实有差异在课堂上才有对话，我们可以利用这种教育主体之间的异质性和互补性作为教学活动的资源，培养学生在教与学之中发现问题、解决问题的能力，大大丰富学生的教与学的经验，拓展学生的视野。

（四）实施课程教学

以学生为本位，以就业需求为立足点，提前做好声乐课程调研工作。学前教育专业声乐学科的传统教学内容分为几大块（声乐理论、练声、歌曲演唱等），如何设计具有科学性、合理性、实用性的课程来打破传统的我教你学的规律，就是结合小组课和集体大课的教学方式，利用声乐律动情感教学教材，通过教师用不同的教学方法和手段进行课堂上的活动安排，如采用示范法、视频展示法、小组竞赛法、激励法、比较法、律动法等方法，积累并总结经验，跟踪调查学生的课后状态及实习学生的实习情况。拓展教学方法，因人而异指导学生的学习行为方式，不千篇一律，而形成一套多元化的教法体系，挖掘学生自身的潜能，发挥学生自己的长处，进行具有创新精神和实践能力的培养。

（五）完善课程评价体系和拓展课程延伸

课程评价是课程改革重要的一部分，要细致地制定声乐课程的每一部分评价依据。运用自评、他评、师评等课程评价的方法来评价学生在上课时的表现以及课堂任务和课后练习的完成等各方面，给予每位学生肯定、鼓励和鞭策的评价以增加学生的自信心。拓展课堂内外课程的延伸，提高学生在以后工作中的仪态、胆识、机警、智慧等素质作为未来幼儿教师的气质。组织学生多参加校内外的演出活动和声乐汇报演出等各种实践活动，特别是校外的实践活动可以锻炼学生的胆量，提升学生的表现欲。例如通过一些自编简单的音乐剧、声乐舞台剧等一些综合艺术性较强的表演方式，表达学生内心深处情感美，俗话说："上一次台胜过半年课"，话虽有过，但学生在课外艺术活动中得到了难得的锻炼。

第六节　学前教育专业声乐教学中的情感体验

声乐是一门听觉艺术，是把纸上的旋律和文字变成声音的过程，是演唱者对歌曲"二度创作"的过程，因此就有了音乐旋律与文学语言的完美结合。虽然在声乐演唱中学生的歌唱技巧非常重要，但是情感体验也是影响学生声音效果、情感表达和歌唱状态的重要因素。在学前教育专业声乐教学中,学生的演唱如果缺乏艺术表现力,是无法完成声乐教学任务的。因此,在声乐教学中,教师和学生不能单纯要求声音的质量,更应该由情感体验增加歌曲演唱的感染力,从而提高我们的声乐教学水平。

一、情感体验是理解歌词的桥梁

声乐是需要用人声来表达的音乐,声乐艺术最突出的特征就是优美的旋律结合生动的语言,通过歌唱来表达人们真挚的感情,以尽其言而达其声。生动丰富的语言准确概括和表达歌曲的思想内容,刻画动人的艺术形象,深化音乐主题,使歌声富有极其重要的感染力,这是其他任何艺术形式都无法做到的。

在学前教育专业的声乐教学中,教师要有意识地引导学生借助歌词来感受、理解歌曲风格以及歌曲情感上的微妙变化,让学生明白,歌曲旋律的起伏与节奏的变化来源于歌词,优秀的歌词应当是一篇优秀的诗词,许多诗词在尚未谱写成歌曲之前的朗诵中已有音调高低的明显感觉,从读到唱的过渡很自然。要想演唱好歌曲,首先要从分析、理解歌词入手,对歌词反复推敲,有了理解才会有感性的认识,才能正确把握歌曲要表达的内容和变化。其次,还需要学生熟练朗读歌词,通过朗读歌词会使声乐作品中无声的语言变成丰富多彩的有声语言。在演唱之前,需要先感受歌词的文学美、韵律美,掌握、体会每一句歌词的抑扬顿挫、起承转合,以及音节的规律、音调的变化等。这些能有效帮助学生找到语感,为歌曲的演唱打下坚实的基础。

例如,在让学生演唱歌曲《花非花》之前,一定先要让他们了解歌词所表达的含义和意境。这首歌曲是黄自于1933年以白居易的诗词谱写而成的一首艺术歌曲。白居易的诗给人以朦胧感,歌词以"花和雾"比作所咏之物的短暂易逝、难持长久。作者借物抒情,表达了对于生活中存在过而又很快消失的人与事物的追念、惋惜之情。歌曲采用四句体结构,在词曲结合中较好地使用了依字创腔的手法,并且采用了朗诵性节奏,使歌曲犹如吟诵,给人以无限的柔美感。歌曲中节奏安排与诗歌相贴切,有一种独自吟咏的古朴风味。第一句是音乐的"起、承",共四小节,核心音调在第一小节,音乐语言显得精炼而含蓄。第二句是音乐的"转、合",也是四小节,以第一句的结尾音做第二句的起始音,似有把"来"与"去"两个字做成诗意的引申。"来如春梦不多时"的曲调"低回高转",推向歌曲旋律的高点,却又无可奈何地下行到低音"6"的长音。"去似朝云无觅处"曲调偏低,同时做了渐慢延长和很弱的处理,深沉地表现出对生活的感叹。全曲篇幅不大,演唱中应有起伏感,"不多时"稍稍放慢,"云"字延长,换气之后,从容结尾。

声乐通过音乐和语言的结合，塑造出美丽的音乐形象，传达出心中的情感，这就是声乐艺术的魅力。在学前教育专业的声乐教学中，教师不但要引导学生正确理解歌词中的情感内容，并且让他们通过自己的情感体验对歌曲进行艺术创造，合理地运用到声乐的语言中，使歌曲进一步产生情感的艺术魅力。

二、歌曲旋律在声乐演唱中的感染力

旋律是音乐的主要表现手段，是歌曲的灵魂。我们喜欢一首歌曲，不仅仅是因为演唱者的声音打动我们，还有一个重要因素就是歌曲的优美旋律吸引着我们，这就是音乐旋律美给我们留下的强烈感受和记忆。演唱者要熟悉作品旋律并仔细琢磨其中的韵味，把握好作品的特点，处理好每一个细节，特别是对各种装饰音，如倚音、颤音、滑音等的处理，而其他诸如节奏、节拍、调性等音乐的各种要素，无一不是演唱者所力求达到的效果，如果对任何一种要素把握不准确，势必会破坏歌曲的完整及表现力。

旋律是歌曲的基础，在学前教育专业声乐教学中，指导学生演唱一首新歌时，首先要让他们重视熟悉曲谱的重要性。因此，要让学生对歌曲的音高、节奏、节拍、乐汇、乐句、乐段等充分了解和熟悉，只有这样，演唱的歌曲才会流畅、生动、感人。音乐是一门表演艺术，除了让学生熟悉曲谱外，每名学生还都需要具有理解、分析声乐作品的能力，并且会运用歌声来正确诠释这首作品的内容和风格，这是学前教育专业学生应当具备的表现能力。当然，这种能力还需要通过完善自身歌唱技巧、提高音乐修养、不断丰富生活体验来增加歌唱艺术的表现力。

要想把歌曲演唱得富有感染力，教师在声乐教学中，应该让学生在字句上下功夫，对每一个音符，甚至音乐符号都要反复斟酌、认真品味。例如，在指导学生演唱《红豆词》这首歌曲时，让学生首先了解这首歌曲的风格是含蓄、典雅的，歌曲旋律委婉、深情，完全依照歌词句法划分，并有上下句承前启后的连接感，所以要格外注意保持乐句的整体性。歌曲中许多乐句都是半拍一个字，故演唱时需注意旋律的流畅、连贯，尤其是音乐中抒发感情的"啊"，虽然没有具体的歌词，却有实实在在的内容，需要通过旋律表现出"痛苦的呻吟"和"无奈的叹息"，那是内心的压抑和无力的挣扎表现。歌曲的结尾旋律与开头旋律相互呼应，都运用了音乐的"上下句"和诗词的"上下句"统一的处理办法，使音乐既连贯又有起伏。演唱时声不用太戏剧化，要讲究诗词语句的内在统一，需要有诗词的"吟唱感"，要把歌曲那种浓情、幽怨、凄切、缠绵的感情表现出来。

旋律是歌曲在思想感情内容上的主要造型和表现。教师要能够根据学生的理解、感受以及歌曲旋律的魅力，指导他们表现歌唱旋律的美，通过音符发挥自己的音乐表现力，同时让学生用心挖掘歌曲的思想内涵，用饱含真情实感的歌声塑造音乐形象，这样才会使学生的演唱更为丰富、感人。

三、演唱中丰富的情感来源于生活的体验

在声乐演唱中，歌曲的内容来源于生活，其典型事例是从生活中提炼出来的艺术结晶。因此，教师需要引导学生认真观察生活，留心周围人们不断变化的心态及情感，并且要善于总结，将感情素材不断积累起来。歌曲中的旋律、语言固然非常重要，但没有了真情实感就不能打动人。学生应该通过声乐作品，准确深刻地揭示自己内心的真情实感，充分利用以往的生活体验，通过自己的"艺术加工"，用心表达作品所需要呈现的喜怒哀乐，这种由内心流淌出来的声乐作品，激情演绎着真实感人的艺术形象，并伴随着歌曲中人物跌宕起伏的遭遇引起观众的情感共鸣。学生的声乐演唱是创造性的劳动，他们需要把自己亲身经历过的生活经验、长期积累的文化素养和丰富多彩的艺术想象力融入自己演唱的歌曲当中。除此之外，还需要对歌曲进行仔细、认真的分析，在理解歌曲内容和歌曲情感的基础上进行精心设计和艺术"加工"，用自己美妙的声音和深情的演唱迸发出艺术的火花，然后再把有着自己独特的个性特征、丰富的思想感情、完整的艺术形象的歌曲呈现在听众面前。

教师在让学生演唱新歌前，首先，要让学生了解这首声乐作品的创作背景、艺术风格、歌曲体裁、曲式结构等，甚至包括带有哪些地方性旋律、具有哪些比较鲜明的个性特点等。通过要求学生对声乐作品进行分析与了解，培养他们扎实做好演唱前的案头工作的精神。艺术需要感染人，但感染人是不能离开生活的，对生活加强体验和感受，是促进歌唱情感真挚表达的根本途径。学生首先要用"心"品味生活中的酸甜苦辣，并把生活中的亲身感受积累起来。为了能够更加丰富学生的生活体验，需要他们在学习专业音乐知识的同时，注意观察理解日常生活及大自然中的人、事、物，多去观察各种艺术形式，感受不同人物的不同性格和内心情感活动，丰富和提高自身音乐感觉的美感体验。其次，让学生通过社会实践去观察生活、体验生活、感受生活，深入了解当地的民风、民情、民俗，逐渐积淀丰富的文化底蕴，积累得越多、越丰富，对歌曲意境的体会也就越深刻。

歌唱情感来源于生活，其审美标准要符合社会道德规范，弘扬真、善、美，抵制假、恶、丑，最终使观众在欣赏中受到感染，得到启发。所以，学生的演唱不仅仅是一

种技能、技巧的演唱，更是他们通过歌声把丰富的音乐内涵以及真实的情感传达给人们的演唱。

第七节 学前教育专业幼儿歌曲弹唱教学策略

学前教育专业对于幼儿教师的要求相对较高，弹唱教学作为学前教育专业中的关键课程，其教学策略是否科学和有效，直接影响整个学前教育专业教学的效率和质量。幼儿歌曲弹唱不但包括"弹"，而且还包括"唱"，幼儿教师必须要重视幼儿歌曲弹唱教学，采用各种科学的教学方法，提高教学有效性，促进自身综合技能的有效提升。

一、重视学前声乐课教学，加强钢琴基础训练

在学前教学工作中，声乐课占据十分重要的地位，学前声乐课主要是为了针对幼儿歌唱姿势进行科学培养，使其养成良好的歌唱心理，培养科学的歌唱习惯，让幼儿学习各种科学的呼吸方法，掌握正确的呼吸技巧。在学前教育阶段，幼儿声音必须要保持连贯通畅，尽量自然圆润，教学中应尽可能提高其吐字的清晰度，让其实现对相关歌曲意境的充分表达。教师应引导学生深入了解声乐艺术，提高其个人理解能力，增强其艺术表现力，同时让幼儿掌握丰富的声乐基础理论知识，运用各种声乐基础技能以及弹唱技巧指导幼儿进行正确发声以及规范歌唱。所以，幼儿教师必须要重视声乐基础教学，保证幼儿拥有良好的声乐基础，为其幼儿歌曲弹唱提供良好条件。歌曲弹唱属于一种综合性课程，歌曲弹唱训练需要在良好的钢琴基础以及声乐课基础上开展，因此，学生需要加强钢琴弹奏训练。如果幼儿不具备良好的钢琴弹奏能力，就无法完成良好的即兴伴奏。因此，幼儿教师必须要加强对幼儿的钢琴训练，保证其熟练掌握基础大小调音阶以及和弦连接等。在钢琴课堂教学工作中，幼儿教师应综合分析幼儿特点，科学给予分层教学。针对基础较扎实的幼儿，应将教学目标定位在较高水平；而针对普通学生，应将教学目标定位在合理位置，避免目标过高。教师应具体分析教学内容，采用各种针对性的教学手段，提高教学有效性，鼓励学生主动投入钢琴学习。举个例子，教师可以挑选出一首代表性较强的乐曲，引导幼儿轮流进行弹奏，同时针对不同学生的优缺点进行针对性点评，鼓励大家扬长避短，互相学习彼此的长处。在进行作业布置过程中，不但要保证数量

科学，而且要将作业难易度控制在合理范围。教师必须要及时挖掘学生身上存在的问题，并指导其将错误有效纠正。针对课后作业，必须要严格进行要求，鼓励其多思考，增强其弹奏能力。教师应具体分析幼儿弹奏能力，因材施教，进一步开展分层教学，增强其学习主动性以及积极性。

二、不断提高教师的专业水平，强调学生情感表达

教师在教学过程中，应优先选择旋律性较强的简短性曲子以及儿歌，引导幼儿投入到歌唱练习中，促使学生掌握一些基本的歌曲演唱技巧，为幼儿歌曲演唱奠定良好基础，同时更好地活跃课堂氛围，提高教学有效性。一方面，幼儿教师必须要科学结合自身音乐专业知识，深入理解相关歌曲，因为幼儿教师的专业知识水平与歌曲理解力以及表现力息息相关，也影响幼儿歌曲教学效果。所以，学前教育专业声乐教师必须要进一步强化音乐专业能力，提升自身音乐技能，深化对歌曲的理解，更好地对歌曲进行诠释。另外，教师必须要将自己的情感和个人理解融入整个歌曲伴奏中，在演绎歌曲过程中，应根据自身情感变化对琴声伴奏进行适当变化，提高歌曲演绎效果。另一方面，学前教育专业幼儿歌曲弹唱教学中，必须要高度重视情感表达，将感情融入歌曲演唱中。不同的幼儿歌曲在思想感情以及音乐风格上各不相同，其在音乐旋律以及节奏力度等方面也存在较大差异，必须要在学前教育幼儿歌曲弹唱教学中强调情感把握，对不同歌曲采用不同的演绎方式。幼儿歌曲中不但包含活泼欢快类型的歌曲，而且还包括很多轻柔、抒情的曲目，不同类型的歌曲和乐段应以不同的情感来演绎。举个例子，在针对歌曲《小燕子》进行教学的过程中，该曲目第一乐段相对比较轻柔，应将声音控制在较舒缓的状态，表达出小燕子刚刚从南方飞来的意境，同时抒发对小燕子的喜爱之情；第二乐段相对比较轻快，应选择富有弹性的声音对该乐段进行演唱，说明小燕子除害虫，能够保护庄稼；第三乐段则应采用轻柔而舒展的声音进行演绎。另外，在尾音位置采用延音记号，强化演绎效果，打造小燕子在大家的祝愿中慢慢飞走的意境。在幼儿歌曲的弹唱教学过程中，教师应鼓励学生勇于表现自我，给予学生更多肯定和赞美，提高其自信心。在演绎有趣的幼儿歌曲时，学生可以通过声音、眼神以及可爱的表情动作等进行综合表达，实现对歌曲的全方位表现。

三、融合音乐教学和游戏，实现寓教于乐目的

幼儿园音乐教学过程中，除了要加强声乐教学以及器乐教学外，还应该要重视舞蹈教育等，实现对幼儿的综合性教育。因此，幼儿教师不但要重视对幼儿的歌唱

教学，而且要在歌唱过程中鼓励幼儿将歌唱以及舞蹈进行有效结合，或者在歌唱过程中引入一些音乐游戏。针对幼儿开展歌曲教学工作时，教师应引导幼儿按照歌曲中的内容对其开展创编，通过讲故事、玩游戏或者舞蹈等形式实现对歌曲内容的有效表达。举个例子，针对《两只小象》这首曲目进行歌唱教学的过程中，教师可引导学生用手扮演两只小象，并且跟着音乐推进手指游戏，对小象的实际行走姿态进行模仿，或者形象地表现出小象晃鼻子等场景，重现小象握手等桥段等。通过这种方法，能够基于声乐基础，促进韵律活动以及音乐游戏的完美结合，增强学生对歌唱教学的兴趣，赋予课堂教学更多趣味性，提高学生的学习主动性和积极性，并给其带来更多欢乐，优化教学效果。

四、明确"弹"和"唱"间的关系，加强自弹自唱指导

自弹自唱属于幼儿学前教育中较高难度的一项学习内容。在自弹自唱教学过程中，必须要强化音量均衡训练，实际练习过程中不但要保证弹唱协调性，而且要保证伴奏和歌唱两者间的音量处于均衡状态。自弹自唱不但要强调"弹"，而且不能忽略"唱"，要在手弹和嘴唱过程中保持音量均衡。相当一部分幼儿在自弹自唱时常常会出现弹声高于唱声的情况，弹唱音量存在不均衡的问题。面对这种现象，应首先对弹唱的主辅关系进行进一步明确，一般而言弹唱中唱为主体，应被视为焦点，而弹主要起到一种辅助的作用，只有在良好的演唱下才能够凸显出弹的优势。所以，教师必须要向幼儿介绍弹和唱两者的分工以及各自的地位，在弹唱教学过程中应明确唱的主体地位，科学辅以弹。另外，教师必须要重视对幼儿听觉能力的培养，促使幼儿能够巧妙控制具体弹唱力度。在歌唱过程中，钢琴伴奏要想与歌唱完美融合，迸发出火花，就必须要保证两手指尖拥有默契的配合，同时确保琴声以及歌声间保持和谐，并针对实际力度进行科学控制，实现音量均衡。因此，幼儿在自弹自唱过程中不但要学会倾听自己的琴声，而且要倾听自己的歌唱声。

弹唱能力属于学前教育专业学生不可忽视的一种能力，占据核心地位，同时也是幼儿园教师必须要具备的一项能力。通过重视学前声乐课教学，加强钢琴基础训练；不断提高教师的专业水平，强调学生情感表达；融合音乐教学和游戏，实现寓教于乐目的；明确"弹"和"唱"间的关系，提高自弹自唱能力，能够大大提高学前教育专业教学中幼儿歌曲弹唱教学有效性，通过上述教学策略，还能够大大提高幼儿教师的专业能力以及综合素质。

第八节　学前教育专业声乐集体课教学策略

声乐课是学前教育专业教学的一个重要组成部分，是一门专业基础课。该课程的教学目标并不是培养具有精湛演唱技巧的专业歌唱演员，而是培养一名合格的幼儿教师。主要教会学生掌握正确的发声方法、基本技能技巧，正确地处理和表现常见题材风格的歌曲，使之具备一定程度的演唱能力、音乐表达能力和对声音应用能力，使学生通过学习这门课程，提高自身的音乐素质，充实知识结构，培养学生艺术创造的想象力，并通过歌唱实践，获得丰富的音乐感性知识，进而让学生领会歌唱的基本技巧和方法。那么在这种集体教学的模式下，教师如何利用有限的时间充分挖掘学生的潜能，提高学生的演唱技能呢？笔者通过几年的教学，认为应当做好以下几个方面：

一、激发学生的学习兴趣

孔子曰："知之者不如好之者，好之者不如乐之者。"强调寓教于乐。当一个人对某种事物特别感兴趣时，他就会投入精力去研究、学习，积极的思维和良好的效率往往建立在浓厚的兴趣之上。笔者认为让学生在课堂上始终保持浓厚的兴趣与高昂的情绪，才是上好声乐集体课的重要前提。

通俗歌曲是这个年龄段孩子所喜欢的，大多数同学都会唱几首，所以在教学中笔者把这个兴趣点作为切入点。例如，笔者在课堂上弹了许美静的歌曲——《城里的月光》，同学们唱得都很起劲很投入。笔者问同学你们想不想把这首歌曲唱好，大家都说想。笔者说："老师给你们唱一遍"，唱完之后同学们都为我鼓掌。这样笔者的课堂气氛就比较活跃，同学们也乐于接受笔者教歌唱技巧，使笔者这节课做到了事半功倍。

二、帮助学生建立正确的声音概念

歌唱发声概念除了一般意义上的概念外，还有声音概念。知识的概念如有关呼吸、发声、共鸣、语言的知识，学生容易掌握；难的是正确的声音概念的建立。我们知道，歌唱的乐器就是人体本身，歌唱的过程就是人体各有关器官相互协调工作的过程，但发声器官的具体运动又无法直观面对。

我们要让学生沿着正确的方向和目标前进，一定要帮助学生建立正确的声音概念，要让学生知道什么样的声音是对的，听觉感觉是怎样的，身体感觉如何，并让学生记忆这种正确的声音，使学生演唱前在头脑中就已经有了这种声音形象，并不断地向它靠近。通过学习，有了正确的声音概念，就能够分辨错误的声音，并可以分析原因，然后向正确的声音靠拢。

那么，如何树立正确的声音概念呢？

首先，教师要给学生提供正确的范唱。因为教师离学生最近，能及时给学生以具体的声音参照。学生能在第一时间里听到正确的声音，及时找到方向并与之靠拢。而模仿正是声乐学习初级阶段的重要方法之一。因此，在声乐教学中教师要通过美好声音的形象语言，激起学生内心的情感共鸣，唤起他们唱歌的欲望，使学生情绪饱满，感情充沛，从而激起他们歌唱的发声器官、呼吸肌肉的积极运动，这种状态下，歌唱的技巧易于被学生掌握和运用。

其次，教师要帮助学生找到他自己正确的声音。歌唱家也好，教师也罢，他们的声音只能提供一个范本，最终目的还是为了让学生唱出自己的音色。因此，教师在声乐教学中，反对学生不动脑子，在声音上一味模仿某某歌唱家的声音，要让学生知道世上没有一样的声音，在声音上模仿得越像，存在的问题就会越多，因为每个人的特点不尽相同。要帮助学生分析了解自身的特性，在掌握科学的声音共性的基础上，充分发挥个性特色，唱出自己的音色。声乐学习是一个长期的过程，不可能在短时间内完成，尤其在集体课内。学生正确的声音一旦出现，即使是一个音、一句乐句，教师也要及时对学生加以肯定、鼓励并继续强化，让学生记住自己发出的正确声音时身体各部分的感觉。在这样不断的练习和强化下，学生正确的声音概念就会慢慢地建立起来。

三、选曲要适宜

由于学前教育的学生在经过几年的学习后走上幼教的工作岗位。而幼儿教师在实际的工作中，很少会用到所学的正统美声歌曲、大型创作型歌曲、艺术歌曲等，实际当中用到的都是些简单、上口、实用的幼儿歌曲等大家耳熟能详的歌曲。如果我们在课堂上只教教材中那些正统歌曲，而不考虑学生实际能力、爱好以及学生将来所要面临的教学对象，这样的教学只会适得其反，使学生对学习唱歌有一定的抵触情绪。所以，笔者认为，教师在幼师声乐教学的曲目选择上，不仅要学习初中级美声、民歌、艺术歌曲等作品，还应当针对今后的工作方向大量浏览实用型的声乐作品。

第九节　高职学前教育专业肢体表演动作在声乐小组课教学中的有效应用

专业肢体表演动作在声乐小组中的教学应用是非常重要的，可以让授课形式变得更加丰富，非常适合当前的高职学前教育专业声乐教学。

一、高职学前教育专业教学的研究分析

（一）高职学前教育专业教学的特殊性分析

学前教育专业的声乐教学要能够为社会提供很多的优秀的教育人才，主要的就是如何提升学前教育的教师的素质，如何培养出具有实践意义强大、教育能力等综合能力强的人。声乐教学是目前学前教育专业教学当中对于专业知识要求非常高的一门学科，但是对于高职教育而言，大家的学习兴趣基本都不高，很多人对于学习的积极性非常弱，所以在教学的过程中对于高职同学的学习兴趣的提升也需要加以提升。

（二）提升学生的学习兴趣

高职学生的学习兴趣非常低，很多同学的学习成绩都不好，所以对于高职学生的学习兴趣的激发是非常重要的，比如进行肢体表演动作的学习就是非常重要的，在教学当中加入一些教学动作可以激发同学们的学习兴趣，教师们也要改进平时的教学策略，进行新型教学模式。比如小组进行讨论学习，在探讨中进行愉快的学习，在探讨出问题之后可以加以学习。

（三）教学模式探析

对于当前的高职教学现状进行观察发现，高职教育的师资力量以及教学条件非常有限，学前教育的授课模式非常不人性化，多人共同进行发声练习，对于每名同学的发音情况不能够很好地加以掌握，无法进行良好的教学体验以及教学观察，很多学生就会有自暴自弃的现象，而教师无法发掘那些条件好的学生，也无法照顾到先天条件不好的学生，所以采取声乐小组教学模式是非常有利于声乐教学的。

二、专业肢体表演动作在声乐小组课教学中的有效应用

（一）肢体表演的教学应用

肢体表演在教学中的应用是非常具有现实意义的，如可以激发学生的学习兴趣，

尤其是在声乐教学当中，适当的肢体语言可以将学生带入一种情景当中，将良好的肢体动作带入到情景当中去，提升演唱者的舞台魅力以及教学魅力。肢体语言需要有一定的表现力，但是也要有一定的驾驭能力，不能过于夸张也不能过于死板。在肢体语言的表达中，手势的表达是非常重要的。手势通常有很多的表达意思，给人呈现出很多的表达意思，给人以情感以及寓意的传达。声乐作为一种艺术表达的形式，其能够为人们展现出人内心的想法，在声乐表达当中，声音的传达以及肢体动作的表现都是相辅相成的，肢体能够为人传递人物的情感，增强与观众的亲和力。

（二）肢体语言的内容

肢体语言的内容是很广泛的，凡是用来表达音乐感受的都可称作是肢体语言。肢体语言在声乐教学中的具体应用常常表现为：声势、律动、指挥、舞蹈和表演。所谓声势，就是利用身体各个部位的动作来配合音乐的节拍，如拍手、拍腿、跺脚、捻指等，利用这些肢体动作来体现音乐，表达音乐所包含的情感。具体来说，声势的运用可以是让学生一边听音乐，一边做附和动作，这样既可以培养学生对音乐的注意力，又可以提高学生对音乐情感的感受能力。而在合奏表演中，声势的运用还可以培养学生之间的默契，提高他们相互合作的能力。在创编声势的过程中又可以培养学生的创造力。

（三）声乐小组教学的重要意义

声乐小组是一个在教学过程中针对音乐专业的同学开辟的教学模式，因为音乐学习的独特性，其教学意义是非常需要对每名同学的学习掌握情况进行明确认知，如果是大班模式的教学就会发现在教学当中无法感受到每名同学的学习情况以及发声情况。进行小组声乐教学非常具有时代意义，针对每名同学的情况的不同加以改善，最终加以正确的辅导，只有知道毛病出现在哪才能够对症下药。

综上，肢体语言不仅能在平时生活中提高人与人之间的沟通效率，还能在艺术表演中发挥独一无二的美学作用。在声乐教学和演唱中合理应用肢体语言，能辅助歌声表达歌唱者的情感，给予听众美的视觉享受，还能够为学生与老师之间的沟通与交流开辟一条宽敞而明亮的大道，不仅能够帮助学生领会教师的意图，对个人声乐艺术的整体发展也具有积极意义。

目前我国的高职教学环境并不乐观，从教学管理到教学设施、师资力量等方面都应该加以完善，而且高职学生的学习氛围也不高，需要加以提升。在声乐教学方面对于肢体动作的改进以及小组学习的改进，都是非常符合当前的教学目标的，具有时代意义，在实践的过程中还应当根据课堂学生的表现情况加以改善，最终完善教学规划以及教学策略，也可以结合国内外先进的教学策略加以改进，最终确定一个适合我国的学前教育专业发展情况的教学计划。

第七章　高职学前教育专业舞蹈教学模式研究

第一节　幼儿舞蹈在学前教育活动中的重要性

舞蹈是以人体为表现工具，通过有节奏、有组织和经过美化的流动性动作来表达情意的一种表情性的时空艺术。它通过富有魅力的动态艺术形象，使人赏心悦目、陶冶性情、美化心灵，促进人的身心健康和社会风尚的完善。舞蹈对于学前教育专业的学生来说是一门必不可少的课程。

幼儿舞蹈教育是幼儿园全方位教育工作的一个重要组成部分，是培养幼儿德、智、体、美全面发展不可缺少的重要手段。因此，幼儿园应把舞蹈教育放在重要位置。

幼儿舞蹈因其简单、短小、形式多样，近年来愈加受到幼儿教育的重视。目前在世界各地的幼儿教育领域内，幼儿舞蹈教育已成为幼儿成长、发育的重要手段和幼儿园教学的重要组成部分。幼儿舞蹈对各个不同年龄阶段幼儿的身体发育成长具有很重要的作用，尤其对幼儿的身心健康及智力发展有着不可估量的意义。因此，在幼儿教育领域里，广大幼教专家、学者开始关注并积极进行了有关幼儿舞蹈教育的探讨，目的就是为了有计划、有步骤地促进幼儿身体发育，塑造幼儿健美的形体姿态，培养幼儿健康向上、活泼开朗的气质，使幼儿终身受益。

一、舞蹈训练是影响幼儿生长发育的重要因素之一

幼儿时期是生长发育的旺盛时期，人的生长发育能够说明一个人的健康情况，其中舞蹈训练是影响幼儿生长发育的重要因素之一。舞蹈对幼儿来说，是一种本能的需要，每当他们听到悦耳的音乐或看到一些歌舞场面时，都会手舞足蹈，欢欣雀跃。因此，在幼儿时期进行舞蹈教育是最佳时期。舞蹈对于幼儿来说是最好的游戏活动之一，幼儿在舞蹈活动中，自然而然地锻炼了身体，促进了身体的正常生长发育，使幼儿骨骼强壮、肌肉结实，内脏器官的机能得到提高，脑中枢神经系统的能力得到改善，反应灵敏，头脑灵活。

二、舞蹈还能对幼儿的智力发展起到不可估量的作用

当幼儿接受各种教育、学习各种知识时，都需要通过观察、比较、模仿、思维来实现。要实现这一目的，要求幼儿有健壮的身体和饱满的精神、积极的思维和良好的记忆，以及丰富的想象。这些都是幼儿应具备的基本生理与心理素质。舞蹈活

动能够锻炼幼儿的大脑,因为舞蹈是包括各种形体动作、丰富的面部表情及节奏的人体动作艺术。舞蹈使幼儿在手、足、胸、腰、臂、腿的摆动中和上、下、高、低、左、右、前、后的跳跃活动中,加速血液循环,提高心肺功能,使大脑血液流量增加,改善大脑供氧情况,使大脑处在一种积极的活动状态中,这样一来,对于幼儿心理和生理素质的发育以及对一定知识技能的掌握,会起到极大的作用。

三、通过舞蹈培养幼儿良好的个性并进行美育教育

舞蹈的另一突出特点就是寓教于乐,通过舞蹈能培养幼儿良好的个性并进行美育教育。对幼儿进行思想品德的教育既是德育的任务,也是美育的任务。舞蹈内容和形式是多种多样的,它适合幼儿活泼好动的特点,通过各种舞蹈的学习,使幼儿接受美的熏陶、美的教育,置身于美的环境,借此来培养幼儿的思想品德和优良性格以及社会情操观念,还能增强幼儿之间的友谊和团结,培养幼儿的上进心、责任心和集体荣誉感。幼儿舞蹈教育一定要从幼儿生理、心理特点出发,合理安排课程,这样才能充分开发、发挥幼儿潜在的能力,促进其身心的健康发育。具体来讲,舞蹈的教育作用主要在于:能够提高幼儿的观察力、感受力、模仿力、记忆力、想象力;能够锻炼幼儿的反应能力和动作协调能力;能够开发幼儿潜在的智能;受到美的熏陶;增强集体观念,培养团结协作意识。

四、舞蹈是使身体健康的重要的美育活动

舞蹈是促进形体健美的重要运动。舞蹈不仅能够促进幼儿大脑神经的发育,而最主要的是还能锻炼幼儿的肌肉与骨骼。大量事实证明,舞蹈能够促进幼儿身体健康成长,凡是学习舞蹈的孩子,食欲好,睡眠好,身高、体重增长快,这是因为参加舞蹈锻炼,能使骨骼变得粗壮,心肺功能加强,肌肉对蛋白质的吸收及储存能力增强,肌肉显得结实有力,韧带柔软富有弹性。舞蹈可以使人体各器官、各系统都得到全面锻炼,并能培养幼儿的速度、力量、耐力、节奏感等技能,为今后各年龄阶段的学习工作打下良好的基础。

总之,开展幼儿园舞蹈教育活动,有利于培养幼儿对音乐舞蹈的兴趣,发展幼儿的智力,培养幼儿良好的个性品质,还可以满足幼儿想象、联想、思维和创造性表现及交流合作的需要,为幼儿身心健康的发展提供必要的外部条件。因此,舞蹈在幼儿教育中是促进幼儿德、智、体、美全面发展的重要内容和有力手段。

第二节 学前教育专业舞蹈教学的现状

教育是国家兴旺昌盛的根本，为了能够让每个孩子都能赢在起跑线上，社会各界、教育部门、家长都对学前教育给予了高度的重视。舞蹈作为人类创造的八大艺术形式之一，与幼儿教育结合，能够提高幼儿的自身艺术气质，增强幼儿各部位的灵活协调能力，有利于幼儿的身心健康和成长发育。学前教育专业的舞蹈教学并不是为了培养著名的舞蹈家而设立，其更应注重传递给学生教授好幼儿舞蹈学习的技巧，最终达到舞蹈教学能力强与舞蹈艺术素养高相结合的目标。

近年来，伴随着国民基础教育的发展，全国各地的学前教育机构如雨后春笋般地建立，各个院校的学前教育专业也得以重获新生。学前教育专业舞蹈课程是一门基础性、综合性较强的科目，需要极高的综合能力，但纵观近几年学前教育专业的发展，舞蹈教学就显露出了明显的滞后性，传统的舞蹈教学形式并不完全符合学前教育专业的需要，具体表现为以下几方面：

一、学前教育专业舞蹈教学缺乏明确的教学目标

舞蹈课程是学前教育专业必修的专业课，但许多高校的专业开设并未从学前教育专业的实际情况出发，没有认识到学前教育专业的舞蹈课程与艺术类专业舞蹈课程有着极大的区别，只注重教授专业知识与专业技能，忽略了学生的自主创新和接受水平，肯定事倍功半。

二、学前教育专业舞蹈教学课时较少

学前教育专业从属于教育学类别，主修课程为教育学与心理学，舞蹈等课程无论是教学时间还是课余锻炼的安排都不合理。例如，我校学前教育专业，学制3年，教学周期为四个学期，每学期教学18周，舞蹈课每周2课时，细算起来，五学期这144个课时怎么能掌握技术性较强的舞蹈技能呢，更不用谈教授幼儿学习舞蹈的能力了。

三、学前教育专业学生具有局限性

学前教育专业的学生并不是艺术院校科班出身的高艺术素养的舞蹈者，许多学

生的协调能力、模仿能力、平衡能力等都较差，严重影响学生学习舞蹈的热情，更会影响学生在教授舞蹈时的美感与信心。

四、学前教育专业舞蹈教学教材选用不当

犹如士兵手中的枪，老师的教材十分重要，它是实施教学、进行教学效果验收核对的重要依据。而通过调查广东省各地相关学校发现，目前并无适合学前教育专业的舞蹈教材，许多学校使用的是艺术类院校专业舞蹈教育教材，内容晦涩难懂，缺乏对于教授舞蹈技巧内容的指点，十分不利于学前教育专业人才的培养。

第三节 学前教育专业舞蹈表演能力的培养

对于学前教育专业而言，舞蹈是学生必须掌握的一个技能，想要学生能够在较短的时间内提高自身的舞蹈能力，确保将来能够胜任幼儿教育工作，是比较困难的，这也是舞蹈教师教学过程中必须面对的重要问题。

一、学前教育专业舞蹈表演能力培养存在的问题

（一）学生舞蹈表演意识欠缺

很多学前教育专业学生都比较喜欢教师的舞蹈表演，感觉教师的舞蹈动作非常优美，但是自己做那些动作时却感到完全不是那种情况，也完全没有感觉，舞蹈会成为动作的合集，不具备韵律感。高职学前教育专业学生都是中、高考后进入高职院校的，对于很多学生而言，舞蹈都局限在电视中的歌曲伴舞，对舞蹈不了解，更不知道怎样去表演，表演时由于表演意识比较差，学生的肢体比较僵硬，动作也不够协调。

（二）学生舞蹈基本功训练较差

学前教育专业的开设是为了培养出更多的质量出色的幼师，这也直接决定了其舞蹈教学的主要特点。进行学前教育专业舞蹈教学时，教师的教授面应该比较广泛，并且实践能力比较出色，全面地考虑到幼儿舞蹈教学的相关特点，学生将来并不需要从事专业的舞蹈工作。所以，在进行舞蹈教学时，需要让学生练习基本功，但是不能将基本功作为舞蹈教学的重点。对于舞蹈而言，柔韧性和基本功是其基础，若是肢体不柔软，学生很难完成幅度比较大的表演动作。与此同时，还应该考虑到学

生的实际课时量,一般情况下每周需要进行两节舞蹈课程的开设,开设的时间也不等,大都是一年、两年或者三年,具体时间是学校根据自身情况设定的。课时量比较少,所以必须在有限的时间内提高教学的质量,这也是很多学前教育专业舞蹈教室必须重视的问题。若是在教学时将大量的时间都放在了基本功训练上,那么学习舞蹈表演的相关时间就会减少。学前教育专业的学生将来需要从事幼教工作,若是其舞蹈表演能力出色,能够给幼儿更好的示范,对其工作开展也有着重要作用。和基本功相比,学生的舞蹈表演能力提高的空间还比较大,处于这个年龄段的学生有能力来理解舞蹈的内涵,能够根据自己具备的文化功底和舞蹈形式来提高自身的舞蹈表演意识,这与教师的指导和培养有着直接关系。在舞蹈教学中,基本功需要贯穿始终,教师还应该将更多的精力放在培养学生表演能力和表演意识方面,这样学生的表演自信心会有一定的提高,学前教育专业学生的舞蹈能力也会有明显提高。

二、提高学前教育专业学生舞蹈表演能力的措施

(一)引导学生,提高学生舞蹈表演意识

很多学生认识舞蹈时比较片面,认为技术对于舞蹈而言是最重要的,而对于舞蹈而言,基本功仅仅是表演的基础。教师应该对学生进行引导,不但要求其进行基本功训练,还应该帮助其认识到表演意识提高的重要性。

在上舞蹈课时,教师可以使用语音引导的方式引导学生,让其全面的了解各种舞蹈的内涵,帮助学生了解幼儿的情感体验,并通过示范来展示自己对舞蹈形象的理解给学生,让学生通过看教师的表演来发挥想象力,让学生不再为了动作而动作。

(二)发挥民间舞蹈的作用

我国民族数量比较多,舞蹈历史也比较悠久,民族舞蹈资源丰富多彩,这也给舞蹈教学更好地进行提供了素材。民族不同,其舞蹈特点也有一定的区别。在进行学前教育专业舞蹈教学时,民族舞蹈的运用能够让学生的肢体语言更加丰富,通过各种民族舞蹈能够让学生更深入地理解舞蹈表演。比如通过傣族舞蹈肢体"三道弯"方面的训练,不但能够提高学生肢体本身的柔韧程度,还能够帮助学生更好地理解傣族舞蹈的韵味;通过藏族舞蹈训练学生的膝部,学生的下肢灵活性会有明显的提高。学前教育专业仅仅需要学生掌握每个民族舞蹈的少数几个组合,目的是通过民族舞蹈来提高学生本身的肢体协调程度,不断扩大学生的视野,提高其舞蹈综合修养。

(三) 重视童真意识的培养

儿童舞蹈的形式比较多样化，有的表现孩子的生活状态，有的是表现小动物或者情感故事。在进行舞蹈教学时，童真对于儿童舞蹈而言是非常重要的。教师应该教会学生通过舞蹈来进行真善美情感的传达，舞蹈时教师可以要求学生将自己想象成为某个小动物，要求其通过小动物的眼睛来看世界，来表现儿童舞蹈。

儿童舞蹈本身比较夸张，幼儿也比较喜欢夸张的东西，有些学生在表演时会害羞，不好意思，这便要求教师对学生进行引导。学生的童年经历往往比较丰富，教师应该引导学生，让其在舞蹈过程中添加进去自身的情感，形成良好的童真意识，这样舞蹈教学质量也会有一定提高。

第四节 学前教育专业舞蹈教学中表演意识的培养

根据学前教育专业培养目标的要求，舞蹈是学生必须学习的一项技能，要让学生在有限的学习时间内取得最佳的学习效果，胜任未来幼儿教育工作，是舞蹈教师要实现的目标。

一、学前教育专业学生大都缺乏表演意识

对于大多数学前教育专业的学生来说，他们想象各种视频中优美的舞者那样舞出婀娜的舞姿，他们对舞蹈充满幻想和憧憬，而这种美好的期待又像一只精致的瓷瓶，美丽却容易破碎。同样的动作老师做出来很美，到了自己身上却完全不是那么回事，其他同学做得优美舒展，自己却完全找不到感觉。舞蹈变成单纯的动作集合，没有任何的韵律感。高职学前教育专业的学生大都是经过中高考后进入大学，平均年龄在18岁左右，对于大部分学生来说，舞蹈只限于对电视屏幕里歌曲后面伴舞的理解，学生们大都不知道如何去表演，如何去创造美的肢体动作，对表演的意识缺乏而使得肢体僵硬、动作不协调。

二、学前教育专业舞蹈教学加强表演意识训练的原因分析

(一) 优美的舞姿是感动幼儿的基础

舞蹈教育对于幼儿来说是良好的审美教育，能有效地培养幼儿感受美、发现美的眼睛，培养良好的审美意识和道德情操，最重要的是能培养幼儿的自信和优雅的

体态。还能促进幼儿骨骼肌肉发展，增进食欲，增强心肺功能。学前教育专业是要培养合格的幼儿园教师，幼儿园教师在舞蹈教学时如果能用舞姿打动幼儿，吸引幼儿的注意力，就能有效地促进高质量幼儿舞蹈教学的实现。

幼儿的注意力十分有限，如何在有限的时间里充分发挥幼儿潜能，调动幼儿的舞蹈积极性？如果幼儿教师有着优美的舞姿，舞姿里充满了对真善美的诠释，舞蹈散发着童真、童乐，无论是表现小动物的舞蹈还是表现大自然风光的舞蹈，抑或是表现某种幼儿情感的舞蹈，在音乐的配合下，让幼儿先有一个视觉上的美的冲击，调动幼儿的动觉，然后配合以语言激发，让幼儿的视觉、听觉、动觉合一，能大大提高幼儿学习舞蹈的积极性。尤其对于女孩而言，这种美会留在她幼小的心灵，提高其对舞蹈的兴趣。幼儿们会有跟着老师一起跳的冲动，从小动物的舞蹈中感受善良的人性，从表现大自然风光的舞蹈中感悟博大的胸怀，从表达某种情感的舞蹈中领略各种风情。假如舞蹈教师自身的舞姿是缺乏生命力的，仅仅是四肢运动、躯壳的表演，谈不上任何情感的表达，那么这种舞蹈是不美的，调动幼儿的积极性会变得困难许多。幼儿们不能从幼儿教师身上感受到舞蹈的魅力，就很难将注意力长时间地保持在舞蹈上面，会降低舞蹈教学的质量，不利于发挥舞蹈对幼儿身心发展的促进作用，也不利于幼儿的全面发展。

（二）表演意识是感悟舞蹈深层内核的基础

舞蹈艺术和其他艺术形式最大的区别在于其动作背后所表达的情感，舞蹈是人类情感最真实的抒发，正如毛序诗中对舞蹈的论述"情动于中而形于言，言之不足，故嗟叹之；嗟叹之不足，故咏歌之；咏歌之不足，不知手之舞之，足之蹈之也。"简言之，舞蹈源于人类情感达到最高状态的本能体现。这使得幼儿教师要想让自己的示范动作使幼儿们如痴如醉，就需要去感悟舞蹈的本质。

舞蹈的表演意识，是有意识地去把握舞蹈的深层内核，将人类的情感透过动作展现出来，舞蹈是生命的呈现，是灵动的。舞蹈学习的重点应放在如何去用心感悟舞蹈，只有用心去跳，动作才是活的，才能感动观众。假如舞蹈成为简单的肢体动作集合，就像跳操一样，那么它就失去了其艺术属性。

感悟舞蹈深层内核不仅是去感悟所跳舞蹈表现的内容，也包括表演舞蹈者当时的心境、舞蹈的文化大背景、舞蹈所要透过动作向观众传达的理念。表演意识使得舞蹈成为鲜活的，使得舞者是有生命的。跳舞过程中的表演意识也反映着舞蹈表演者的文化层次、修养及视野，从舞蹈中可以看出舞者对于某事的理解。

（三）表演意识是提高学前教育专业舞蹈教学质量的有效动力

学前教育专业的培养目标决定了其舞蹈教学的特点。学前教育专业舞蹈教学面要广，要有较强的实践能力，也要考虑到从事幼儿舞蹈教学的实际。由于学生进入大学本科阶段学习，其年龄特点决定了基本功、柔韧性的训练难度，学生将来并非从事专业舞蹈活动，因此，笔者认为，基本功的训练必须要有，但不是学前教育专业舞蹈教学的重点。基本功、柔韧性是舞蹈的基础，没有柔软的肢体，难以完成大幅度的动作表演。同时也要考虑学生的课时量，一般情况下每周开2节舞蹈课，开1年、2年或3年，各校根据自身情况而定，这与舞蹈学专业的课时量相比是非常少的。如何在有限的时间内获得最佳的教学质量是学前教育专业舞蹈教师关注的。如果将过多时间放在基本功训练上，势必减少舞蹈表演学习的时间。学前教育专业学生将来要从事幼儿教师工作，良好的舞蹈表演能力可以让他们为孩子更好地做好示范，对他们的实际工作会有更大的帮助。相比基本功而言，学生具有更大的舞蹈表演能力提升空间。这个年龄段的学生已经具备理解舞蹈深层内涵的能力，可以借助已有文化功底，搭建进入舞蹈世界的桥梁，通过接触丰富的舞蹈形式，慢慢培养起舞蹈表演的意识。这离不开舞蹈教师有意识地培养和指导。

当然，舞蹈基本功仍是贯穿舞蹈学习始终的内容。与此同时，如能将更多的注意力放在表演意识和能力的培养上，将会更有利于增强学生的表演自信，全面提高学前教育专业学生舞蹈素养，促进学前教育舞蹈教学质量的提高，使学生们更好地适应未来的幼师工作。

三、完善舞蹈教学，培养表演意识

（一）引导学生关注舞蹈表演意识

笔者在实际教学中发现，学生们经常会对舞蹈有一个片面的认识，认为叉下得越好，腿踢得越高，腰越软，舞蹈课就越优秀。舞蹈是表现人类情感的艺术，单纯的炫技会使舞蹈与体操无区别。基本功只是舞蹈表演的基础，是为更好的肢体流动、诠释形象做铺垫的。舞蹈教师需要有意识地去引导学生不仅关注基本功训练，也要将注意力放在表演意识上。

在舞蹈课上，教师可以通过语音引导，指引学生去关注每种舞蹈的内核，儿童舞蹈关注童真、童趣的情感体验，民族民间舞蹈感受不同地域的风土人情。教师也可以通过示范，将自己对舞蹈形象的理解展示给学生，让学生通过观看教师的动作，发挥自己的想象，赋予舞蹈动作以生命。在舞蹈表演时，学生们往往容易陷入为动作而动作的误区，经常是老师让胳膊放哪就放哪，腿抬到哪就哪，做起动作来缺乏生机。通过舞蹈意识培养，逐渐改变学生为动作而动作的舞蹈方式。

（二）充分发挥民族民间舞蹈的教学价值

我国民族众多，有着悠久的舞蹈历史和博大精深、丰富多彩的民族舞蹈资源，为舞蹈教学提供了丰富的素材。对于学前教育专业学生而言，丰富的民族民间舞蹈能较好地丰富学生的肢体语言。我国各民族舞蹈具有各自鲜明的特点，不同民族民间舞蹈独具一格的体态动律可以训练学生肢体不同部位，提高学生对舞蹈表演的认识。例如，傣族对肢体"三道弯"的训练，一方面提高学生的肢体柔韧性，另一方面傣族特有的舒缓动律和对水文化的崇尚让学生感悟傣族唯美、柔软细腻的独特风韵；藏族对膝部的训练，提高了学生的下肢灵活性，又让学生感受了藏族松弛、惬意的表现形式；蒙古族则让学生在优美的音乐中领略豪迈的胸襟和宽广的胸怀。一般而言，民族民间舞蹈教学以汉、藏、蒙、维、傣、苗等为主，学前教育专业只需让学生对每个民族舞蹈掌握一到两个组合即可，目的在于让学生在民族民间舞蹈表演中提高肢体协调性，扩大学生舞蹈视野，感悟我国丰富的民间舞蹈文化，提高学生综合素养，在学与跳的过程中，领会舞蹈表演的真谛，全面提高舞蹈表演意识。

（三）通过儿童舞蹈培养学生的童真意识

儿童舞蹈形式丰富多彩，有表现小动物形象的，有表现儿童生活状态的，有表现某种情感的，有表现某个故事的，等等。在这类舞蹈的教学中，重点在于是否将儿童舞蹈的"童"字表现得淋漓尽致。对于小动物形象的儿童舞蹈，要关注不同小动物的特点，小兔子的善良、大灰狼的凶狠、小熊的笨拙等，以及透过这些小动物想要传达的真善美的情感。舞蹈时要引导学生将自己假想成小动物，用小动物的眼睛去看世界、去表演，还原本真的艺术形象。表现儿童生活的舞蹈，则要学生站在小朋友的立场，引导学生回想自己童年的趣事，让自己退回童年时代，去感悟舞蹈的动作、情感，用真心去舞。

儿童舞蹈的特点在于夸张，夸张了幼儿们才喜欢，有的学生比较扭捏，不好意思表演夸张的形象，教师需要引导学生将自己与表演的形象合二为一，大胆放开表演。每个学生都有着丰富的童年经历，引导和培养学生将自己的真实感悟放进舞蹈中，形成儿童舞蹈表演的童真意识，能有效提高儿童舞蹈的教学质量。

（四）重视幼儿舞蹈编排能力的培养

幼儿舞蹈编排能力也是学前教育专业学生的一项基本能力。舞蹈编排训练能较好地提高学生的表演意识。幼儿舞蹈编排要求学生了解幼儿生理、心理特点及动作水平，利用具有形象鲜明、短小精悍、生动可爱、有故事有情节、动作表演性强等特点的舞蹈动作来创编幼儿舞蹈。这个过程中，学生们首先就要构思舞蹈的中心思想，然后根据想要表现的情感去选取形象、动作，是表演意识先于动作的训练，能有效地促使学生关注表演意识，关注动作背后的情感抒发，以最简单易做的儿童舞动作表现丰富的儿童情感。

（五）拓展视野，丰富舞蹈知识

要想提高舞蹈表演意识，丰富舞蹈视野也是不可或缺的。鼓励学生在课余时间多看优秀的舞蹈作品，包括综合性文艺晚会的各种舞蹈、专业性舞蹈大赛（如桃李杯舞蹈大赛，CCTV舞蹈大赛，小荷风采全国儿童舞蹈大赛等），在观看中感受舞蹈演员的表演意识，向优秀舞者学习，接触不同风格的舞蹈，丰富舞蹈知识。同时，要多去幼儿园实地考察实习，多接触幼儿，多与幼儿交流，寻找幼儿舞蹈表演的灵感。

幼儿是祖国的希望，幼儿的教育关乎民族的未来，因此，提高学前教育专业教学质量，培养优秀的幼儿教师势在必行。舞蹈教学具有自身的特殊性，舞蹈表演意识能有效地提高学生综合舞蹈能力，使学生更好地胜任幼儿教师工作，提高幼儿舞蹈教学质量。

第五节 学前教育专业舞蹈教学模式的构建

学前教育专业舞蹈课程同其他课程一样，想要获得良好的教学效果，必须寻找到符合自身规律的教学模式。根据学前教育专业舞蹈教学现状体现出的不足，笔者据自己的经验提出以下几点改革方案：

一、正确定位与把握学前教育专业舞蹈教学的教学目标

舞蹈种类繁多，内容丰富，民族舞、古典舞、现代舞都是其分支，但是学前教育专业舞蹈教学的根本目标不是让学生完全掌握所有的舞蹈类型及其技巧，而是培育具有基本教学功底的舞蹈教师。在教学过程中，教师要认真分析学生特点，并结合未来幼教机构对幼儿教师的要求进行授课，严格遵循培养目标。舞蹈家并不是学前教育专业培养的目标，我们要突出重点，鼓励学生掌握舞蹈技能基础，增强学生在舞蹈教授方面的技巧。

二、增加舞蹈教学课时并注重实践

学前教育专业的学生大多对舞蹈比较陌生，每周 2 个课时的教学并不能达到学生们学习舞蹈的要求。舞蹈技能的学习与积累需要一个长期的积累与实践，通过增加课时，让学生们更多地练习舞蹈，感受舞蹈的魅力，增强舞蹈教学能力，为以后的幼教工作打下良好的基础。例如，在舞蹈教学这门课程的期末考核与日常考核中，可采取卷面考核（课堂表现和课外笔记）与舞蹈展示结合的方法，部分专业知识需要牢记，但是舞姿的优美、身体的协调度等是需要通过长期训练达到的，这样的考核方式激励学生们在课余时间加强舞蹈训练，取得显著效果。

三、增强学生自主学习舞蹈的能动性

在长期的教学中不难发现，只有学生们自主学习，教学效果才能达到预期目标。作为舞蹈老师要学会分析与揣摩学生的心理，采取鼓励教学法等各种有效的方式调动学生对于舞蹈的热爱。例如，在日常的舞蹈教学中，学前教育专业的学生因无舞蹈基础，舞蹈动作起初总是差强人意，但是作为老师要鼓励学生、赞美学生，由此激发起学习的欲望，并且要注意在最初接触舞蹈时不易教授难度较大的动作，多与学生沟通，聆听他们听到歌曲时想表达的动作，做的质量好坏不要紧，重要的是学生自己想学、努力在做，只有自己的灵魂与舞蹈动作相结合，自主学习才能达到事半功倍的效果。

四、教材编排与选定要合理

对于学前教育专业的学生而言，舞蹈教材应该具备舞蹈专业知识与舞蹈教授技巧两大部分内容，教师在选定教材时要充分考虑教材的实用性，若书籍市场无相关内容时，可向学校相关部门反映，积极组织教研室舞蹈教师进行教材编写，采用自有教材也不失为一个良好的方法，身经实战的教师更懂得学前教育专业学生在舞蹈方面需要补充怎样的知识来满足日后幼教工作的需要，这样比选定不适合的教材更能增强学习效果，为以后在幼教机构的舞蹈教学方面积累知识，提高教授舞蹈学习的技巧奠定基础。

五、改革教育方法

根据多年的工作经验，在舞蹈教学过程中特提出以下几种高效教学方法：

（1）培养学生兴趣。舞蹈对于大多数学生而言可能会感觉陌生，而音乐却是耳熟能详的，教授舞蹈由音乐出发，结合音乐的律动再教授舞蹈，学生们学习兴趣就会十分浓郁，起初的教学轻技巧重兴趣，教学效果会更明显。

（2）随性创作法。在结束一段时间的教学中，可以留出一节课的时间让学生们跟着音乐自主地做出心底的动作。美的感受总有千万种，随性创作既可以感受学生对于舞蹈的领悟，培养敏锐的听力与音乐节奏感，更能够提高学生的学习热情。

（3）视频技术教学好于完全的照本宣科。儿童歌舞的种类繁多，采取视频教学、演示教学等新型教学方式，更加生动活泼，能够有效吸引学生。

伴随着教育观念的改进、教学技术的创新与社会的不断进步，学前教育专业正蓬勃地发展着，虽然在学前教育专业舞蹈教学中还存在着诸多的问题，但是只要各位老师群策群力，不断地研究与创新，改革教育方法，加大舞蹈训练，把新课程标准的要求真正落实到学前教育专业舞蹈教学中，学前教育专业舞蹈教育必然能够高速发展并获得社会各界的认可。

第六节 学前教育专业舞蹈教学从单一走向复合的改革策略

舞蹈教学的内容要符合发展性和职业培训的原则，从学生自身发展和职业培训两个方面的目标出发。舞蹈内容要适应这一年龄阶段学生的身心发展特点，理论知识、基本动作和组合动作以及创作的舞蹈内容，都应密切联系幼儿教育和幼儿舞蹈的实际，实现学前教育专业的培养目标。主要内容有：舞蹈基本功训练、民族民间舞蹈训练、儿童舞蹈训练、舞蹈编导、舞蹈即兴和舞蹈试讲。这六方面的内容层层递进，互相渗透，将单一的舞蹈模仿类课程升级为集模仿、创新、教学为一体的复合型课程。

在高职学前教育专业的招生中，由于没有专门的面试环节或是面试时对学生舞蹈基础的要求较低，造成了招录的绝大多数学生连基本的舞蹈技能都不具备，有的甚至自身的舞蹈身体条件都不是很好；其次，由于成年人的骨骼发育早已定型，因此在柔韧性、可塑性上不能很好地适应舞蹈动作的训练，从而也给学前教育专业舞蹈教学带来教与学的矛盾和困难。因此，在教学方法上，应该始终遵循"以人为本，以生为重"的原则，逐步从单一走向复合。

一、单一的"强化型"舞蹈基本功训练向"过程型"复合训练方向改变

传统的舞蹈基本功训练基本上都是通过反复的、高强度的训练来达到扎实的基本功。这种训练能够强化肌肉的记忆和惯性,对于促进舞蹈动作的熟练有重要作用。不过在学前教育专业的舞蹈基本功训练中却出现了很多不尽如人意的情况,比如在训练过程中,很多学生由于没有基础,出现严重的体力消耗,导致肌肉拉伤、关节错位、意外摔伤或晕倒,很多学生往往就是因为身体问题才导致对舞蹈课程失去兴趣和信心。因此,"重过程、轻结果"在学前教育专业的舞蹈基本功训练中就显得更为重要了。所谓"重过程",就是要让学生系统地掌握针对儿童的舞蹈基本功训练的各种有效的、科学的方法。基本功训练当中应该注意孩子的骨骼生长、肌肉发育等。成人的那种反复、高强度的训练方法,不应照搬在幼儿的身上。可以做一些站姿、坐姿简单柔韧性的练习。所谓"轻结果",则是适当放宽对学生基本功的要求,多鼓励、少打击,让学生在一个较为轻松、活泼的环境氛围里学习舞蹈。一方面使学生掌握更加实用的知识和技能;另一方面也解决了学生因为没有基础而造成的自卑心理,实现教与学的良好促进。

二、单一的"模仿型"民族民间舞蹈训练向"情形式"复合训练方向改变

目前的民族民间舞蹈教学方法多是以模仿为主,但这种单一的模仿训练只是对教师所做动作的简单复制,缺乏对舞蹈风格的整体把握和自己的个性表现,对于没有太多舞蹈基础的学生来说是十分枯燥的。因此,采取以"情之疏导"为主、以"形之规范"为辅相结合的教学方法,消除学生"我的动作总是不好看"的心理焦虑,更快速地进入舞蹈的殿堂。

以藏族舞蹈教学为例:藏族舞蹈独特的体态动律特征是重心偏前、身体微前送或九十度的前俯,这是藏族舞蹈外在"形"的规范,在学生了解了这是漫长的封建农奴制、政教合一的政权形式,奴隶长期处于压迫状态,不停地劳作,以及喇嘛教迎合人们精神生活需要的结果之后,有了"情"的疏导,学生也就比较容易理解为什么会是这种体态动律特征了。在表演风格上,"堆谐"朴实自如,踢、踏、悠、摆、跳,潇洒灵活;"谐"优美、流畅,屈伸连绵不断;"果谐"洒脱奔放,上身有起有伏,脚下灵活多变;"卓"豪迈粗犷,踏、跳、翻甩,柔颤多变,沉稳有力,也是因为藏民族的地域辽阔,舞蹈在民间所呈现出的形式和种类才会如此繁多。教学方法的改变,不仅使学生在外在的形体表现上有了更多的"涵养"和"气度",也使学习的兴趣有

了很大的提升。

三、单一的"成人化"儿童舞蹈训练向"趣味性"复合训练方向改变

这里所说的儿童舞蹈训练是特指符合儿童心理和生理需求的，与"成人化"区别的"儿童类型"的舞蹈动作组合训练，使这部分已经成人的大学生更贴切地去感受和学习到属于孩子们的舞蹈动作，同时，也为之后的舞蹈编创积累更多的素材。儿童心理的显著特点是以形象、具体的思维为主，那么一些形象性、模仿性的舞蹈动作组合，就是重点的训练内容，比如小鱼的游、蝴蝶的飞、鸭子的走、兔子的蹦等；还有一些生活中的模拟动作：扫地、做饭、扣纽扣、梳小辫等。将这些儿童生活中动作融合舞蹈的韵律、节奏，配合欢快、活泼又有趣的儿童音乐，让学生们在一个模拟"儿童"的环境中学习，无论身体还是心灵都重新回归到了纯真无邪的儿童时代。

在形式上可以采用儿童最喜爱的"游戏"的形式。例如：将一个班的学生分成几个小组：小鱼组、兔子组、蝴蝶组、鸭子组，分别练习之后再互相换组练习，最后所有人一起完成一个综合性的"森林动物舞会"，每个人都有角色扮演，又不断地和其他同学互动。一边游戏一边舞蹈，既生动又有趣，打破了舞蹈课堂上枯燥、单一的组合训练的形式，实现了复合型的课堂教学方法，使学生能够快速地融入到未来的幼教工作中，拉近和孩子们之间的距离。

四、单一的"说教型"舞蹈编导向"循环式"复合训练方向改变

首先应从"让学生理解什么是舞蹈，什么是舞蹈编导"入手，让学生明白真正的舞蹈创作并不是动作与动作之间的简单连接，而是根据舞蹈本身表达的思想和内在结构发展变化成为外在的肢体语言。而学前教育专业的学生由于舞蹈基础薄弱，再加上中国的基础教育又普遍缺乏对学生创新思维的开发，造成大多数学生胆子太小，思维僵化。那么如何引导学生打开思路，就需要采用"循环式"复合训练方法了。例如，可以先让学生欣赏舞蹈作品，将作品主题及创作构思做简单介绍并提出问题，让学生带着问题去欣赏，之后请学生说一说各自的体会，并尝试回答问题，然后教师将动作、节奏、调度、结构等方面进行讲解，引导学生较快地进入舞蹈编导学习的状态。其次，应让学生从"舞蹈编导理论和舞蹈创作实践"两方面共同学习，使其在两者的相互作用下更加牢固地掌握舞蹈编导技能。摆脱单一的、说教型的教学方法，使学生能够边看、边听、边说、边练、边思考，形成一个循环式的、复合型的课堂教学。

五、单一的"音乐型"舞蹈即兴向"启发性"复合训练方向改变

在舞蹈即兴的教学方法上,以音乐的节奏和旋律来启发学生的方式是最直接有效的,因此在平时的舞蹈即兴教学中需要有针对性地进行一些音乐片段的练习,当学生能熟练地找准音乐节拍的时候,即兴表演就已经成功了一半。除了上面说的节奏与节拍之外,整体曲风的感觉也很重要。因此,在教学过程中就需要让学生多听古今中外各种不同风格的音乐,不要设定界限,尽可能地多听、多感觉、多想。只有这样,才能唤起学生的音乐敏感度。

除了音乐方面的练习,启发性的练习是更为重要的,让学生倾听故事或感知一个事件、一幅画、一种味道等。例如:在教学中将蜜糖、醋、盐、苦咖啡分别让不同的学生嗅闻或品尝,要求他们对此做出反应并即兴表演一段。舞蹈动作源于对生活真实的模仿,经过启发后学生有了很大的变化。品尝"蜜糖"后,有的表演可爱的小女生,也有用动作表现蜜糖那种黏黏的感觉,更有表现一种快乐的心情等。每个人都有了自己对"蜜糖"一词的个性理解,想象力和创造意识得到了激发。这种复合型的即兴训练方式,有效地避免了学生在音乐与自身感受无法产生共鸣的那种被强迫的感觉,他们感受到的激发是以多途径、复合型来尝试的,表演也就显得较为自然、真切和彻底了。

六、单一的"接受性"舞蹈试讲向"互动性"复合训练方向改变

舞蹈试讲与其他课程的试讲相比较有它的独特性:既要讲又要跳,既要看又要听,既要思考又要行动。因此,舞蹈试讲更需要教师采用多种复合型的方法来引导学生,提高能力,增强自信。

在教学方法上可以先以理论导入,让学生对于幼儿舞蹈教学有一个较为宏观的把握,其中如何写好舞蹈课的教案,是较为重要的环节。舞蹈课程属于实践类课程,学生的"跳"远多于老师的"讲",也许一个单一的舞蹈动作都需要反复练上十几遍甚至几十遍,一节课的内容可能并不是很多,但是出现的问题可能就很多了。因此,教师在上课之前就应该预见到一些常见的问题,有针对性地进行准备,那么在教案里需要重点突出的是舞蹈动作的基本要求,动作的难点以及如何去解决难点的方法,学生在练习过程中应避免出现的问题,将一些舞蹈中惯性的"毛病"扼杀在摇篮中。有了理论的铺垫,接下来的试讲以"互动"的方法来进行,这就需要教师和学生角色的转换。例如:让每个学生都做一回老师,按照各自写的教案去真正地上一节舞

蹈课；自己去体会一下究竟在哪方面最为欠缺，哪方面较为自信。班上其他的同学则配合着做学生，试讲结束后由"学生"向"老师"提出在上课过程中出现的问题，不仅可以让"老师"较为客观地了解自己在上课过程中出现的问题，同时也为自己的试讲做了"备案"，避免出现重复的错误。大家讨论完之后老师再总结问题并给予中肯的意见和建议。在这种良性的竞争中，学生的积极性被极大地调动，试讲也会一次次的完善和成熟，从而摆脱单一的说、听的枯燥方式，形成一个"说、学、演、练"的复合型的授课方式，使学生快速地融入到幼儿舞蹈教师的角色中，为将来的幼儿教师工作打下坚实的基础。

学前教育专业舞蹈课程的美育功能对于每一个学前儿童在认识生活、认识世界，在世界观的形成上所发挥的独特作用，是学前教育阶段的其他课程都无法取代的。对于学前教育专业的学生来说，采用科学的教学方法以提高学前教育专业舞蹈课程的教学质量，打破固有传统的教学模式，摸索一条最适合学前教育专业舞蹈教学的思路，一直以来都是很多舞蹈教育者思考的问题。单一的教学内容和教学方法往往使学生无形中形成一种依赖性，只习惯听老师讲，模仿老师做，独立思考的时间少，学生的潜能不能够很好地发挥和挖掘。因此，学前教育专业的舞蹈课程无论是教学内容还是教学方法都应逐步由单一走向复合，应全力将学前教育专业的学生打造成为复合型的专业人才，成为更适合未来幼儿园教育的优秀教师。

第七节　分层教学法在高职学前教育专业舞蹈教学中的运用

随着社会的发展，我国学前教育事业改革不断走向深入。目前，全国幼儿师范学校已经基本上升格为大专及以上层次，这对学前教育专业的学生素质提出了更高、更严格的要求。作为未来的幼儿教师，舞蹈专业技能是学前教育专业学生基本素质的重要组成部分，但是因为现在高职院校的学生要么来自普通高中，要么来自职业高中幼师专业，他们在舞蹈基础上存在着很大差异。普高的文理生文化基础较好，理解能力强，但舞蹈对他们来说还是第一次接触，基本上没有什么基础。而职高学生已经接受过舞蹈课程的学习，虽然在理论知识上还缺乏系统性，动作上还不太规范，但是毕竟有了一定的舞蹈基础，学习起来相对容易得多，但是他们的文化基础知识比较薄弱，如果将来想在舞蹈上有所造诣，文化知识迟早要成为制约他们发展的一个重要因素。这两种不同来源的学生在舞蹈和文化知识方面存在着很大不同，因此必须对他们实行分层教学，只有这样才能真正做到因材施教，充分调动起学生的学习积极性和主动性，引导他们积极热情地投身到舞蹈的学习中来。

一、分层教学的定义

分层教学法是指教师根据教学大纲的要求，对不同层次的学生设计出不同的教学目标、教学内容、教学方法，既重视教学中的统一目标，突出教学要求的一致性，又要注意学生的个体差异，突出教学目标的层次性。根据分层教学的定义，分层教学要对学生、教学目标、教学内容和教学方法进行分层，既照顾到整体，又注意学生的个体差异，真正做到因材施教。

二、分层教学的优势

（一）满足了不同学生的需求

分层教学适应了不同学习基础、特点的学生的需求，使每个学生都能在原有的基础上最大限度地得到提高，在一定程度上缓解了传统教学搞一刀切，优生吃不饱、差生吃不了的问题，真正实现了早在二千年前孔夫子就提出的"因材施教"的教学设想。

（二）有助于教师成为研究者

教学工作是一项培养人的工作，教师面对的是几十个充满个性差异的有思想、有头脑的活生生的人，教学活动就充满了很多不确定因素，教师要创造性地运用所学知识和技能来塑造学生、教导学生。在传统的教学中，教师只是把学生看作一个被动接受知识的容器，在备课时只考虑自己怎样去教，没有很好地备学生，教师的角色只是把知识从书本塞到学生脑中而已。而分层次教学模式，教师需要研究学生，根据他们的基础、特点来分层次地教。教师要站在客观的角度，研究自己的学生，他们学到什么程度，有什么需求，每个层次的学生要达到什么目标等。所以，分层次教学不只是简单地把学生分层就可以了，它实际上是"学生为主体、教师为主导"的新型教育理念指导下的一种具体的操作模式，是因材施教教学思想的具体实施，内涵十分深刻。

（三）学生的学习压力有所降低，大大激发了学生的学习兴趣

舞蹈学习是非常辛苦的，学生不仅要掌握基础的舞蹈理论知识，还要苦练基本功，学生的压力本身就很大，再加上来自教师、班里优秀学生、考试的压力，学生真是苦不堪言。这样，本来优美的能给人带来愉悦的艺术舞蹈反而成为套在学生身上的沉重的锁链，久而久之，学生就会对舞蹈的学习产生畏惧和厌烦的心理。而实行分层次教学后，每个学生都能根据自己的基础和实际需要制定教学目标，选择教学内

容和学习方法，因而学生的学习压力大大降低，也激发了他们学习舞蹈的兴趣。

三、分层教学在高职学前教育专业舞蹈教学中的具体应用

（一）根据学生的基础和特点，对他们进行分层

高职院校学前教育专业的学生主要来自普高和职高的幼师专业，他们的舞蹈基础相差很大，采用传统的一刀切的教学模式是行不通的，必须实行分层教学。分层教学的第一步就是根据学生的基础和特点进行分层。要打破传统的以学生综合成绩或文化课成绩为标准的分班模式，而是根据学生的舞蹈基础、学习程度、爱好特长等进行分班。分班之后，还要在班级之内根据同样的标准把学生分成高、中、低三个层次。这个分层应该是动态的，因为学生在经过一个学年的学习后，肯定会产生较大的差异。

（二）教学目标分层

传统的教学中，教学目标是统一的，这样既粗糙也不利于不同层次学生的学习，因此需要对教学目标进行分层。

首先是不同年级教学目标的分层，这在传统教学中也是存在的。一年级学生学的是专业基础课，这是必修课，虽然学生分为职高组和普高组两个层次，但是都需要让他们掌握舞蹈的基础理论知识、舞蹈的表演技巧以及幼儿舞蹈的编排方法，只不过在程度上要求上会有所不同。到二年级时要再次分班分层，这时要以培养学生的综合能力为目标，要把理论和实践结合起来，要注重教学内容的实用性和针对性，要在学生打好基础的基础上充分挖掘学生的特长，打造学生的艺术特长，让每个学生能精一通多，以适应现代幼儿教育对教师的要求。

其次，在备课时，教师也要在教学目标的制定上实现分层，既照顾到整体教学目标，也要有分层目标。比如对原职高升上来的学生的舞蹈知识和动作目标就要制定得高些、严些；对从普高来的学生相对就要低些，让他们先学会一些基本的动作要领。

再次，对同一个班高中低三个层次的学生也要分别设置不同的教学目标。笔者试着在舞蹈教学中对一个班级制定了三个层次的教学目标，即基础性目标、发展性目标、提高性目标。基础性目标是每一个学生都能够而且必须达到的目标，因为基础性目标是作为一个舞蹈专业的学生应该掌握的基本动作和舞蹈理论。发展性目标是一些学有余力的学生在完成基础性目标的情况下对知识的进一步拓展和应用。提高性目标是对一些成绩优异、有发展潜力的学生制定的，他们的舞蹈动作不仅要标准，而且要有艺术的美感，要有内涵有底蕴有情感的融合，他们的舞蹈知识将

更加系统化，而且能够灵活运用和调遣，能做到理论联系实际。另外，需要注意的是，教师最好在课前把不同层次的教学目标写在黑板上，鼓励学生由易到难一个个地实现。对于学得不好的学生不能打击，不能让他们产生自卑的心理，要多鼓励他们不断挑战自己，尽可能地比原来有所进步。

（三）教学内容的分层

对舞蹈专业来说，教学内容主要包括理论和实践两大块，而且涉及的内容很多，比如理论上就有舞蹈的编创理论和技巧、舞蹈的艺术结构、舞蹈作品分析、舞台调度、舞台美术等；实践上有形体的训练、民族民间舞蹈的训练等。而且，如何把理论和实践结合起来，创造出趋于完美的舞蹈艺术也是非常重要的一环。教学内容很多，而且具有很大层递性和系统性。针对目前幼儿工作岗位对幼师的实际要求，高职学前教育专业的学生在舞蹈上应具备"编"和"演"的能力。如何根据这一要求选择教学内容，并且根据不同层次的学生制定不同的教学内容，是实行分层教学的一个重要环节。

1.不同教学年级教学内容的分层

（1）一年级第一二学期的教学内容

舞蹈课程是学前教育专业学生必修的专业基础技能课程。一年级的第一二学期无论对于职高班还是普高班的学生，舞蹈课程的学习的是必需的。通过学习，学生要初步掌握舞蹈的动作特征、基本形态和舞姿特点，还要了解幼儿的一些心理和生理特征及他们的生活规律和思维活动。在此基础上，根据幼儿的年龄特点编排适当的幼儿舞蹈，并能组织幼儿进行舞蹈活动。在这一阶段，教学内容的选择要围绕着学生规范的形体、基本动作、基本节奏、基本协调和幼儿舞蹈的编排进行。普高班的课程内容和职高班的基本相同，只是在程度上能稍微浅一些。

（2）二年级舞蹈教学内容

二年级在教学内容上主要进行的是舞蹈基础综合训练和民族民间舞蹈的学习，也就是把基本的舞蹈动作综合成一个舞蹈节目，并掌握一定的舞蹈技巧，另外还要对各个民族民间舞的基本动作和风格有一定程度的了解和掌握，并能适当地运用于幼儿舞蹈的编制中。这些舞蹈能很好地训练学生身体的协调性和灵活性，提高学生的鉴赏能力和表现能力，为他们将来的舞蹈教学和舞蹈编排打下良好的基础。

2.学生学习内容的分层

对于不同层次的学生，学习的内容也应该有层次。比如在一年级基础阶段的学习中，普高班和职高班的学生在学习内容上应该保持一致，因为这是舞蹈专业学的最基本的技能，每一个学生都要求掌握，只是在掌握的程度上，普高班的学生应该相对浅一些。对于同一个班不同层次的学生，在教学内容的安排上也要分层。对于学习较差的学生，只要求他们掌握最基本的知识和动作要领就可以了，对学有余力的学生可以给他们安排更多的教学内容。

（四）教学方法的分层

对于不同基础、不同性格的学生群体，在教学方法的选择上也应该分层进行。对于基础较弱、学习积极性不高的学生，主要以激发他们的学习兴趣为主，应该降低教学难度，培养他们学好的自信心。对于基础较好且爱好舞蹈的学生，更多的是教给他们学习的方法、训练的技巧，以帮助他们在最短的时间内学到最多的东西，提高教学效率。

（五）教学评价的分层

教学评价的分层也就是对不同层次的学生采用不同的评价体系，不像传统的教学那样，所有的学生按一个标准产生的分数来定成绩，这样容易抹杀学生之间基础的不同，打击学生的积极性。实行分层教学评价后，学习差的同学也能通过自己的努力得到相对较高的分数。需要注意的是，分层教学评价体系是以分层的试卷或者考评内容为基础的，而且要制定一套科学合理评价体系，真正能反映不同层级学生的学习情况。

四、实施分层教学后出现的问题及解决的对策

（一）C层学生的自尊心容易受到伤害

实行分层教学虽然有利于对学生进行因材施教，让每个学生都能在原来的基础上都得到最大限度的发展，但实际上也明显得将学生分成了三六九等，很容易伤害C层学生的自尊心。C层学生总认为自己在差班，觉得低人一等，不仅有很强烈的自卑心理，而且丧失了上进心，甚至产生自暴自弃的心理。因此，教师要尽量保护C层学生的自尊心，让学生明了实行分层教学是为了他们能够跟得上教学进度，是为了让他们提高进步得更快。教师在实行分层教学时一定要做得不显山不露水。比如在三层教学目标的实现上，很多教师还没讲课，还没让学生尝试，一上课就让学生自己根据实际情况进行教学目标的选择，这其实也就在让学生自己来选择自己的等级，不仅会伤害学生的自尊心，久而久之，还会让学生产生自己天生不行的想法，不向更高的目标挑战。较好的做法是教师不动声色地一步步地由浅入深地加大教学目标实现的难度，对难以达到目标的学生可以鼓励他们尝试，做得不好也要表扬他们的勇气。

（二）加大了教师的工作量

在传统的教学模式中，教师有统一的教学目标、内容、方法，但实行分层教学后，教师要对不同层次的学生制定不同的教学目标、内容，实行不同的教学方法，这样就大大加大了教师的工作量，也对教师提出了更高的要求，他们要了解班里每个学生的学习情况、性格爱好，只有这样才真正能做到因材施教。因此，分层教学一方面要尽可能地实施小班教学；另一方面，教师也要不断地学习，提高自己的业务能力，尤其是对分层教学，不仅要学习它的教学模式，更重要的是要了解它的精髓。教师要通过理论学习、向其他老师请教以及自己的实践，摸索出一条行之有效的分层教学模式。

综上，对于高职学前教育专业学生舞蹈课程实行分层教学能激发学生的学习积极性，使每个学生都能在原先的基础上学有所得，非常适合目前我国高职学前教育专业学生来源层次不同的现状。当然，分层教学并不简单，在理论上有很深的内涵，体现了现代教育"教师为主导，学生为主体"、"因材施教"等新型的教育理念，在实践上实施起来也有很大的难度，对教师的要求也比较高。因此，需要一线的教育工作者认真学习，不断探索，以真正突显分层教学的优势。

第八节 高职学前教育专业学生舞蹈学习困难的原因及对策研究

一、高职学前教育专业学生舞蹈学习困难的主要原因

1. 基础薄弱

高职学生年龄比中专生自然增大，已进入成人阶段。几乎所有学生在孩童或少年的最佳舞蹈训练时期都没有经过较为系统的舞蹈训练，有的甚至从未接触过舞蹈。究其原因，一方面是稍有特长的学生一般都考入专门的艺术院校相应专业；另一方面是与多年来我国应试教育的体制有关。从舞蹈训练的角度来说，成人的骨骼生长发育已经基本定型，在柔韧性、软开度等方面的可塑性大大降低，因此，舞蹈训练课存在着老师难教、学生难学的情况。如果学生学习遇到较大的困难，由于反复练习后某些技术动作仍未能掌握，势必产生畏惧心理，在行为上就必然导致对舞蹈课应付了事，不利于提高教学质量。

2.身体条件局限

舞蹈是以人体为物质媒介的,舞者必须以自己的身体为工具来表现舞蹈艺术,所以,舞者本身的条件成为非常重要的因素。高职学前教育专业学生,无须经过舞蹈专业条件的选拔,身材比例不一定都能达到合格标准,即"三长一小"(脖子长、胳膊长、腿长和头小)的要求,骨骼造型、肌肉弹性等方面也不一定都符合理想标准,因此,他们在学习和表现舞蹈方面就会受到局限。如果不考虑这种客观现实,要求过低,或在学生面前太多地强调身体因素,容易使条件特别差的同学产生自卑心理,从而放弃对舞蹈课的兴趣和努力。

二、解决高职学前教育专业学生学习舞蹈困难的对策

(一)从高职学前教育专业的特点出发选编教材

高职学前教育专业舞蹈课与专业舞蹈课截然不同。专业舞蹈课是以培养舞蹈演员为目的,是为了他们掌握表演技能,在舞台上准确地塑造人物形象,从事专业的舞蹈表演。而高职学前教育专业的舞蹈课是为了培养学生艺术修养和审美意识,教学重点应放在对舞蹈风格的掌握以及舞蹈动态美、动作的协调性等方面,并从中体会出舞蹈内涵、精神和审美。高职学前教育专业通常每周只有2~4节舞蹈课,如果把精力集中在学习某个高难动作上,很难有时间学习更多的基础知识。因此,舞蹈教材的选编应针对他们的年龄特征,善于发现和利用他们学习舞蹈的有利条件,应该看到他们具备较高的文化知识和分析问题、解决问题的能力,学习自觉性比较强,精力集中,理解能力好,记忆力强的特点。还要注意到,学前教育专业培养的是承担幼儿和少儿教育的教师,因此,使他们在接受专业教育的同时受到舞蹈教育的熏陶,这对他们的成长和将来的工作将大有益处。要结合这些实际情况,科学地选编好教材,实现全面发展、开发智力、提高审美情趣和艺术修养的教育目的。

(二)把形体训练、幼儿舞蹈作为教学的主要内容

高职学前教育专业学生学习舞蹈的目的,一是了解和继承我国民族民间舞的优秀作品,掌握其特点和提高鉴赏能力;二是通过对舞蹈组合的学习,提高自身部位的灵活程度,加强四肢密切配合,使舞蹈动作更加协调统一,寻找美感,增强舞蹈的感染力。形体练是以人体科学为基础,通过徒手或器械练习,锻炼健康体魄,塑造优形体,训练仪表仪态,是根据学生的体能及形体特点,以提高学生的体质和形体素质为主导,改善和雕塑身体形态,培养高雅的气质和风度为目标。由于学前教育专业的学生毕业以后主要面向学龄前儿童,根据这一特点,在校期间的学习应该

以儿童舞蹈为主,才能为以后的工作打下良好的专业基础。

具体教学中应该选择那些在我国影响大、普及面广、群众喜闻乐见的经典性的舞蹈组合,还有就是那些具有独特风格、大学生能够掌握的组合,以及表演中虽然存在着薄弱环节、但通过训练能够解决的组合,例如新疆维尔族舞蹈,要求舞蹈者的身体各部位动作同眼神密切配合、传情达意,从头、肩、腰、臀到脚趾都有动作,昂首、挺胸、直腰是体态的基本特征,通过动与静的结合、动作大与小的对比,移动性、翻腕等装饰性动作的点缀,形成了热情、豪放、稳重、细腻的风格韵味。这样的舞蹈组合是高职学前教育专业学生形体训练的好教材,对提高他们在表演中手、眼、身法的配合是非常有效的。

(三)创新教学方式、方法是提高教学质量的根本保证

1. 注重基本教学方法的探索

在舞蹈教学中,师徒传承式的教学方法沿袭至今,成为舞蹈教学的基本模式,但一成不变的"我教你学"、"我说你听"的单边注入式教学在很大程度上抹杀了学生在教学活动中的主体地位,限制了学生主动性的发挥,压抑了学生的创新精神。为了打破舞蹈教学中这种"一言堂"格局,应该对传统的教学方法进行改革。

讲解动作。上课离不开"口传",即口头传递,它包含讲述、解释、思想渗透等多方面含义,无论是教授新动作,还是复习老动作,舞蹈教师都要通过讲解或伴以讲解,如动作名称、动作要领、动作规格和标准等。

传递知识。课堂教学的过程中,舞蹈教师免不了有许多提示和讲解。在学生练习动作过程中,教师会不时发出许多指令、提示或评论。学生把教师的话连同音乐一起接受过去,这不仅是对学生感官的全面锻炼,同时还对学生传授了各种舞蹈种类的知识,也包含了与其他舞蹈种类的比较,以及对音乐的理解与感觉等。

渗透思想。所谓思想,包括世界观、品德、艺术观和个人素质的标准。这方面往往不是教师有意准备的,而是下意识地外露,比如在学生迟到,不按规定穿戴练功服、舞鞋,不听老师讲话等违反纪律的现象时,教师是否会有所表示,如何评价,是否会伴以不同的表情等,在同学之间发生矛盾、争执等情况时,教师会以怎样的言语说服学生。每每这种时候,教师的品格、为人,对事物的看法与处理技巧,包括习惯性的语言等,都会渗透给学生。

2. 利用多媒体辅助课堂教学

舞蹈是一种表演艺术,它的材料和工具是人的身体,其艺术形象是通过人体有韵律的运动来塑造的。在教学过程中,舞蹈的风格韵律、情感等内涵的东西是教师很难用语言向学生表达清楚的。如果教师教学方法不当，示范动作欠准确、规范，就会严重影响学生的学习质量和教学效果。利用影视教材则可以通过直观、形象、生动的画面准确地表达教学内容，使学生获得充分的感知，激发学习兴趣，加深理解和记忆。另外，它可重复再现的功能优势，为学生提供了模仿动作和对照练习的有利条件。

在示范教学中，电视教学能不受现实条件的限制，超越时空将学生带入另一个理想的教学环境。在训练和练习时学生能通过操作"快进""慢放""定格"将需要了解的某一过程或某一动作进行反复观摩和推敲，能取得事半功倍的教学效果。

影视教材对扩大学生的视野也起到很大的作用，可以更加方便地观摩与教学内容相关的舞种，加深对所学内容的理解。如古典舞《木兰归》、民族民间舞《奔腾》、芭蕾舞《天鹅之死》等，一边欣赏一边向学生讲述其创作时间、表现内容、形式结构、情感体现、风格特点、动作节奏、舞台调度、服装舞美、道具运用、音响效果等，让学生开阔眼界，认识到舞蹈蕴含了丰富的人性美、音韵美、人体动作美、队形美等，加深学生对舞蹈的认识，增强学习兴趣。

需要提及的是，舞蹈教学不能一味地依赖于多媒体、影视教材，舞蹈课不能等同于电视电影的欣赏课，它仍然要与教师的讲解相结合、与学生的练习相结合、与教学反馈相结合，只有这样才能真正地提高舞蹈教学的效率和质量，才能有力地推进教育改革向纵深发展。

（四）营造良好的舞蹈学习环境和氛围

从社会角度讲，任何一个社会成员的思想、情感、性格、行为等都是在一定的社会环境中培养的。

1.创设丰富多彩的校园文化生活

良好的学习环境能形成对学生潜移默化的感染作用。学校是一个文化交流和传承的地方，通过建设优美的校园环境，形成良好的校园物质文化和精神文化，使学生在深厚的校园文化氛围中增进身心健康、拓展视野。其次，广泛开展适合学前教育专业学生特点的第二课堂，让其置身于各种丰富多彩的活动中，并努力进行自我完善、自我实现，必然会从中感受到成功与自信、挫折与进取等多种情感体验，从而使他们能更客观地认识自己，找准自己的专业坐标。

2.利用舞蹈教学环境让学生感受舞蹈的美

（1）舞蹈教师要有一定的审美观。一个美好的有活力的舞蹈教师形象，不仅会使学生产生对教师的信任感，增强对舞蹈学习的动力，而且还会使其潜移默化地受到美的熏陶。所以，舞蹈教师更要注重个人的教学仪态、教学语言和教学气质。

（2）创设优美的教学环境。优美的舞蹈教学环境应体现在听觉环境和视觉环境的优美，并且两者之间是和谐与统一的关系。舞蹈教师优美的舞姿、伴奏音乐优美的旋律、明亮清洁的教室都能带给学生对舞蹈无限的神往及对未来从事幼儿舞蹈教师职业的美好憧憬，更能激发他们在校期间学习舞蹈的热情和欲望。

总之，研究高职学前教育专业学生学习舞蹈困难的原因及对策具有十分重要的意义，但又是一项艰巨而复杂的工程。教师应全面了解自己的教育对象，运用科学的教育方法，创设最佳的教育环境和氛围，因材施教，激发学生学习舞蹈的兴趣，使之成为新世纪所需要的全面发展的幼儿教师。

第九节　提升高职学前教育专业学生幼儿舞蹈编创能力的策略

随着我国经济社会的不断发展，对于学前教育的重视程度也是与日俱增。在学前教育阶段，幼儿对舞蹈有了初步的接触，因此，舞蹈课是高职院校学前教育专业开设的必修课之一。对于一个合格的幼儿教师而言，扎实的舞蹈基本功和舞蹈创编能力至关重要。这就要求高职学前教育专业不断提升教学质量，源源不断地输送合格且符合社会要求的学前教育人才。

一、高职学前教育专业舞蹈教学分析

（一）培养目标

高职学前教育专业舞蹈教学的培养目标主要如下：第一，通过专业的训练让学生收获挺拔的身形体态，对于我国大部分常见的民族舞的基本动作有一个较为初步的掌握。同时，通过学习，具备一定的舞蹈创编能力；第二，具有一定的舞蹈审美能力，能够通过自己的视觉去判断一个舞蹈作品的好坏与否；第三，由于面对的教学对象是学龄前儿童，因此，学前教育专业的学生还必须具备一定的歌曲演唱实力，能够在实际的教学过程中进行边唱边跳的教学；第四，能够指导幼儿进行舞蹈学习，并对幼儿在舞蹈中表现出来的各种能力和素质进行综合性的评价；第五，作为幼儿园教师，必须能够胜任相应的教学任务，并能够帮助其他教师完成相应的课外活动。

（二）教学意义

舞蹈课程是高职院校学前教育专业学生的必修课之一，是学前教育专业综合体系中一个重要的组成部分。通过舞蹈课程的学习，学生掌握了舞蹈表演、儿童舞蹈创编、舞蹈动作示范等多方面的内容，并且在学习的过程中有效地提升了自己的专业素养和专业技能。

二、高职学前教育专业舞蹈创编教学现状

（一）教学内容

在教学内容上存在的不足主要体现在以下几个方面。第一，对于民族舞蹈教学过于重视，忽视了其他舞种的教学。目前，在很多高职学前教育专业舞蹈教学中，民族舞蹈的教学时间和内容所占的比重都十分巨大。长时间学习民族舞蹈，学生的学习兴趣自然无法有效提升。第二，教学的内容过时陈旧。时代在不断进步发展，但是舞蹈教学的内容却多年来保持不变，芭蕾舞、古典舞、民族舞是教师进行教学的绝大部分内容。而对于现如今流行的新型舞种，教师在教学中则鲜有涉及。

（二）教学方法

在教学方法上存在的不足主要体现在以下几个方面。首先，大部分教师使用的教学方式都很单调，无非就是教师先将需要教学的舞蹈动作进行示范和讲解，让学生在明了之后对其进行模仿即可。这种教学方式忽视了学生的需求，学生在学习的过程中显得十分被动，也十分不利于自主学习能力的提升。其次，教师对于学生课余时间的利用程度不足。根据笔者的调查，大部分舞蹈教师都希望自己传授的知识学生能够利用课堂时间进行消化。但是实际上，单单依靠课堂那丁点儿的时间，学生想要消化全部的知识是很难的。其实教师应该善于利用学生的课余时间巩固自己的教学成果。

（三）教学形式

在教学形式上存在的不足主要体现在以下几个方面。第一，教学的形式十分单一无趣。在舞蹈教学中，教师通常喜欢采取小组教学的方式，且这个小组的成员几乎都是固定不变的。这种小组教学的模式固然有着一定的优越性，但是在这种模式下，素质好的学生始终能够得到教师的关注和充分的锻炼，而素质较差的那部分学生则始终得不到相应的关注，始终无法提升个人能力。第二，教师的教学形式往往多年不变。学生在成长、在进步，但是教师却年复一年地使用着一成不变的教学形式，让学生产生严重的"审美疲劳"，对于教师的教学，学生仅存的那丁点儿兴趣也渐渐

变得荡然无存。

（四）教学评价

在教学评价上存在的不足主要体现在以下几个方面。首先，在高职院校中，相应的舞蹈考试的内容十分传统。一般情况下，大部分的学校所涉及的考试内容都是考察学生的舞蹈表演技能等方面，主要考察的范围是不同民族舞蹈的表现形式。而对于很有实践意义的幼儿舞蹈创编方面的考核，学校则很少有所涉及。其次，舞蹈考试的成绩往往是"一考定终身"。换言之，大部分学校都是以期末考试成绩为主，辅之平时的出勤率即可。对于学生在平时课堂的表现，则显得评价不足。这种单一片面的评价机制使得学生认为只要平时按时上课，最终参加期末考试即可。对于在平时学习中的学习态度等则显得不屑一顾。这种考核方式对于那部分基础不是很好，但是在平时表现却十分积极努力的学生而言十分不公平。最后，现有的评价机制几乎都是以教师为主体，教师认为好的学生就是好的，学生在评价方面完全没有任何发言权。这种"一边倒"的评价方式过于强调教师的权威性，很少站在学生的立场上进行思考。可想而知，最终的评价效果也往往是不尽如人意的。

（五）教学实践

在教学实践方面存在的不足主要体现在以下几个方面。第一，在教学中，教师对于学生舞蹈表演的技能提升显得不甚重视，甚少为学生提供舞蹈观摩或者是上台进行舞蹈表演的机会。就算学校有一些与舞蹈相关的活动，但是教师往往都显得漠不关心，教师的这种态度直接"传染"给学生，使学生也不热衷参加学校的各种活动，而只能通过参与活动才能积累到的实践经验，学生几乎无从获得。第二，教师对于教育实习显得不够重视。对于学生而言，教育实习是一个非常重要的学习环节，通过教育实习，学生完成相应的查漏补缺工作，以便于以后更加顺应社会的需求。但是由于学校和教师的不重视，学生最终所经历的教学实习往往形同虚设，如同走一场形式而已。

三、提升高职学前教育专业学生幼儿舞蹈编创能力的策略

（一）熟悉幼儿心理特征

想要提升高职学前教育专业学生幼儿舞蹈编创的能力，了解并熟悉幼儿的心理特征是基本前提。在教学中，只有以幼儿心理为基础的活动才能充分激发幼儿的学习积极性，让舞蹈成为他们喜爱的一种教学形式。目前，在幼儿园阶段内，幼儿的年龄跨度比较大，不同年龄阶段的幼儿有着不同的生理和心理特征，其相应的接受能力

和认知能力也存在着较大的差异性。学前教育专业的学生应该结合不同阶段学生的特点开展具有区别性的幼儿舞蹈创编教学活动。同时，在这个过程中，学前教育的学生还应该仔细观察生活，深入挖掘幼儿在生活中表现出来的种种情绪和心理特点，将这些点滴的内容积累起来，最终成为自己的编创素材。这种生活中丰富的积累能够有效地防止幼儿教师的编舞过于成人化，才能有效地吸引幼儿的学习兴趣。

（二）提升知识与舞蹈专业修养

学前教育专业学生具备专业的舞蹈修养和技能也是提升幼儿舞蹈编创能力的一大"利器"。只有具备了这些，才能在课堂教学上游刃有余，让学生系统地学习舞蹈的各种知识理论。在高职学前教育专业具体教学环节中，教师应该让学生充分了解幼儿舞蹈创编的基本规律及特点，并能够通过自己的努力独立完成幼儿舞蹈的创编工作。

（三）改革考试并重视实践

为了提升高职学前教育专业学生幼儿舞蹈创编的能力，改革相应的考试内容并重视实践环节也显得尤为重要。在传统的考试环节中，以往只注重学生的期末考试的成绩，对于学生实践能力的考察则显得很不到位。因此，在新形势下，必须扭转这一教学现状。在考试中，将学生的考试表现和平时实践表现进行相互结合，通过全方位考核让学生成长为一个具有综合素质的人才。在具体操作中，将考试细分为舞蹈基础内容考试和实践教学内容考试。对于实践部分的考试，由于没有真正的幼儿授课对象，可以让一些同学进行相应的情景模拟，并在模拟教学的过程中写出自己的教案，选择适合自己又适合幼儿的舞蹈教学方法。通过这样的考核方式，学生的舞蹈创编能力得到有效提升，进行教学的综合素质也得到了质的飞跃。

（四）选取与幼儿相符的题材

在进行幼儿舞蹈创编过程中，所选取的题材应该与幼儿的生活学习息息相关。舞蹈的创编不应该脱离生活，而是应该源于生活。一般而言，幼儿舞蹈题材的选择可以从以下几个方面入手。第一，题材的选择从幼儿的生活入手。学前教育专业的学生可以亲身走进幼儿园，观察幼儿的日常生活，真正发现和体会幼儿的所感所想，站在幼儿的角度上捕捉幼儿生活中的小情趣，进而收获更多的舞蹈创编素材。第二，幼儿舞蹈的题材也可以来自于大自然。大自然是幼儿接触最为频繁的内容，将这些内容融入舞蹈创编中更加有利于幼儿学生接受和理解。例如，教师就可以为学生创编一个名叫《蝴蝶》的舞蹈。蝴蝶是幼儿在大自然中常见的一种小生物，蝴蝶翩翩起舞形象的动作有利于学生进行模仿也很容易激发学生的学习欲望。很显然这种与大自然相互贴切的舞蹈创编是很"接地气"的。

（五）选择适合幼儿舞蹈特点的音乐

在进行幼儿舞蹈创编过程中，所选取的舞蹈音乐也必须符合几以下几方面的要求。首先，舞蹈音乐要与舞蹈情绪和舞蹈内容相一致。任何脱离了舞蹈本身的音乐再动听、再悦耳也不适合。其次，所选取的音乐节奏要与舞蹈的动作相一致。只有节奏一致音乐的配合才能让幼儿在进行舞蹈学习的过程中做到动作整齐划一，利于幼儿情感的表达。最后，所选取的音乐品质必须是高质量的。只有高质量的音乐才能让幼儿在舞蹈的过程中感受美、表现美，并且传递美。

（六）编排适合幼儿舞蹈的动作

舞蹈的第一要素即为舞蹈动作，舞蹈动作选择得不恰当是很多学前教育专业学生容易犯下的错误。第一，幼儿舞蹈的动作必须适合于模仿。因为模仿是此阶段幼儿学习的主要特征。第二，舞蹈动作可以从多民族的舞蹈中吸取灵感和精华，将其进行适当改编后成为适合幼儿学习的舞蹈。

想要提升高职学前教育专业学生幼儿舞蹈的编创能力，需要学校、教师和学生齐下功夫方能完成。教学中，以幼儿各种基本特点为教学前提，让教学的过程更加具有针对性且有的放矢。通过系统化的学习，学前教育专业学生才能具备过硬的教学能力和素质。

第十节 奥尔夫音乐在高职学前教育专业舞蹈教学中的理论与实践

一、奥尔夫音乐的发展历程和课程特点

（一）奥尔夫简介

奥尔夫的全名是卡尔·奥尔夫，他非常有创作天赋，创作了很多的音乐作品，像《卡尔米拿·布拉娜》就是他的作品。同时，他对音乐教育也有着自己的想法，并编写了《学校音乐教材》这本书。这本书体现出来的教育理论对当时的社会简直是一个冲击，此理论也成了目前社会上最具影响力的音乐教育理论之一。奥尔夫本人非常有才华，曾经改编了许多的钢琴曲，他的作品中也包含了各种曲风。奥尔夫的作品大部分从民间生活和神话故事中寻找灵感，并愿意将其他领域的艺术与音乐进行结

合。奥尔夫曾经建立了一个学校，取名为京特学校，从这个学校中出来的人们基本成了下一批音乐师资和从事音乐的专业表演者。奥尔夫本人在这所拥有体操、舞蹈和音乐的学校里从事了教育方面的工作，并在此期间编写了独创教材《学校儿童音乐教材》，这本书将他本人的观点淋漓尽致地表达了出来：将音乐通过一些有形的表达方式表现出来；结合音乐和音乐教育，让两者共同发展。奥尔夫本人不喜欢局限在自己的国家传递自己的想法，所以他选择去世界各地去讲解和演说，这种做法又进一步地提升了他的知名度，他的想法也被更多的人接受。

（二）奥尔夫音乐在各国的发展历程

奥尔夫音乐在美国风靡一时，它的应用遍布了各种领域，不只是音乐教育，它使得这一理论有益于老年人、残疾人和幼儿。奥尔夫音乐教育体系自20世纪60年代在美国开始盛行，迄今为止，奥尔夫音乐协会的成员遍布美国，影响力仍然继续升温中。中国改革开放后，在我国知名的音乐人与奥尔夫先生的交流后，这股新思潮开始涌入中国人的大脑。由于时代的限制，当时的中国对于奥尔夫理论并没有足够的应用。而到了近些年，国人对奥尔夫音乐理论越来越重视，在国内开设了音乐舞蹈教室，同时奥尔夫专业委员会参与了我国教育部门组织的"艺术课"标准的讨论和制定。

（三）奥尔夫音乐的课程特点

一是具有以人为本的教学理念。奥尔夫音乐的特性脱离不开创作者本人所坚持的信念，奥尔夫主张增强个人的综合素质，而不是将每个参与奥尔夫音乐的人都成为音乐家，音乐的练就不是一个人要达到的目标，而是想要成为成功人士所要使用的手段。奥尔夫音乐追求的是各个国家艺术的融合，同时在传播过程中也体现出了它的包容性。二是保持原有的音乐教育的特性。每个参与到奥尔夫音乐的人，不能仅仅是听众，而是要在享受乐曲的过程中体会到原本的音乐，即它是舞蹈、语言和音乐的综合体。倾听是学习的首要步骤，有了倾听才能将最真切的东西放到脑子里，不懂得倾听的人是不会有进步的，因为第一步都走错了，下一步是不会走对的。通过倾听进入脑子里的东西结合自身具备的世界观、价值观、生活背景以及对音乐的感悟，就可以产生出一种更新的属于听者本人的音乐。这种感悟对于音乐教育来说是至关重要的，所以在日常的音乐教育中要充分体现出情感的交流和音乐再创造。奥尔夫音乐的倾听者不仅仅要去听奥尔夫音乐的声音，还要去想着它周边的舞蹈和语言。三是重视音乐节奏。奥尔夫认为节奏是音乐的基础，它与人的心理和行为有着不可分割的关系，人们可以利用这种统一来培养儿童的节奏感，使他们很快速地接受新鲜事物，提高学习的乐趣。对于音乐来说，节奏就是生命，不同的曲风拥有着不同节奏，而曲子之间寻找同类与否的时候，并不是看音乐的词、配合的舞蹈或者其他的什么，主要还是去探索两首曲子之间的节奏是否有共同点，有共同的、相对突出的音乐共同点就会成为划分曲风的重要标准。还有一点需要说明，就是很多的人爱听外国歌曲，听不懂他们的语言、模仿不出他们的动作，但是仅仅听音乐中的节奏就能够感知这首曲子带给所有人的喜怒哀乐，这就是节奏所起的作用。四是强调即兴创作性。引导性的创作是奥尔夫音乐理论中的一个非常重要的内容，它主要是通过一种即兴的发挥来让受教育者主动地去创作音乐、感知音乐，同时还能减轻学习的压力，增强了趣味性。人生活的环境无时无刻地在发生着变化，感知的事物与上一秒的状态就不一样，为保证能够实时地保存下来当时地景色和心态，就需要在第一时间即兴去创作音乐。

二、探究奥尔夫音乐在高职学前教育专业舞蹈教学中应用的可行性

（一）舞蹈和奥尔夫音乐的本质联系

舞蹈作为一种艺术表达方式，它将人的内心和行为进行统一，最后达到身心舒畅的目的。对于很多人来说，学习舞蹈并不是要学到一项技能，而是要在里面体会和感悟艺术的乐趣。音乐也是一样，它也不是特殊部分的素质的提高，而是将人类的内心所想表达出来。从这一点可以看出，两种艺术形式在本原性的表达上面是一致的。

（二）奥尔夫音乐在高职学前教育专业舞蹈教学的应用

针对高职学前教育专业的舞蹈教学来说，更应该注重学生的创作能力，因为此时的学生没有过多理论和经验的条条框框的约束，他们可以创作出更加美妙和特别的东西。同时，努力去培养这种创作性，对于学生个人今后的发展也是相当有利的，而这种创造性的练习和掌握正是奥尔夫音乐教学中所期望的。奥尔夫音乐追求的是一种心灵的解放，是对个性的追逐，这就导致它对音乐的教育方式并不像其他学科那样的教条化，它是从人的本来样子出发来进行人类本原的探索，这种态度体现了舞蹈教学的本质要求，两者是可以达到统一发展的。要探究什么是适合高职学前教育专业的课程，首先应该明确受教育的对象特征。高职学前教育专业的学生将来走上工作岗位后面对的是幼儿，这就要求我们的课程要以幼儿为主要的研究对象。从幼儿的心智水平和情感能力等的整体角度来看，他们基本没有学习的技能，没有足够的理解能力，这使得我们的教育研究要呈现出一种整体性的特点，来激发幼儿对

于美学的直觉理解，最后达到互相沟通思想。对于儿童来说，一个课程是否有吸引力对于课程的成功有着很大的决定性作用，这就要求课程需要有趣味性。奥尔夫音乐的融入同样也希望表达任何想法都要从整体性着手，趣味性也可以从奥尔夫音乐坚持的东西中得到灵感，就是将说、唱、舞蹈和音乐有机地结合在一起，同时举行比赛，来增强他们的竞争意识。

第八章 高职学前教育专业美术教学模式研究

第一节　美术教学在学前教育专业中的重要性

学前教育专业主要以培养高素质的幼儿教师为教育目标，使幼儿教师在实际工作中能够从不同角度促进幼儿情感、态度、知识、技能、能力等方面的发展，担负起幼儿身心健康成长的重任。美术教育是幼儿教育的重要内容，对幼儿教师的素质提出了高要求，既要求幼儿教师具备扎实的学前教育理论基础和美术技能，又要求幼儿教师能够根据幼儿特点组织美术活动，具备研究幼儿审美发展的能力。为此，学前教育专业必须将美术课程作为核心课程，合理划分绘画、图案、手工和美术鉴赏等几大教学模块，积极推动美术教学改革，使美术教学满足幼儿教师的培养需求。通过将美术教育与学前教育专业相结合，重点培养学生具备以下素质和能力：能够胜任幼儿园教师的工作，树立先进的幼儿教育理念；了解和掌握幼儿身心发展规律，并能够根据幼儿年龄段特点开展幼儿美术教学活动；了解和掌握幼儿的思维方式，通过美术教学激发幼儿想象力和创造力，促进幼儿智力发展；具备一定的艺术素养和艺术技能，能够根据幼儿审美心理进行环境美术设计、服饰美术设计等。由此可见，美术教学承担着多重教育目标，在学前教育专业中占据着不可忽视的地位，对学前教育专业人才培养目标的实现有着至关重要的影响。

第二节　高职院校学前教育专业美术课的现状与改革策略

一、高职院校学前教育专业美术课的现状

（一）生源较差，多数学生基础薄弱

由于我国现行高考体制的影响，学生在义务教育阶段只重视文化课的学习，忽视了艺术课的学习。学前教育专业学生在入学前大都没有经过美术的专门训练，对美术的基础理论和基础知识知之甚少，加上招生时没有面试，美术基础薄弱，对艺术技能课缺乏根本的了解。

（二）实践教材不足

实践教材在学前教育专业教学中分量极重，教材的形式单一等问题也不利于学

生在学习过程中独立完成作业和进行技法训练。

（三）教学方法落后

在教学过程中，重视理论教学而轻视实践技能课教学，这是我们应该深思的问题。教学过程的进行、教学原则的贯彻、美术教学目标的实现等，都离不开美术教学方法。

（四）教学内容的专业性过强

美术是学前教育专业课程中非常重要的组成部分，在教学中存在着教学内容的专业性过强、美术课课时少、师资职业化缺乏等问题，学生普遍存在学习困难和倦怠情绪，而且学生美术课时间少，内容专业性太强，影响教学效果。

（五）教学与实际岗位和实际工作脱节

在学前教育专业美术课教师专业化改革中，我们的美术任课教师是从美术院校毕业的而并非专职的学前教育专业毕业，教学与实际岗位和实际工作脱节。很多教师对幼儿园的实际工作不了解，教学内容缺乏职业岗位针对性，难以实现培养岗位第一线实用型人才的培养目标。教师的教学设计太过专业、抽象，注重学院式美术教育，强调美术专业知识和技能，忽视对学生就业能力和实践技能的培养。

二、学前教育专业美术课的目标定位

学前教育专业主要是培养高素质的幼教工作者，使其能够从不同的角度促进幼儿情感、态度、能力、知识、技能等方面的发展，更好地完成幼儿全面健康和谐发展的重任。因此，美术课程是为完成这一培养目标服务的。定位目标是能够胜任幼儿园教师的工作，要求其具有较为先进的幼儿教育理念，能够根据幼儿的身心发展规律进行幼儿美术教学；根据幼儿的思维特点，通过美术教学培养幼儿的观察、想象和创造能力；通过在校阶段的美术教学，培养学前教育专业学生驾驭幼儿课堂教学的能力；通过美术课程学习培养学生一定的艺术素养和艺术技能，使其能够美化自己的生活环境，提高美术修养，同时能依据幼儿的审美心理进行环境美术设计、服饰美术设计等。培养目标的不同，要求学前教育专业美术课在课程内容、教学方法、教学模式、评价标准等方面也要做出相应的调整。

三、课程教学内容改革

（一）建立健全美术技能课程教学大纲

修订学前教育专业美术课程教学计划，适量加大美术课的课时，使"教与学"之间建立较为牢固、系统、规范的教学制度和宽松的课堂作业时间，从而达到对学前教育专业学生最基本的动手能力的培养和绘画技能的训练。解决这一问题的关键是要把美术课程分别细化为：美术基础（包括素描、写生色彩、装饰色彩三部分）、儿童画（包括简笔画、儿童画、装饰画、版画四部分）、手工与应用（包括装饰画、泥塑、折纸、教具制作、幼儿园空间环境设计制作五部分）三大块，既突出了美术基本技能的训练，也加强了实践环节与动手能力的培养。

（二）适当调整课程的内容

针对美术课程专业性过强、学生学习困难和积极性较差等问题，教师要改变教学方法，加强美术学科与现实社会生活的联系。改变美术院校的教学模式，降低对学生绘画专业知识和技能的要求，课程的内容应当将专业基础训练和当地的美术资源结合起来，引导学生感受和体验地方民间艺术。融入乡土内容的美术教学，不仅发挥了本地区的民族艺术特色，而且能使学生更全面地汲取本地民间文化艺术的精髓。如我们当地的民间剪纸艺术、民间泥塑、贺兰山岩画，可以聘请当地心灵手巧的民间艺人来校做现场表演，还可以组织学生参观当地的美术馆、博物馆，参观展览，邀请当地的美术大家做专题讲座，组织参与当地的美术活动等。

（三）课程的内容应当将专业基础训练与实习和实训结合起来

美术专业教师增加教育见习、实习课时，把基础训练和见习实习交替进行。如完成版画教学内容的同时，让学生到幼儿园见习实习幼儿版画的教学，这样学生不仅掌握了版画的技能，还学到了幼儿版画的教学应用。

四、教学方法改革

教师在教学中要充分考虑学生的现有水平及接受能力。入学前基础的不同、个人天赋的差异、接受新知识的学习能力的不同，使学前教育专业学生入学后美术方面的技能掌握情况差别很大，艺术教师要注重个体差异，对学生整体与个别指导结合进行。在教学中，教师要耐心指导，对学生也要多表扬、多鼓励，多发现学生闪光的地方，真正做到以学生为本，在教学中渗透人文关怀，培养学生主动学习的品质。

多交流、多探究、多引导的教学方式。在探讨中学习，在学习中掌握知识，提升艺术修养。让学生分组设计课题，亲自动手制作，共同探讨。

各类美术社团可以满足学生的不同要求。学校的各个社团在学生课程的学习中发挥着重要的辅助作用。面对美术课时少、内容多的状况，美术教师可以根据自己的专业特色设立相应的艺术团体，如中国画社团、水彩画社团、版画社团、简笔画社团、手工制作社团等。学生则可以根据自己的兴趣爱好自由选择社团，使自己得到较为系统的学习。

五、建立有效的教学评价机制

高职院校的美术教学评价要有别于普通高等教育的美术教学模式，重点围绕培养学生创新能力和专业应用能力进行评价。学生评价要体现以能力培养为目标的价值观，通过教学试讲和在幼儿园的实习实践进行评价。同时，要体现学生的主体作用，采用学生自评、同学互评等多种评价手段。对学生的作业组织学生自评、互评、展出、观摩，通过自评和互评，使师生之间的信息得到及时交流，建立一种平等和谐、自由互动的师生关系，更好地发挥学生学习的积极性和主动性。

作为学前教育专业的美术教师，不仅需要专业过硬，更应该是幼儿教育专家。因此，各高职院校需要创造条件，鼓励教师业务进修，更新观念与知识，尤其是学前教育理论、教育观念的学习。加强横向联系，加强国内外高职院校间的交流合作，学习和借鉴其他院校成功的经验。

第三节　高职院校学前教育专业开放式美术教学研究

开放的时代，开放的社会，呼唤开放的教育。"开放教育"起源于英国，它是一种基于实用需要由上而下、由点到面的草根运动。原初"开放教育"的教育目的并不是仅仅分化学科知识的学习，而是统整学习经验、启迪人格的发展，并重视创造力及美的鉴赏力的培养。它重视学习的自由，强调人性化的教育，充分尊重学生的自主性，课程统整化、教材生活化、教学活动化是其主要特征。学前美术教育是"开放教育"的一部分，本节将遵循"开放教育"的教育理念，在教学的目的开展、实施、评价等层面进行改革的探讨。

一、开放式美术教育基本构成

传统的学前美术教育过分强调"大一统"，即统一的教学计划、统一的教材、统一的评价方式，忽视学生的个体差异，学生的个性在学习过程中得不到体现和发挥。现代化的幼儿教育理念最大特点是要充分发挥儿童的想象力和创造能力，在基本能力培养的基础上，最大限度地开发儿童学习的自主能动性。对于培养幼儿教师的高职学前教育专业美术教学来讲，要彻底摒弃教师是知识传授和道德化身，成为与学生共同学习的遭遇者。在此教育目标下，作为幼儿教育源头的师资教育要充分体现这一教育要求。对此，在教育目标上，要注重以下三方面的要求：

（一）专业理念与师德教育

专业理念是核心内容，学习内容和能力目标都是围绕这一基本点展开的。国家颁布的《学前教育指导纲要》中对艺术教育的指导要点是：艺术是实施美育的主要途径，应充分发挥艺术的情感教育功能，促进幼儿健全人格的形成。要避免仅仅表现技能或艺术活动的结果，而忽视幼儿在活动过程中的情感体验和态度倾向。就此而言，美术教育的实施，不仅仅是技能的教育，更是艺术素养整体提高的教育。幼儿的审美体验和人格完整发展是实施美育的目标，同样也是学前美术教育的目标，是所有学习行为的行动指向。师德教育要与美术教学密切联系，学生的师德素养和树立正确的价值观及治学态度要融入专业学习过程当中。美育的重要功能就是提高人的整体素质，通过美术相关知识技能的学习，树立学生的职业认同感和荣誉感，加强职业道德教育。

（二）专业知识

作为开放教育的美术教育，所要涵盖的内容应该是兼容并蓄、不拘于形式的，强调教育的灵活性与创造性。基础的专业知识包含美术技能和美术常识两个方面。过去我国的学前教育专业比较重视技能的教育，忽视整体艺术素养和认识水平的培养。随着改革开放和新教育理念的不断探讨、进步，现阶段学前美术的培养目标有所改变，即变技能学习为以激发创造力和以引导审美为主体的教育观念逐渐形成。传统的美术技能包含绘画与手工两个方面，重视学习的物质化效果，技能技巧的训练时间较长，接近于专业化学习，教学目标单一。开放式的美术教育认为，专业知识的获取首先在内容的选择上提倡多元化，通过利用多媒体与信息技术达到教育资源共享，拓宽知识获取渠道，将媒体文化中有价值的信息纳入项目教学，有效地将教育与社会发展进程紧密结合起来，使教育内容更加贴近社会。

（三）专业能力

开放式的美术教育注重学生学以致用的综合能力培养，注重知识和技能的高效转化，即课堂知识在实践中的应用，并具有与其他学科交叉应用与关照的能力。能力目标具体包含三点：一是自主学习的能力。课堂时间是有限的，教师要根据教育目标，选取其中最有价值和并具引导性的内容，注重引导学生以点带面地发散性学习，使之具有举一反三的能力，在学习上更具有思考的独立性、创造性。二是适应岗位要求的能力。我们培养的学生最终是要适应幼儿美术教学的需要，儿童的接受能力局限性与教育过程的不确定性，要求幼儿教师在教育实施过程中要根据不同年龄段的儿童选取适当的教学内容，以开发智力和培养儿童的审美情趣、增强对美的感知力和创造力为教学目标。在教育实践中，我们还要注重美术教育与语言、游戏、儿童文学等相关学科的联系，比如，一本好的绘本兼具绘画美、语言美、装帧美、故事美、内涵美等几大特征，一个优秀的幼儿教师在帮助幼儿阅读的同时，能综合学科知识，有效地进行解读和引导，从而使幼儿感受到美和提高审美能力，有利于身心健康的发展。由此可见，美术教学法的应用、美术综合素养、教育手段的灵活性对于幼儿教师来说尤其重要，我们在培养学生的时候，更应该以开放的思维兼容并蓄，提高学生的综合素质。三是自我发展的能力。教育的目的是以素质教育为基础，成为一个"德、智、体、美"全面发展的人，终身学习应伴随幼儿教师的整个职业生涯。开放式美术教育应传达给学生"终身学习"意识，首先学生在校学习的知识和技能既要满足工作岗位要求，还要满足职业发展和专业成长的需要。在此指导思想下，美术教学在兼顾够用的同时，还要适当拔高，以满足越来越高的职业要求。一方面要增加社会参与度，与企业和用人单位建立更广泛的联系，制定合作机制，把优秀幼儿教师的先进工作经验引进来；另一方面我们也应与毕业生建立长久的联系，不断进行信息反馈，对美术教学提出合理化建议，有利于促进学校教学，也有利于毕业生借助大学优势的科研平台，提高自身的业务素质和科研能力。

二、开放式美术教育的核心原则

（一）学生为本

开放式美术教育注重以人为本的教育方式，强调学习过程的动态化发展。每一位学生在学习过程中凸显个性特征，教师要学会"察言观色"，在以适应工作岗位要求的前提下，尊重每一位学生的学习需求，既要兼顾大多数，也要培养生力军，有意识地创造学习条件，激发每一位学生的主动性和创造力，做到"人尽其才"。

（二）实践导向

开放式美术教育立足于实践，在工作实践中检验教学水平，锻炼学生的美术教学能力。一个人掌握再好的美术技能，教案写得再如何漂亮，不经过课堂的检验与锤炼，是不能成为一名真正的幼儿教师的。"连最新出版的教科书都是落后的"，这是一句颠扑不破的真理。杭州幼师的秦金亮教授做过一个实验，选取幼师专业大四的一名最优秀的在校生，与一位从教15年的幼儿教师给同一个幼儿园大班上课，并请几位专家给她们的课堂教学进行评价，且事先不告知授课教帅的身份。评价结果是：在校生在授课内容、授课方法、课堂活跃程度上都没有问题，但在课堂进度把握、突发事件处理、儿童接受效果、细节处理等方面明显逊于在职教师。

现在大部分的高职院校把学前教育专业学生的实践学习分为集中式实训和顶岗实训。集中式实训一般是指在校期间的学习，其优势在于有教师现场指导，教师能及时和学生进行沟通，美术技能学习较为全面系统，包括绘画、手工、环境创设、教学课件制作等内容，为校外实训夯实基础。顶岗实训也称之为全实践、驻园模式，学生全天在幼儿园见习，身份向幼儿教师转化，参与幼儿园的一切教学活动。开放式美术教育同时也作用于幼儿园教学，现代化的幼儿园强调开放式主题探究，主题的内容呈现多样性特点。以河北省第三幼儿园为例，每个月确定一个幼儿教育主题，主题的实施包括幼儿活动的主题化和环境创设的主题化，比如在3月份举办一个"大树，我们的朋友"的主题活动，首先是教室和走廊采用绘画、剪纸、悬挂等方式布置成大树的环境，另外要通过故事、游览、图书、绘画、手工等方式以启发为主引导幼儿寻找和发现大树，还会通过小话剧表演大树，小草，小鸟每天的生活。幼儿教师要对幼儿进行适当引导，切忌"先入为主"，把"创造"的权利交给孩子。因此，幼儿教师不仅仅是一名实践者，还是一名引导者，艺术素养综合能力在教学中得到体现和深化。

三、开放式美术教育的实施

（一）目标明确的知识技能学习

要从三个视点入手：一要明确培养目标、理解学生的知识技能视点。根据学生的基础和接受水平合理定位制定课程标准，包含理论学习与技能操作两方面。美术理论学习要区别于美术史论学习，选取具有时代性和代表性的作品引导学生进行艺术欣赏，内容宜广不宜深。技能操作培养要区别于美术专业学习，切合学生职业特点以动手易操作的项目为主，突出幼儿绘画的学习。二要引导幼儿成长的知识技能视点。美术教学的最终落脚点是幼儿教育，幼儿教师掌握的美术技能必须能够让各年龄段的孩子接受，所有的知识技能学习应围绕这一基本点进行，良好的艺术教育能促使幼儿身心健康的发展，但前提是如何艺术地引导孩子接受美的熏陶。《学前教育指导纲要》中指出：艺术教育要引导幼儿接触周围环境和生活中美好的人、事、物，丰富他们的感性经验和审美情趣，激发他们表现美创造美的情趣；在艺术活动中面向全体幼儿，要针对他们的不同特点和需要，让每个幼儿都得到美的熏陶和培养，对有艺术天赋的幼儿要注意发展他们的艺术潜能。基于此，学前教育专业的美术教学既要交给学生基本的技能和理论知识，还要完备教学法的研究与学习。三要发展自我的知识技能视点。在关注岗位需求的同时，必须关注学生今后的职业规划与个人成长，其中最重要的就是科研能力的培养。我们培养的学生不应该是只会看孩子的保姆，她必须具有独立的思想、乐学的精神、教育反思的能力，要学会在做中学、学中思、思中变，不仅要有思考能力，还要有行动力。培养这种能力最直接有效的方法，一是教师带领学生做课题研究，二是教师进行项目教学，几人合作形成项目小组，在规定时间内完成任务要求，在实施项目过程中，教师适当引导不过多参与，给他们独立思考发挥创造的空间。项目必须包括目标提出、制定计划、过程实施、成果展示、反思等几个部分，要求思路清晰、方法得当、效果明显。

（二）多样结合的教育形式

当前学前教育的迅猛发展，招生规模增大，课堂教学作为重要的教学手段，已经不能满足现代职业教育的要求。就此，我们可以采用动态式弹性授课的模式：一是课时减少，课时工作量不减；二是课时减少，学生作业量不减；三是课时结束，但经验连续不断。这三种模式可以有效解决课时量、教师课酬、学生作业量、教学效果等方面的矛盾。课堂授课时间不足，就要求教师对教学内容高度凝练，同时以网络教学为辅助，广泛应用多媒体资源，引导学生自主学习。美术学习是以大量的练习为基础的，上课时间间隔以每周两节为宜，为学生留足练习的时间；以专业为依托，采取开设选修课和成立社团的形式也可以补充课堂教学的不足。

（三）客观、反思的教育评价

开放式的评价体系注重学生实际解决问题的能力，采用过程考核与阶段性考核相结合的形式，重视学生对每一个教学单元的掌握——吸收——应用——创造的学习过程，所以考核内容不会是单纯的技能展示，而是综合应用能力和创新能力。这种考核更具有反思性教育色彩，在不断的否定自我中寻求突破，不断完善。"开放式美术教育"评价的核心价值在于在对学生进行有意义的教学基础上，同时检验教师的教学水平，利于发现问题，促进教师的专业成长，也高质量地促进学生对知识和技能的掌握。教师是教学实施的引领者，但并不是评价结果的决策者，学生学业的评价采用开放式的评价制度，全体同学参与，采用自评、互评、小组集体评价相结合的形式给定成绩。开放式的评价体系，并不把教师排除在外，教师的教学水平同时也在被评价之列，由学生按项目分值给出评价。开放的教育就要有开放的意识、开放的胸怀、开放的态度，这种评价机制有利于优化课程方案、修正教学内容、观察学生学习兴趣、提高专业能力。

我国的学前教育事业正逐步走向高速发展阶段，各项规章制度也趋于健全，作为学前教育师资培养源头的高职院校学前教育专业应该抓住发展的契机,大胆进行课程改革与创新,加大力度进行师资培训。美术教学作为学前教育专业的重要组成部分,对提高人的艺术素养和个人修养有着重要的意义,在做好基础教学之余,更应该本着开拓创新、以人为本的教育原则加大科研投入,加强横向联系,使学科建设向着健康、科学的方向发展。

第四节 高职院校学前教育专业美术教学中体现职场化的研究

  高职教育是高等教育的重要组成部分,高职院校是输送各类人才的重要基地,为适应经济的发展和社会的需求,高职院校的开设如雨后春笋般越来越多,学前教育专业就是在这种状况下产生的。受到生源素质较差的影响,学前教育专业的教学和管理遭遇到许多问题。许多学生并不是对专业的热爱或向往才报考高职院校的学前教育专业,多出于无奈之举,这就造成招来的学生对学习没有太大的兴趣,文化课成绩不佳,学习功底薄弱,行为习惯不好,很容易受到社会的不良影响,给高职院校教学和管理带来了极大不便。

  学前教育专业中的美术教学设置是从高职院校的性质和专业特点出发的,为了培养优秀的应用型人才,美术教学必须要与高职院校的教学目标相符,结合学生实际情况,培养具有专业的美术知识和扎实的技能的人才,帮助学生树立健康向上的思想和良好的审美能力,这些就是高职学前教育专业美术教学要达到的目标。因此,高职院校必须要突出特色,创新教学,为学生的未来的发展铺平道路,让学生充分得到实践和锻炼。传统的美术教学更注重艺术的欣赏性,学生的创新思维受到了限制,无法得到真正的发挥。只有在美术教学中不断培养学生的创新意识,才能够让学生掌握真正的本领。教会学生树立正确的审美观,并掌握扎实的美术技能,才能在未来的就业中立于不败之地,成为社会需求的人才。因此,学前教育专业美术教学中的职场化教育尤为重要。那么如何正确地在高职学前教育专业美术教学中体现职场化教育呢?

一、肯定学生,激发学习兴趣

  首先要肯定学生的优点和成绩,只有让学生树立自信心,才能进一步激发学习兴趣,提高学习的主动性和积极性,从而有效提高教学质量。在美术教学中,教师热爱自己的本职工作，关爱孩子，试着去鼓励孩子，肯定他们的成绩，尊重他们的想法，倾听他们的心声，了解他们的想法。许多学生在初中的学习成绩一直比较落后，他们习惯了不被尊重，习惯了被冷落，甚至一度存在自暴自弃的想法，缺乏正确的人生观和价值观。美术教师要对这样的孩子给予人格的尊重，用行动去感化学生，让他们找到被重视的感觉和真实的存在感，在鼓励中他们会做得更好，从而体会到成就感，这将大大激发学生的学习兴趣，也会提高教学效果。

二、从美术基础知识和技能抓起

许多学生并没有美术基础，因此打好坚实的基础，是学好美术的第一步。学前教育专业的学生不仅要掌握美术的基本知识和基本技能，还要提高自身的审美能力和创新意识。高职院校的学生最终并不是要成为艺术家和画家，而是要成为具备"一技之长"的人才，他们要在工作岗位中体现自身的价值，因此通过美术教学提高学生的动手能力尤为重要。美术基础可以使学生掌握美的规律，正确认识美、理解美，在正确的审美观念下创造美，在未来的就业中可以充分运用美的思维，使其具有更好的提升空间。

三、不断提高审美意识和创新能力

学前教育专业的美术教学是培养具有审美能力、创新能力和动手能力的从事学前教育的教师和管理人员。由此可见，审美意识、创新能力的提高是培养人才的基础。

（一）审美意识的培养

可通过美术欣赏课培养学生的审美意识，激发学生对美的认识和追求。各种杰出的美术作品可陶冶情操，拓展视野，培养学生对艺术的领悟能力；健康的美术作品可培养丰富的情感，并起到润物无声的作用。在教师的引导下，学生应学会鉴赏作品，提升自身的审美意识，养成正确的审美观念。而这一切需要养成善于观察生活和细节的习惯。艺术源于生活，又高于生活，生活中的点点滴滴是由不同的美组成的，通过捕捉生活中存在的美、领悟美的真谛，不仅仅可以培养审美意识，还能够促进学生更加热爱生活。

（二）创新能力的培养

创新教育是未来的发展趋势，只有创新才能改变落后，才能使教育得到可持续发展。美术教育是创新能力培养的重要途径，通过创造良好的教学氛围，给予学生自信心，使学生找到自我，具备创新能力。即使学生基础很差，也要善于发现学生的潜力点，通过学生的作品，找到亮点，与学生进行交流和讨论，为学生提出更好的建议。学生一旦有所进步，教师要给予肯定或奖励，使学生有一定的成就感，更加相信自己的能力。教师要鼓励学生参与各种美术教学活动，通过实践锻炼自己动手能力，并在实践中培养创新能力。通过观察生活、亲身体验、拓展视野，使学生真正融入艺术与生活之中，激发灵感，为创作提供丰富的素材。学生可以去大自然中寻找美，感受自然的气息和神韵。

此外，教师要积极为学生提供创作平台，可以通过各种比赛和作品展览激发学生的创作欲望，使学生的创新能力得到更好的提升。

综上所述，高职院校的最终目的是培养具有专业技能的应用型复合人才，学前教育专业未来的发展任重道远，将实用美术课程与学前教育专业相结合，是当今社会的需求，也为未来高职院校毕业生的就业增加有力的砝码，学生毕业后可以尽快融入角色，开展工作。

第五节 高职院校学前教育专业美术手工课教学质量的提升策略

一、当前高职院校学前教育专业美术手工课教学存在的不足

（一）教学内容选取不够合理

当前，我国高职院校学前教育专业美术手工课大多存在教学内容选取不合理的现象。首先，选取的教学内容偏难。高职院校的学生大多是高中阶段学习成绩不理想的学生，他们的文化基础差，知识接受能力较弱。加上近几年国家实行高校扩招政策，高职院校学生的整体学习水平随之降低。而当前高职院校美术手工课教学内容专业性较强，且相对偏难，对文化基础较弱的学生来说，接受起来比较困难。其次，教学内容整合度不高。目前，我国高职院校学前教育专业美术手工课教学内容大多比较分散。比如，学前教育专业教学设计的内容，大致可分为幼儿园墙饰设计、活动室区域环境设计、玩教具设计三个模块，但这些教学内容往往零散地分布在教学课程中，幼儿园墙饰设计安排在绘画课中，活动室区域环境设计和玩教具设计也分布在其他课程中，导致教学内容缺乏系统性，不仅不利于学生系统掌握知识，而且不利于他们在以后的教学活动中熟练运用相关技能。最后，教学内容与社会岗位

所需人才的培养要求契合度不高。一般情况下，高职院校对美术手工课授课内容选取缺少调研，对职场需求了解不足，选取的教学内容理论性较强，培养出的人才具备丰富的理论知识，但缺乏社会实践，与社会需求存在较大差距。

（二）教学观念相对滞后

教师是学校教育的实施者，教师的教育观念将直接影响学校教育的开展，并在很大程度上决定学校教育效果。而目前，我国高职院校从事学前教育专业美术手工课教学的教师大多教学观念相对滞后。一方面，部分高职院校的领导及教师对美术手工课重视不足，他们认为，剪纸、布艺、超轻黏土造型对高职院校学生来讲比较简单，学生只要用心学就可以学会，无须花太多精力和心思；另一方面，部分高职院校的教师依然采用传统教学理念，即传递——接受的教学理念，认为只要在课前做好备课工作，课上将知识灌输给学生，工作任务就算完成了，未能认识到学生在学习中的主体地位，一味地向学生灌输，很难激发他们的创造活力和学习积极性。此外，部分美术手工课的教师重理论轻实践。美术手工课是一门操作性极强的课程，不仅要求教师积极向学生传授知识和经验，而且需要学生自己动手操作，才能将相关知识内化。然而，当前多数高职院校只重视理论知识传授，对学生实际动手能力培养重视不足。大多高职院校都以理论考试成绩作为评判学生学习的标准，忽视对实践操作的考核，导致大部分学生动手能力较差。

（三）教学方法不够灵活

当前，我国大多数高职院校学前教育专业美术手工课存在教学方法不灵活的问题。

1. 课堂导入方式单一

经过多年积累，每个教师都形成了各不相同的教学风格，有的教师通过布置作业的方式让学生在课前搜集资料，有的教师通过讲故事的方式引入主题，有的教师通过提问的方式引出教学内容。但多数教师在课堂导入时，习惯采用同一种方式，不会根据授课内容灵活安排，久而久之，学生就会失去新鲜感，不利于集中学生的注意力。

2. 教学过程中照本宣科

当前，部分高职院校美术手工课教师在教学时，大多按照课本大纲上课，每学期开学前，将课本知识制作成PPT，上课时直接将PPT的内容展示给学生，没有根据学生的文化基础及特点等灵活安排教学过程。

3. 未充分调动学生的创新意识和创作能力

目前，我国高职院校美术手工课教师大多实行示范教学，课上先向学生演示手工技能，然后让学生跟着做，并进行指导。虽然演示教学可以让学生更直观、深刻地理解手工技巧，但这样也很容易束缚学生思维，使学生被动地接受知识，不利于调动学生创新思维，难以提高其创作能力。

（四）教学形式单一

随着社会不断进步，我国人口素质日益提升，人们对教育提出了更高要求。然而，我国大多高职院校学前教育专业美术手工课存在教学形式单一的问题，难以满足时代发展要求，无法激发学生学习兴趣。一方面，我国高职院校美术手工课大多采用教师教、学生学的教学形式，学生被动地接受学习内容，不利于培养其主动性。欣赏课、体验课、集体创作课、情景课等教学形式非常匮乏。同时，单一的教学形式容易限制学生的思维，导致学生对教师产生较强依赖性，不利于激发学生潜能。另一方面，多数教师将美术手工课教学仅仅局限于课堂或实验室，忽视了多种课外隐形教学形式（如开展美术手工技能大赛、变废为宝创意大赛等），不仅没有为学生提供更多锻炼手工技能的机会，而且让学生失去了相互学习、共同进步的平台。

二、提升高职院校学前教育专业美术手工课教学质量的路径选择

（一）根据幼师岗位要求，合理设计教学内容

一方面，要注重学生对基础知识和技能的学习。学前教育专业的学生不仅要学习美术手工课的基本手工知识，还要学习各种手工技能。高职院校的学生大多基本功比较薄弱，因此，教师在设计教学内容时，要多结合学生的实际情况，注重美术手工基础知识的详细讲解与技能示范，让学生熟练掌握美术造型、美术色彩和美术构图等相关基础知识，使学生打下良好的理论基础。同时，加强手工技能训练，提升其手工操作能力。另一方面，注重教学内容与幼师岗位需求相契合。在设计教学内容前，学校应去幼儿园参观、调研，了解当前幼儿园手工制作的新要求，并根据学生实际情况，适时调整适合学前教育专业学生美术手工课教学的内容，使教学内容与现代幼儿园美术手工教学工作密切联系，让学前教育专业学生能够学以致用，以满足幼儿园对幼教的需求。

（二）切实转变教学观念，加强技能培训

随着我国经济发展及教育体制改革，人们对教育的认识日益深刻，思想也发生了一定变化。目前，分数高低已不能作为评判学生整体素质的唯一标准，分数高低只能说明学生在一段时间内对基础知识掌握程度的高低，并不能说明学生能力的强弱。对学前教育专业学生来说，美术手工课是一项操作性极强的课程，不仅要求学

前教育专业学生熟练掌握基础知识,而且要求他们具有较强的动手能力。因此,在高职院校学前教育专业美术手工课教学中,教师要切实改变教学观念。首先,要注重讲解相关知识点细节,不能轻描淡写,帮助学前教育专业学生打好理论基础。其次,对学前教育专业的学生来说,美术手工技能培训必不可少,不能重理论知识学习,轻实践能力培养。因此,教师要在课堂上通过各种方式,加强对学生美术手工技能的培训。技能培训要从基础做起,由浅入深,循循善诱。例如,泥塑、剪纸、布艺等技能的学习要从基本功开始,由易到难,逐渐引导学生熟练掌握美术手工的相关技能。

(三)充分发挥学生的自主性

学习不仅是教师教学生知识的过程,还是一个激发学生创造能力的过程。因此,在美术手工课上,教师不仅要悉心指导学生,还要让学生发挥自主性,注重启发式教学,让学生真正成为课堂主体。一方面,要激发学生的创新思维,通过多种方式充分挖掘他们的潜在创作能力。课堂上,教师可以通过提问方式开拓学生思维。如在讲授剪纸技能时,让学生思考如何提高剪纸作品的成功率,如何提高作品的艺术水平等。通过层层设疑,开启学生想象的大门。另一方面,学生在手工制作过程中遇到问题时,教师要悉心指导,引导学生及时解决相关问题。此外,还要尊重学生个性,鼓励学生进行自主创新。对于学生创作的作品,无论水平高低,教师都应及时进行表扬,尊重学生个性,激发学生创作积极性,鼓励学生大胆创新。

(四)采用形式多样的教学方式

单一的教学方式会降低学生学习兴趣,从而影响教学效果。因此,教师应采取形式多样的教学方式,吸引学生注意力,提高教学实效性。

一是采用传统教学方式,即直观教学法,教师边讲解、边示范,用最通俗易懂的方式讲授知识,再通过课堂讨论,使学生熟练掌握基础知识及手工技巧。

二是定期组织学生到博物馆参观学习,博物馆聚集了众多中国优秀的美术手工作品,通过欣赏优秀的手工艺术品,经由专家讲解和介绍,了解、学习优秀作品的精髓,找出自己手工制作中存在的不足,并不断改进。这样不仅可以让学生接受高端手工艺术的熏陶,而且有助于继承和发扬我国优秀的手工艺术。

三是与幼儿园教学相结合,定期组织学生到幼儿园进行教学实训,提高学生的手工技能。

第六节　高职院校学前教育专业美术课程中的简笔画教学

目前，学前教育专业的教学内容之一即是幼儿美术，使学生习得幼儿美术的教学方法，在未来走上幼儿教育岗位将起到重要作用。简笔画是幼儿美术最基础的部分，所以简笔画的作用至关重要，但是目前简笔画的发展不均衡，其教学比重、认知度普遍偏低，提高对其的重视，对未来每一个从事幼儿教育的学生非常重要，发展简笔画的教学要马上实施。

一、简笔画的重要性

（一）既激发学生兴趣，又符合学前美术教育的要求

简单易学使得学生有兴趣来学习，这一点是简笔画的优势。与其他绘画比较复杂的课程来比，简笔画用最简单的线条来勾勒实物图，使得更形象更具体，以一种低姿态的角度贴近学生的生活，相反那些高姿态的画作，使得学生望而却步。学生只要想画就能画出自己想画的好看的简笔画，自发性是学习的重要前提，而简笔画则具有这种能力，是其他科目不能比拟的。

（二）既能激发学生创新能力，又能提升美育教育素质

学生喜欢简笔画除了它简单易画的优势，更重要的是学生可以根据自己的形象勾勒心中所想的蓝图，不受条条框框的约束，使得创新思维得到锻炼。不是每一种情感都能用语言来表达，在现在的生活中，学生可以借助简笔画，把那些无法用语言来表达的事情来发泄出来。因此，这种感情上的发泄让学生对简笔画产生了深厚的兴趣，使得简笔画成了他们内心表达的重要方式。另外，简笔画的精髓就是鼓励学生把所看到的、所听到的、所想到的一切，都用自己的画笔描绘出来，借以表达自己的内心世界。这种教学效果在很大程度上激发学生的创新能力、开放性的创作，让每一个学生都能成为一名开拓者，使得每一个学生都是耀眼的星星。老师可以根据学生的特点，制定符合每个学生的教学方法，每一个学生都能展露自己的才华，这在客观上提升了学前教育专业的美育教育素质。

（三）绘画工具简单，易于推广和普及

一支笔和一张纸就能完成简笔画，工具简单易得到，容易推广使用，使得每个学生都有能力得到，这是简笔画深受学生喜欢的重要原因。而其他的方式因用具和

价格，在短时间是无法实现的。小件虽小，但它可以把学生的创作灵感随时记录下来，不需要专门的工具，不需要很长的时间，这也是其他美术形式所无法达到的。美术家在现实生活中很少，但是每一个人基本都能画一些简笔画，不管是复杂的事物还是简单的事物，都能随手就画，可见简笔画的普及性和推广性，直接原因就在于工具简单，绘画形式简单，短时间就能完成。

二、简笔画在学前教育专业美术课程中的教学难题

就目前的情况来看，简笔画教学在实际的教学中存在一些难题，使得学生在学习简笔画的过程中，受到很大的阻碍。因此，为了让学生更好地学习简笔画，达到预想的教学目标，教师就目前的难题困境，开展深入的分析，节节改进，把这种不利的教学现状改进，大力发展简笔画。

（一）学生的学习兴趣未被激发

兴趣是学习的一剂良药，学校要想达到一定的教学效果，需要激发学生的学习兴趣。从目前的简笔画的教学来看，激发学生的学习兴趣欠缺，学生学习比较懒散，存在此类的难题，对简笔画的学习非常不利，对教学效果产生不利的影响。从实际的教学情况看，简笔画的概念很多学生认识不清楚，认知不够，使得学习兴趣不足，教学效果不佳。除此之外，在当下教学任务繁重的情况下，很多学生都会把重心放在音乐、舞蹈等学习内容上，觉得简笔画没那么重要，因此对简笔画的发展不利，在幼儿美术的教学上也会受到阻碍。

（二）师资配备不够

学前教育日益受到各界的重视，使得当地的政府教育部门加大对学前教育专业的投入，报考的学生人数日益增多，这也造成学前教育专业的师资面临巨大的挑战。为了完成教学任务，一些专业美术老师不得不安排多门教学任务，即同时任教美术欣赏、美术绘画、美术手工和幼儿园美术教育活动指导等。毋庸置疑，专业水平和专业技能是每一位美术老师所具备的，但是教学任务重，加之师资力量薄弱，没有对美术课程进行细分，也没有配备专职教师，使得教学不精，学生也领略不到美术教育的教学风格，导致教学偏离正常轨道。例如在传授简笔画教学时，不是简笔画专职教师，不能从幼儿的角度来授课，而是从成年人的角度绘画，使得教学效果止步不前。

（三）课程设置不够科学

学前教育专业的很多课程时间安排都以一学期、一年为期限，学生在短时间内无法掌握。因为缺乏专业知识和技能，使得学习起来吃力，致使很多没有美术功底的学

生学习简笔画时，经常不知道从哪里开始，找不到丝毫的乐趣。课程的设置不合理，使得学生在简笔画的学习中得不到肯定，不利于学生自身的发展；随时间的行进，学生渐渐了解简笔画的基本画法，但由于课程时间的限制，刚进门就被迫出来，学习被中断，所学的又是基础很容易淡忘，达不到很好的教学效果。由此可以看出，简笔画的课程设置是不合理的，不适用于学前教育专业，这种课程体系同样也不适用于学前教育专业的其他课程。

三、提高简笔画教学效果的具体做法

想要改变当前简笔画的教学现状，学前教育专业一定要加强师资力量，整顿简笔画的课程设置，重要的是激发学生学习的兴趣，不能满堂灌地教学生。应根据每个学生的特点，发掘他们的潜能，科学施教，学生激发自己的兴趣，真正喜欢简笔画，更能充分掌握绘画的技巧。

（一）多元化形象创作

为了丰富学生的学习素材，我们要多元化创作，通过重影、叠加、疏密、大小等手段，对简笔画进行升华，增强简笔画的美感和艺术感，也可以设定卡通漫画的形象让学生进行简笔画的学习，以形象生动的卡通图案，让学生捕捉信息，更能让学生有兴趣去学，利于激发学生的自主学习能力。

（二）进行定期测试

为了测试学生对简笔画的掌握程度，设定一定的时间进行考核，这种方式最直接最有效，也是最重要的方式之一。在进行简笔画的考核时，应该考虑当下的教学实际问题，可以采用课上考核和课后考核。其中，课上考核由老师直接出题，限定一刻钟的时间，让学生进行创作；而课后考核由老师采取开放性的试题，学生自己找题目，比如两周的时间交上 7 幅绘画。综合两种测试结果，对学生的作品进行批阅，表扬那些进步大的学生，并进行奖励，绘画比较突出的可以进行展览，当样本供其他学生参考学习；相反对于表现不好的孩子，也不要惩罚，应该进行鼓励，争取下一次进步。在这种教学模式下，激发学生的热情，带动学生进行有目标的绘画，提高学生的学习动力。

（三）写简笔画日志

写日志可以培养学生的逻辑能力，更能培养学生良好的学习习惯。写简笔画日志可以记录学生一天的生活记录，用简笔画的形式代替文字，一举两得，既能锻炼写作又能熟练简笔画。可以画单幅画描述一件事情或一件物品，也可以用连环画记

录一天的事情，然后定期地上交作为平时的考核依据。简笔画日志的教学模式，不但巩固学生的绘画水平，更能锻炼他们的逻辑思维，在生活中应用简笔画，更贴近学生的接触范围，增强他们的审美意识和有品位的生活。

综上，简笔画作为基础的绘画起到启蒙的教育，对幼儿来讲是不可分割的一部分，对于简笔画的学习，既要激发学生兴趣，又应符合学前教育专业美术教育的需求，需要配备专业水准的专职教师，为幼儿教育打下坚实的基础，让学生用简笔画描绘各种形态，达到素质教育的目的，实现简笔画美术课程的教学目标。

四、"三多一勤"简笔画教学方法的运用

简笔画要求具备极高的美术素养及概括能力，才能把我们日常所见到的物体用"简"的形式表现在纸面上。这不仅是简笔画的教学难点，更是学前教育专业学生学习的难点。学习和掌握简笔画对于幼儿教师来讲极为重要。

由于学前教育专业的学生大多没有美术基础，学习和掌握简笔画较为困难，同时，学前教育专业课程较多，学习内容涉及面较广，学生也不可能在简笔画的学习上投入更多精力。为了使学前教育专业学生尽快掌握简笔画这一门课程的技巧，通过教学实践和经验总结，我们提出了学前教育专业"三多一勤"简笔画教学方法，即"多思考、多观察、多交流、勤练习"。

（一）多思考

"你所做的每一件事都取决于你的思考质量。"学习简笔画也是如此。多思考每个线条的轨迹、粗细、转角、力道，以至于怎么样把一个物体用线条生动地表现出来。要总结出自己的绘画心得，从什么地方着手比较得心应手。先把事情想清楚、想透彻，再去做，定能取得事半功倍的效果。思考如何把线条组织到一起，通过怎样的线条才能把物体表达出来，怎样通过线条的组合和变化把物体的美感表现得淋漓尽致。这里想告诉学生的是要"解放思想，大胆创新"，只有思想得到了解放，身心才会更加轻松愉悦，这样才能够在学习简笔画的道路上充分展现自己的艺术感受，画画时也更肯定、自由、自信。

（二）多观察

曾经有人问达·芬奇："画画的人那么多，为什么只有你是大师呢？"达芬奇回答说："要学会用眼看。"当然这种看不是一般的看，而是从审美的角度看。

观察是通过人的视觉去感知事物的色、形、空间，它是一切思维的创造和基础。观察是人们了解客观世界、认识世界、积累感性认知的客观途径。我们大多数学生

的观察却往往是片面的、零碎的、随意的。比如一座房子，由门、窗、屋檐等组成，这时候我们要学会观察整体，看清楚物体的结构，首先把房子看成一个方形来概括，然后再在方形里面添加细节，这也是美国画家奥列佛提倡的绘画方法。让学生在观察的基础上学习简笔画，提高学生的造型表现能力，是学生画好简笔画的重要条件。因此，培养正确的观察方法，是学生画好画的前提。

（三）多交流

交流是人与人之间进行信息交换的必要手段。学习简笔画也是这样。比如某一个线条或者形状画得不满意，可以向画得较好的人请教一下，什么位置是直线条，什么位置是弯线条，是一气呵成还是循序渐进，是轻轻落笔还是果敢行笔，等等。绘画中的技巧可以通过交流来探讨，共同进步。与比自己知道得少的人交流，可以帮助你梳理学过的东西，让你理解得更清楚、更深入。而与比自己知道得多的人交流，则可以打开视野，增进新的知识，碰撞出新的火花，使自己进步。交流到位会让人醍醐灌顶、茅塞顿开，在学习简笔画的道路上少走弯路。

（四）勤练习

练习是学习简笔画的关键。无论你理论知识掌握得多么充实，没有实践是不行的。我们都知道，初学素描的时候，要练习线条。线条的基本要求是两头细中间粗，练习线条的时候是非常枯燥的，但这是基础，基础必须夯实。简笔画也是如此，每一个栩栩如生的画面背后都是经过无数次的练习才成就的。从直线到曲线，从方形到立方形，从圆形到圆柱体，再到复杂的动物、人物，可以概括为从"线"到"形"，这需要一个长期的过程，需要坚持不懈地练习，要做到日练、月练、年练，才能逐渐掌握其中的绘画技巧，掌握物体的结构、比例，才能更好地进行简笔画绘画。

练习的时间可以随时随地，随身准备一个小本子和一支铅笔，不论什么时候想画，都可以拿出来练习，还可以在日记中画一些简笔画。练习的方式可以多样化，写生、临摹、画照片、默写、想象画等，这样就能做到时刻在练习。只有这样长期坚持下去，才能更好更快地画好简笔画。

在简笔画学习中，应让学生走近生活，多思考、多观察、多交流，勤练习，通过"三多一勤"的简笔画教学方法改革与实践，让学生形成对学习简笔画的兴趣，能积极主动参与简笔画课堂教学，掌握便捷高效的学习方法，提升学习效率。教师通过研究"三多一勤"的简笔画教学方法，能按照由易到难、由简到繁的要求合理安排教学内容，能在有限的时间内使学生掌握简笔画技巧、方法，从而提升简笔画教学的效率和效果。

第九章 国外高校学前教育专业教学的比较与借鉴

第一节　国外学前教育改革对我国学前教育发展的启示

当前，国外学前教育课程改革方兴未艾，了解国外学前教育课程改革的异同有助于我国学习和借鉴先进的学前教育课程理念，这对我国学前教育改革具有重大意义。很多国家在强调整合学习的同时，还提出要重视幼儿的读写和算术能力，如美国的幼儿数学教育在近几年发生了重大的变化，最明显的是表现出对早期数学教育的高度重视。而我国《幼儿园教育指导纲要（试行）》中的五大领域则没有数学领域，只是在科学领域中穿插了数学教育。我国应该在立足学前教育现实的基础之上，把握世界学前教育的发展方向，推动我国学前教育发展。

一、国外学前教育课程改革

（一）学前课程生活化

21世纪初，以美国为代表的西方国家提出了以幼儿为中心、教育回归生活的教育主张。如杜威在《我的教育的信条》中指出："教育是生活的过程，而不是为将来生活的准备。"教育即生活的主张将学前课程里的学校生活、自然生活、社会生活三者有机联系在一起，有助于实现教育的一致性与完整性，发挥幼儿的主体性、主动性。

（二）学前课程的游戏化

游戏化的课程观认为，游戏能激活幼儿思维的内部运算，是智慧的源泉和发展的基础，强调活动与游戏的教育价值，提倡活动教学。游戏化的课程要求高度重视幼儿在学习过程中的主动性，倡导幼儿积极与周围环境相互作用，主动建构知识，倡导发现学习，反对填鸭式教学。

当前国外学前教育的发展趋势表现为学前教育中心的转移，尝试不分年级的教育，发展多形式和多功能的学前教育机构，倡导多元文化教育。幼儿教师应保证所使用的教具能符合多元文化的要求，具有教育性和可操作性。在组织各种教学活动时，尽量使用具有不同文化和民族特色的图片，丰富课程的内容，这样有利于开阔幼儿的眼界等。教师应该尊重来自不同文化背景中的幼儿，尊重其自身文化，并利用便利条件让其他幼儿了解这些不同的文化，促使他们同来自不同文化背景的人愉快交往，获得成长。国外学前教育的发展趋势注重幼儿的主体性，以幼儿为中心，鼓励幼儿从生活中发现事物，培养幼儿探索的兴趣。

二、对我国学前教育的启示

自中华人民共和国成立以来,我国学前教育事业经历了两个发展阶段,第一次是向苏联学习以"直接教学"为主要形式的集体主义教学模式,第二次是向欧美学习以"活动教学"为主要形式的自由主义教学模式。我国一直在不断探索具有本土特色的学前教育课程模式,有很多知名教育学者,如陈鹤琴、陶行知、张雪门等提出了自己的观点,推动了我国学前教育的发展。近年来,国家颁布了一系列的法律法规,并且大力扶持学前教育的发展。我国借鉴国外学前教育的课程模式,促进学前教育生活化、游戏化、多元化,不再采用以"教师说什么,幼儿做什么"为主的教学模式,转而以幼儿为主,倡导幼儿在游戏中学习,在游戏中成长,主动建构知识。

(一)打破学前教育工作者的思维定式,突破传统学前教育的模式

国外学前教育的改革,有利于帮助我国的教育工作者打破原来的想法,提出更符合中国实际的教育教学方法和理念。陈鹤琴曾提出我国幼儿教育的弊端是与环境的接触太少,在游戏室里的时间太多;功课太简单;团体动作太多;没有具体的目标。传统的学前教育模式是以教师的讲为主,而这种传统的教育模式已经不适应当代社会的发展。国外学前教育的改革将其游戏化、生活化、多元化,并提出以幼儿为主,我国借鉴国外的改革方案,但应该立足于本国的国情,合理利用国外的经验。

(二)把握学前教育发展契机

国外学前教育的改革启示我国要加大对学前教育事业的扶持力度,深入改革学前教育制度,促进学前教育均衡发展。2002年,我国颁布了《3~6岁儿童学习与发展指南》,明确了学前教育工作者的任务;2012年,我国启动了学前教育三年行动计划,大力发展学前教育事业。国家的举措让人们认识到学前教育的重要性,学前教育专业一度成为大学的热门专业,家长也逐渐开始重视幼儿教育。国家的重视为学前教育发展提供了契机,在当前形势下,根据我国的实际情况发展本土的学前教育理念是极为必要的。

(三)提升幼儿教师地位和专业素养

受社会大环境的影响,很多人将幼儿教师定位为"看孩子的保姆",认为学前教育是"看孩子的工作",这阻碍了学前教育的发展。学前教育的主体是幼儿,教育幼儿既是幼儿教师的责任,也是家长的责任,更是国家的责任。学前教育应该纳入义务教育的行列,提高社会各界对学前教育以及幼儿教师的重视程度。当前,国家加

强了对幼儿教师的在职培训，如实行国培计划，对各园优秀骨干教师进行培训，以提高学前教育的师资力量和水平。

（四）以幼儿为中心，注重幼儿个体差异

充分考虑幼儿身心发展的特点，尊重幼儿的个体差异，注重幼儿社会情感的发展，积极引导幼儿个性的发展。每个幼儿都是独立的个体，每个幼儿之间都存在差异，教师应该用发展的眼光看待幼儿的成长，让幼儿渐渐参与到日常活动中，逐渐知道自己的权利和义务。教师应从幼儿的实际出发进行保育和教育工作，与幼儿建立安全、尊重、互惠的关系，洞察幼儿的想法和情感；尊重幼儿，获得幼儿的信任，为幼儿提供持续的情感支持，关注幼儿在活动中的参与性。

第二节 美国学前教育课程培养对我国的启示

一、美国社会科学课程发展的历史脉络

对社会科学课程（social studies）的研究和实施，在美国已经有很长的历史。1921年，美国社会科学委员会（the National Council for the Social Studies，NCSS）的成立，意味着"社会学科"作为一门课程获得了合法性和权威性。1983年，美国社会科学委员会将社会学科确定为课程的一个领域，认定它的目标来自民主社会公民的性质以及与社会的联系，其内容来自于社会学科和其他学科，能反映儿童个体、社会和文化的经验。1994年克林顿总统签署国会在1992年通过的《2000年教育目标：美国教育法案》，该法案认可并要求发展全国教育标准，以提高全国教育质量。美国社会科学委员会成功地将制定社会课程标准纳入了全国的教改议程之中，并于1994年推出了《社会科学课程标准：卓越的期望》（Curriculum Standards for Social Studies：Expectations of Excellence）。这是美国课程史上第一个全国性的社会课程标准（从幼儿园至12年级）。与此同时，美国几乎所有的州都在着手制定有关社会的课程标准，各州制定的社会课程标准所反映的课程机构主要有三大类型：一是美国社会科学委员会推出的社会科学课程；二是历史——社会科学课程；三是"社会科学"课程。相对于州立的社会学科标准而言，国家社会科学课程标准居于统治地位，被31个州选用。本节所要探讨的就是第一种社会课程类型——社会科学课程。

二、美国社会科学课程在幼儿园的实施

美国社会科学课程是促进儿童公民能力获得的社会科学和人文学科的综合性学习。它运用10个"主题轴"（文化，时间、连续与变迁，人、地与环境，个人发展与认同，个人、团体与制度，权利、权威与管理，生产、分配与消费，科学、技术与社会，全球联系，公民意识与实践）为基本构架，整合人类学、考古学、经济学、地理学、历史学、法学、哲学、政治学、心理学、宗教和社会学等学科的内容，以及人文学科、数学和自然科学等适当内容，构成课程内容体系。

社会科学课程按照年龄分为三个阶段：初级（幼儿园～4年级）、中级（5年级～8年级）、高级（9年级～12年级）。其中幼儿园阶段的社会科学课程经过长期广泛的探索和研究，已经逐步结构化。美国希思公司为美国初级学校提供《社会学科》教材已经有一百多年的历史，在这一系列教材中，有一本名为《出发》（starting out）的教材是专供幼儿园使用的。下面试从课程的目标、理论基础、内容、组织和方法及评价来具体介绍美国社会科学课程在幼儿园的实施。

（一）课程的理论基础

幼儿园社会科学课程主要以三大理论作为支撑：一是社会学科理论。社会学科对于儿童必须是具体的，包括儿童正在做的和经历的。社会学科必须帮助儿童成为家庭、社区、国家、世界中积极有用的一员。社会学科具有以下几个特征：它包含对我们生活方式的探索；它是人类日常活动的一部分；它包括学习内容和过程两方面任务；以学科为核心；以信息为基础；需要信息处理；以决策和解决问题为目的；涉及个人的价值发展和分析。二是认知发展理论。皮亚杰的认知发展理论是社会科学课程最为重要的理论依据。根据该理论，每个人都是社会学家，他们通过处理信息来建构行为模式，从而认识世界。儿童在与环境的积极互动中组织或重组着认知结构，且在不同的年龄阶段以不同的方式适应着环境，所以幼儿社会教育必须和幼儿的发展水平相适应。以认知发展理论为指导，教师根据教育内容、幼儿的特点和社会学科活动的目标的不同，可以采用三种不同的教育模式：社会探究模式，适合0～2岁的幼儿，重点是把幼儿介绍给新的人和环境，通过新的活动扩展儿童与照顾者的互动；经验模型，适合2～7岁的幼儿，重点在于发展幼儿的探究能力，给幼儿提供练习、扩展和改变他们认知结构的机会，让幼儿在探究的过程中获得第一手的知觉经验；概念获得模式，适合处于具体运算发展阶段的幼儿，重点在于帮助幼儿发展和建构社会学科的概念和原理。三是社会学习理论。

班杜拉的社会学习理论强调在社会学习中榜样以及儿童的观察、模仿榜样的作用。此外还有柯尔伯格的道德发展理论等。

（二）课程目标

在幼儿园阶段，社会科学课程主要有两大总目标：一是学习社会学科的内容。即学习社会学科的模式：事实（感知的、大量的、具体的）——概念（抽象的、相互联系的）——普遍原理（总结性的、普适性的）。内容是信息处理的结果，它以概念和普遍原理的形式来反映我们的社会世界。在概念和普遍原理形成之前，学习者必须在信息处理过程中把它们从经验背景中提升出来，而这些经验背景就以事实的形式存在；二是学习社会学科的过程。帮助幼儿学习通过使用例如观察、推论（包括分类、总结、预测、举例）等心智技能来学习社会学科的内容。这样幼儿将会获得更多的事实、概念和原理，通过处理信息，幼儿学会如何学习，练习不仅用于社会学科还用于幼儿园课程各个领域的学习技巧。

（三）课程内容

社会科学课程所要探索、阅读、讨论和获得的内容是十分广泛的，其核心包括历史、政治、地理、心理学、社会学、经济学、人类学等。虽然它们侧重于不同的方面，但相似点都是关注理解和揭示人类的行为和关系。

在学前阶段，社会科学课程主要关注以下几个问题：（1）幼儿的多元文化生活。通过分享不同的文化背景，如家庭习俗、语言、食物、音乐、价值观、家庭关系、生活类型、文化节日和民族遗产等，提供给幼儿必要的技能、知识，发展他们对自己的良好接纳以及对别人的积极认识，理解在快速变化的、复杂的、独立的社会中生活的丰富与合作。（2）幼儿的心理和价值观。社会和物质环境以尊重为关键特征，为幼儿提供一个属于他们的位置。特别关注幼儿独立意识的发展；如何处理嫉妒、害怕、攻击性的情感、与别人玩的能力和友谊的发展；如何控制他们生活中的想象角色的发展等方面；同时，也关注幼儿道德发展的三个方面：对道德的思考、自我评估及抵抗偏差想法和行为的意识，从而促进幼儿的道德行为。（3）对历史的感知。历史教育具有人道主义精神，使人们更独立、自由、沉思和具有批判性。对于年龄较小的孩子的历史教育，应该从与孩子有关的不同经历开始。任何社会教育的探究中，人都是教育特别丰富的资源。幼儿的过去（个人历史或生命历程）、遗传、家庭历史及其他幼儿的家庭历史都是幼儿历史教育有效的手段。幼儿在活动中建立起对历史理解的同时也建立起对时间的理解。（4）地理。在幼儿园阶段，地理学习主要把焦点放在三个方面：解释不同区域（地区、国家、世界）的人和地方有什么不同；描述和评价物质和文化世界的关系（人类大陆的关系，包括环境保护和守恒）；确定由物理和经济因素造成的问题（包括人口的分布和密度）。（5）幼儿作为消费者。社会科学课程选择了10个经济概念用于学前儿童学习：消费欲与需要、缺乏、区别资源（人类资源、自然资源和资本财力）、计划、目标排序（购买的先后、主次）、商品（我们买的东西）和服务（别人为我做的事）、买者和卖者、生产者和消费者、钱（知道钱的作用，认识和命名钱）、选择(消费教育的目的是帮助每个人能用他们有限的资源作出最可能的选择）。（6）幼儿对年龄、衰老和死亡的认识。幼儿缺乏对这三个概念的清楚和正确的认识。社会科学课程给予幼儿情感支持；对幼儿关于年龄、衰老和死亡的问题给予正确的事实回答；帮助幼儿鉴别关于年龄、衰老和死亡的公式化的人物与神话；让幼儿知道死亡是生命循环的一部分；增加幼儿关于老龄的信息；促进幼儿对所有年龄的人的尊重；给幼儿提供训练倾听、自我表达、同情和价值判断的机会。

（四）课程组织

美国社会科学课程标准以社会学科为核心，强调学科间的整合。以主题为课程架构，每一主题皆可从相关的学科内容加以探讨，打破学科范畴，并建立社会学科科际整合的课程组织模式，增加学习的意义性。该课程标准还采用螺旋状课程设计模式，每一主题在不同年级阶段重复地出现，主题的概括性、复杂性和抽象性随年级而加深，学习者不断地、重复地接触这些主题，且每次都从不同观点学习这些主题，增加了学习的深度性。

（五）课程评价

美国社会科学课程认为评价是一个价值判断的过程，它以活动是否最大地满足了儿童的需要为标准。教师采用非正式的评价（观察、面谈、作品、小组讨论和行为测试等）与正式评价（教师制作测验、标准化测试）相结合的方式对儿童进行评价。

三、美国社会科学课程对我国学前社会领域教育的启示

无论与中小学社会教育研究相比，还是与学前教育其他领域的研究相比，目前我国幼儿园社会领域的教育研究和实践相对比较薄弱，美国的幼儿园社会科学课程为我们提供了可资借鉴的重要经验。

（一）就课程标准而言

美国社会科学课程标准制定得非常具体、详细，内容包括标准制订的缘起、目的，社会教育的前景，社会课程的含义及与其他学科的关系，社会课程标准的组织、

适用对象和使用标准，课程主题，各个教育阶段之课程标准、预期表现与实际应用示例。该课程标准不仅是教师设计课程的准则，亦可成为教师对学生成就期望的依据。反观我国幼儿园社会课程标准（参见《幼儿园教育指导纲要（试行）》），叙述较为笼统，需要在学习、借鉴和研究的基础上不断加以完善。

（二）就课程目标而言

美国社会科学课程目标体系由若干部分组成，包括总目标、每个主题目标和每个年龄阶段的行为目标。课程目标的内容涉及知识目标、民主价值目标、思考技能目标及公民参与目标。在知识目标方面，强调从儿童的生活经验中学习社会学科的基本内容。在民主价值目标方面，强调自由、正义、公平、负责、多元及隐私等价值与信念。思考技能目标则包括下列四种重要技能：获得、组织、解释、表达资料的能力；运用资料探究问题、建构知识及作结论的能力；评鉴各种可能的行动方案及作决定的能力。在公民参与目标方面，注重理论与实际的结合，鼓励学生参与学校及社区活动，培养民主社会所需的作决定与参与公共事务的能力。相比而言，我国的幼儿园社会教育目标主要是情感——社会性发展方面的目标，并且这些目标也没有强调"具体""可观察""可测量"的行为表现。

（三）就课程内容而言

美国社会科学课程内容十分广泛，以十大主题的方式呈现，每一主题都涉及一个或数个学科领域，并且还涉及对自然科学与人类的关系的探讨。我国幼儿园社会教育内容就相对较窄，关注的主要是幼儿的社会性发展、社会行为规范、与周围社会环境的互动，对周围社会文化的了解，等等。因此，无论是内容的广度和系统性，都有待于我们的进一步研究。

（四）就课程形式而言

美国社会科学课程追求全方位、多层次的整合，不仅将社会学科相关领域进行整合，还强调社会学科研究方法的整合，旨在培养儿童知识、能力、情感态度和价值观的整合。我国幼儿园社会课程的发展也显示了综合的趋势，社会教育渗透于多种活动和一日生活的各个环节之中。可见，采用综合的课程形式是当前社会课程的一个共同趋势。

第三节　美国学前教育师资培养的方式、特点及其启示

在学前教育受到政府高度重视的背景下，美国幼儿教师培养已形成一个起点高、

体制完备、操作性强的有机体系，重视职前培养、新教师入职培训与在职教师专业发展培训的一体化。具有以下突出特点：政府立法确保学前教育师资培训的实施，并给予资金保障；采用专业权威团体研发的标准化评估体系保证学前教育师资培训质量；将教师培训与教师资格认证制度相结合，促使幼儿教师不断追求卓越与优秀；职前培训、入职培训与在职培训的密切联系规划了幼儿教师的专业成长生涯。在实际实施中，美国学前教育师资培养体系也存在一些不足，如评价标准与资格认证制度的推行存在一定难度；所采用的标准化评估体系也并非完美无缺；专业发展培训的实效不是很令人满意。立足我国国情，我们还是可以从美国学前教育师资培养中学到以下宝贵经验：应尽快制定我国幼儿教师教育标准，设立以实践为目标、以教学为核心的评价体系和考核制度，提高幼教师资整体质量，促进幼儿教育职业的专业化；加强师范院校与幼教机构的联系，实现教育理论与实践的融合，确保学前教师的专业质量；大力培养高级幼儿教育导师，建立健全覆盖所有在职幼儿教师的专业发展培训体系。

美国学前教育从20世纪60年代以来一直处于世界领先地位，这与美国政府近几十年来对学前教育的重视密不可分。近年来，美国政府及教育部门不断提高对学前教育师资的要求，强调以"高质量的教师培养高质量人才"的理念为所有儿童打下坚实的基础，进而确保美国在世界各项竞争中的优势地位。

一、美国学前教育师资培养的方式

美国学前教育在国家政策的重视和指导下，其师资培养方式不断改革并日趋完善，已经形成一个起点高、体制完备、操作性强的幼儿教师教育培养体系。具体来说，美国幼儿教师培养包括以下三个阶段：

（一）职前培养

美国幼儿教师的职前培养重视普通知识、教育专业与技能知识及实践操作能力的学习与掌握。近年来，对实践操作能力的重视使美国幼儿教师的职前培养评价方式发生了重大转变：由强调知识掌握以及学习成果的内部评价（the model of input），转变为强调学生的实践表现与理论运用，以强调学生与儿童相互交往、个性化指导的外部评价（the model of outcome）。

实践技能的评价由学生的田野经历（fieldexperience）表现与实习（practicum）表现组成，其中田野经历是学生每学期被分配在各幼教机构进行实践、观察、调查与反思的经历，其目的在于让学生在与儿童、家长、同事、社区机构的互动中获得知识、技能与专业态度，一般为290个学时。实习则是学生在校的最终职业准备期，实习生在实习导师的指导下逐步独立地进入实际教学环境，是学生综合运用知识与技能的过程，实习时间一般要求达到500学时左右。对学生田野经历与实习表现的评价都极为重视学生展示的各种实践能力，如对儿童个性和发展的理解能力、综合运用知识和实际教学的能力、与儿童或家长沟通的能力等。

（二）新教师入职培训

新教师入职培训从20世纪80年代以来在美国开始倍受重视，原因在于一方面大量研究表明新教师在进入真实教育情境时都会遇到很多问题，对新教师的自信心、教学实践和教学效果等会产生较大的负面影响，进而影响其职业选择和专业发展；另一方面美国教师资格认证体系取消了终身制的教师证书，而改为进阶式的体系，新任职时所取得的幼儿教师执照只是临时证书，有效期只有二至三年时间，由此新教师自身也有迫切接受继续教育的愿望，以便通过下一阶段的执照考试。

新教师的入职培训由各州教育部门管理，具体由幼教机构或当地学区的教育督导负责，一般采取以下形式：教学导师制，又可分为非正式导师制和正式导师制两种形式。非正式导师是临时性的，由幼教机构指派或由新教师自选。正式导师则由幼教机构或学区指派，负有明确责任和义务，包括教学示范，对新教师进行教学、互动、家长沟通等方面的指导，使新教师尽快获得有关教学环境的管理知识、师生相处的方法以及与家长沟通的技巧；目标介入式培训，这种形式期限较短，内容均与教学实际相关；督导评价，即通过观察新教师的实际教学过程，对其教学能力进行适时评价和及时反馈，促进新教师教学技能的丰富与提高，一般一年中有三四次这样的评价。除以上这些形式，新入职的幼儿教师还可加入一些专业团体机构，通过与专业成员的互动得到相应支持，帮助自己解决新入职工作中的问题。新教师的入职培训一般历时两三年，以新教师获得正式教师资格证为准。

从实效看，这一阶段的培训具有多重作用：既能帮助新教师适应新的工作环境，发展综合运用学科知识和教学技巧的能力，提高专业素养，又能促使新教师主动实践，并在实践中反思教学行为，提高个人专业水平。这一阶段的培训是幼教专业毕业生顺利进入职业生涯的有效途径，并为个体将来的专业发展奠定了良好的基础。

（三）在职教师的专业发展培训

在职幼儿教师的专业发展培训包括了学前教师获取正式教师资格证后的所有工作阶段，管理上隶属各州教育部，但具体由幼教机构与社会各教育机构合作实施，有专业发展学校培训、个人导向专业发展、观察与评价、教学探究活动以及各种技术和教学支持培训等形式。

美国幼儿教师接受的专业发展培训主要有：第一，教育资源与咨询部门设立的教师专业发展小组提供的培训。这一小组会配备专业的导师，针对各级各类学前教育从业人员进行各种内容的培训。第二，学区根据不同的主题设立不同的小组开展培训。第三，社区大学或四年制大学提供的培训课程，以满足个人导向的专业发展为主，可以为没达到学士学位的在职幼儿教师提供培训和课程，使其最终能达到合格学历要求。第四，观察与评价模式，即通过现场督察、同行指导和教师评价等方式，为幼儿教师专业发展提供支持，评价人员包括园长或校长、同行等。第五，探究培训模式，包括教师研究小组、教师调查、教师合作组等，重视在职幼儿教师就自身教学中的一些问题开展研究。由于这种方式能更积极地促使教师在教学实践中发现问题、研究问题与解决问题，从而走向积极主动的教师专业发展道路，因此，探究式的教师专业发展方式近年来倍受推崇。

二、美国学前教育师资培训特点及其存在的不足

（一）美国学前教育师资培训的特点

1. 政府立法确保学前教育师资培训实施

20世纪80年代，美国政府开始相继立法保障学前教育师资培养，如2002年颁布《不让一个孩子掉队法案》建议各州学前教育师资在2006年之前达到学士学位水平；2008年重新签发生效的《高等教育机会法》对学前教育师资培养的独特性与重要性给予明确的法律规定，指出要加强与确保不同阶段学前教育师资培养的实施。由此，既保证了各州有效开展幼儿教师培训，也保障了学前教师教育培训项目资金来源。如2000年美国高级法院判决新泽西州的阿伯特地区（AbbortDistrict）必须使其所有幼儿教师到2004年9月至少达到学士学位，同时州与学区要制定奖学金计划，支持在职幼儿教师的学历升级。

此外，美国政府还通过对各种培训、教师专业发展项目制定严格要求和目标来保证幼儿教师培训质量。如2002年夏天，"开端计划"夏季教师教育项目STEP为所有"开端计划"教师提供高强度的系列早期师资培训，要求接受培训的幼教人员最终要取得早期识字专家的资格；新泽西州规定幼儿教师参加专业发展培训在五年内至少要达到130个学时，以确保幼儿教师有充足的时间与资源更新自己的知识、观念和实践，从整体上提升幼儿教师质量。

2. 采用"标准化"评估体系保证学前教育师资培训质量

目前，美国幼儿教师培训多采用非营利性权威专业团体机构所开发的教育标准

为评价准则，以确保师资培训质量。如幼儿教师职前培训的评价细则根据美国幼儿教育领域权威专业机构"全美幼儿教育协会"（简称 NAEYC）制定的"幼儿教育职业准备标准"来实施。NAEYC 为培养学前教育从业人员的正规高等教育分别设计了三种职前标准：初级许可证标准（本科水平）、高级许可证标准（研究生或博士水平）、副学士学位标准（专科水平）。这三套职前标准均包含了五项幼教职业候选人在知识与能力方面的核心标准，以及不同层次的附加标准，并根据不同的实践表现分成了优秀、熟练、发展、基础四种水平。职前培训结束时，准幼儿教师至少要达到熟练水平。

对于新教师入职培训标准，美国大部分州参照或采用"美国州际新教师评估与支持联合会"（简称 INGASC）提出的 10 条标准。INGASC 在严格区分新教师与高素质教师在各项素质方面的差异的基础上，从知识、专业态度与实践操作三个维度对新教师提出了具体要求。在职教师的专业发展培训一般以极具权威的专业团体"全美专业教学标准委员会"（简称 NBPTS）制定的"优秀幼儿教师标准"为评价准则。这一标准突出"优秀"二字，以专业素养研究为依据，以高质量教育实践为目标，既规定了优秀幼儿教师应具有的静态的、结构性的专业知识与技能，又明确了其应具备的动态的、过程性的专业态度与能力；其评价方式以专业行为为核心，各个评价维度相互衔接，形成了有机的评价体系，其权威性得到广泛认可。

不同阶段的培训与不同层次的标准化评估体系紧密结合，一方面为各阶段的培训提供了具体内容、目标及要求方面的参考，使各阶段的培训有规律可循、有准绳可依，具有极强的操作性与实用性；另一方面适应了美国多样化的学前教育机构与多层次幼儿职业从业者的需求。这些评估体系不约而同对表现性评价方式与教师实际教学实践表现非常重视，保障了不同阶段师资培养的质量。

3. 教师培训与教师资格认证制度相结合，以资格认证提升幼儿教师质量

教师资格认证制度是美国法定的职业准入制度，对想要从事幼教这一职业的人来说，必须取得如下进阶式幼儿教师资格证书，方能进入并从事这一职业：幼教执照—教师资格证—初级、中级资格证—国家高级教师资格证。

幼教执照是进入学前教育行业的基础执照，由各州颁发。一般是学生在校时通过以 NAEYC 所制定的职前教育标准为准绳的学校评价，取得相应学位后，再通过州一级的学识与能力考试，获得幼教执照。幼教执照为美国学前教育师资划定了基本水平线，保障了学前教育师资的基础质量，但它只是行业准入的标志，其有效期只有两三年时间。

教师资格证是幼教行业内部对幼教工作者技能水平的初步认证，由专业团体颁发且各州承认，但也不具备终生性，因为美国法律规定教师资格证要在一定时限（3～5年）后再次接受评估或更新。获取幼儿教师资格证的途径如下：具有幼教执照的新教师加入州或学区的新教师培训计划，达到INGASC所制定的标准后，再经过州一级评估体系的课堂评价，合格即可获得由INGASC颁发的教师资格证，成为进阶式教师资格证的起点。

美国幼儿教师的最高资质是由NBPTS颁发的国家高级教师资格证，所有州不仅予以承认，而且对持国家高级教师资格证的教师给予优惠政策。国家高级教师资格证的申请不受限制，但评价非常严格：具有一定资格的教师加入幼儿教师专业发展培训学习，取得相应资格后向NBPTS提出申请，而后由NBPTS采用个人教学档案袋评价方式，在其教学评估中心对申请者连续几个月的教学实践和教学表现进行考察与评定，对最终认定达标者，NBPTS会颁发国家高级教师资格证。

4.三段式培训密切联系，以递进方式促进幼儿教师的专业发展

美国幼儿教师培训横向联系了学前教育领域中三种教师群体，并分别根据特定群体特征及共性问题而开发，有效扩大了幼儿教师培训范围；纵向巧妙承接了幼儿教师的职前培养和在职专业发展，体现了教师职业生涯的历时性成长，实现了教师专业发展的一体化与终身化。

此外，三个阶段的培训与不同的标准相结合，采取"进阶执照"模式，贯穿于教师专业生涯，正如帕梅拉·基延所说："很多州正竭尽全力信赖这种专业进程，并视之为一种确保教育卓越的手段。"美国目前大部分州正是通过这种途径来确保学前教育师资质量，进而促进学前教育质量提高的：通过对大学的认证和学生的选拔保证职前教育质量；毕业生通过基于标准的职前准备培训和学科专业评价，获得幼教执照或初级证书，成为一名学前教育从业者；就职后参加入职培训计划，在导师指导下达到标准并通过课堂行为评价，获得正式幼教资格证，进入幼儿教师专业；在职教师通过参加教师专业发展培训或进一步学习，达到标准并通过课堂行为评价后，不断更新资格证，最终成为一名优秀的幼儿教师。

（二）美国学前教育师资培训存在的不足

1.评价标准和资格认证制度的推行存在一定难度。

首先，美国的评价标准和资格认证制度难以覆盖所有学前教育在职人员。由于美国学前教育具有多种学科性，因此美国数量众多的日托中心、开端计划中心等开设的保育及护理课程，至今没有被纳入标准所认证的课程范围内。美国学前教育都

由各州分权管理，因此各州在制定幼儿教师职业准入标准方面存在差异，一些经济发展较好的州要求教师入职时需持正式高校文凭，但在一些经济相对落后且幼教人员缺乏的州，则准许高中毕业生通过培训学习并取得承认后进入幼儿教师行业。这部分人成为标准评估体系和专业资格认证制度实施的真空地带。

其次，美国学前教育儿童年龄跨度大（0～8岁），也给评价和认证带来难度。这主要由于各高校对儿童的定义不同，有的是0～5岁，有的是0～8岁，导致高校开设的课程不同；或是因为各州对幼教执照的规定差异，一些州同意为0～8岁儿童设置的早教专业和为K～G3年级设置的学前教育专业都能取得幼教执照，另一些州则同意持有K～12（从幼儿园到小学12年级）教师资格证的教师都能从事幼教这一职业。此外，美国幼儿教育机构的多样化也使标准和认证制度的推行存在困难。美国幼教机构的创办来源不同，实施的儿童课程十分多元化，从而对幼儿教师质量的要求也不完全相同，那些低收入和非营利性质幼教机构中的教师通常未能被纳入培训体系。

2.各种评价标准存在缺陷

从实效看，把培训与标准相结合是一种很好的方式，但各种标准存在的缺陷还是会导致学前教师质量不够理想。如美国当前职前标准中的评价指标制定过低，虽强调了表现性评价，但只能算是毕业生的一种实践资格评价工具，不能反映幼儿教师知识和能力结构的多样性。另外，职前标准只针对在校师范生应该学什么、做什么制定了标准，而忽视了从施教对象——儿童发展的角度出发对师范生的在校学习提出要求。

又如在INTASC所制定的新教师入职标准中，尽管克服了职前标准的不足，考虑到了儿童的因素，能从儿童发展角度来制定标准，但在实际运作中，却鲜有将学前儿童学习标准与教师的表现标准联系在一起进行的评估。此外，新教师入职标准没有考虑学科、年级水平或所教学生之间的差异，尤其对幼儿教师来说，没有充分考虑学前儿童的特殊性与差异性。

3.专业发展培训的效果不是很令人满意

教师专业发展培训需要个人对专业的高度关注，更需要整体环境的配合，以使每个在职教师都能处在一个积极向上的共同体内，与别的教师积极互动与交流，从而既保证个人专业成长，又有利于培训质量的提高。但多项研究表明，除探究式培训方式外，其他专业发展培训形式与内容对很多在职教师来说是零散的，与实践相脱离，从而不仅降低了教师参加培训的积极性，而且效果不佳。

三、对我国学前教育师资培养的启示

他山之石，可以攻玉。我国学前教育近十年来经历了剧烈变革，在整个教师教育体系逐步走向开放的过程中，由于幼儿教师培养机构的多元化而导致目前学前教师质量参差不齐、良莠并存，加强学前教育师资队伍建设成为亟待解决的紧急任务。美国在学前教育师资培养中形成的以"实践"指导教师行动、以"标准"保证教师质量、以"政策"引领教师专业发展的特点，对如何保全我国优质幼儿教师教育资源、提高学前教育师资质量有着启发与借鉴意义。

（一）尽快制定我国幼儿教师教育标准，设立以实践为目标、以教学为核心的评价体系和考核制度，提高整体幼教师资质量，促进幼儿教育职业专业化

我国目前急需建立国家级权威性的幼儿教师教育标准，并与行政部门合作加强幼儿教师准入资格管理，以此限定幼儿教师队伍最低起点，保护优质幼儿教师教育资源。同时，需分层次制定不同水平的幼儿教师标准，在适应各种教师群体实际情况的基础上，强调以实践为导向、注重教育理论与教学方法运用以及教学过程中师生互动等方面能力与伦理的考核，并与不同层次幼儿教师资格认证制度相联系。通过建立结构严谨、重形成性评价的民主评价方式，一方面逐层甄别、选拔不同层次的幼儿教育人才，一方面发挥行政法规和标准的导向功能，敦促各类幼儿教师不断更新、拓宽教育知识、教育观念与教学技艺，引导幼教师资走专业化发展的道路。

（二）促进教育理论与教育实践的结合，增强院校与幼教机构的联系，确保学前教师专业质量

我国师范教育专业以理论教学居多，缺乏对学生理智、思考力、创造力和自我意识的培养，因此急需加强教育理论与实践的联系。师范院校应主动加强与幼教机构的联系，通过幼儿教师发展学校等形式，以行动研究为主，指导实习生、在职教师解决专业实践中的各种问题，引发各类教师主动反思、判断、参与交流的积极性，从而确保学前教师的专业质量。

（三）大力培养高级幼儿教育导师，建立健全在职幼儿教师培训体系

基层幼教机构缺乏高水平幼儿教育导师的理论与实践指导，是我国幼儿教育实践改革力度弱的原因之一。我国应大力培养高级幼教导师，从院校、幼教机构与一线教师中根据标准选拔优秀幼教人才，培养适合本地学情的幼教导师，从而能在理

论与实践两方面对地方幼儿教育发展和师资培训提供指导与协助。同时，还应广泛建立在职幼儿教育师资培训系统，充分运用网络和信息资源，把所有在职幼儿教师囊括在内，弥补公立园与私立园、城市园与农村园在职幼儿教师在继续教育机会上的差异，从而为所有幼儿教师提供进修与深造的机会。

第四节 澳大利亚学前教育改革的启示

一、澳大利亚学前教育课程改革的背景

21世纪，世界各国的儿童早期教育进入了新的发展阶段，越来越多的国家意识到投资儿童早期教育和保育计划的回报显著。主要发达国家在2000年后纷纷加大了对早期教育的投资和支持，越来越强调家庭、社会、教育机构之间的衔接。OECD2005年的一项调查显示，澳大利亚4岁及4岁以下儿童接受教育的比例只占41%，而发达国家的平均水平是70%。政府意识到迫切需要出台相应的政策举措，为儿童提供最佳起点，最终促进教育公平。同时，也意识到通过构建更完善的早期教育及家庭教养服务体系，可以减轻家庭教育的经济负担，促进劳动力参与（尤其是女性），从而应对2009年以来金融危机的影响。

一直以来，澳大利亚都没有一个全国性的、统一的学前教育课程大纲，几乎每个州和领地都为自己的辖区编写了的学前教育课程大纲和指导方针。但由于各个州和领地各自对本辖区的学前教育负责，不同辖区的学前教育课程的内容和组织方式有很大的差异。如，就适用的年龄段来说，塔斯马尼亚州和新南威尔士州的学前课程大纲适用于0~5岁儿童，南澳大利亚州的适用于0~12岁儿童，西澳大利亚州、北领地、首都领地和昆士兰州的适用于3~5岁。全国所有辖区只有南澳大利亚州的课程标准和问责大纲（Curriculum Standards and Ac countability Framework）具有综合性并强制实施的。这种差异使澳大利亚儿童接受的学前教育质量参差不齐，不利于实现学前教育公平。

2007年12月，澳大利亚政府决定，澳大利亚联邦政府与各州和领地政府共同合作实施学前教育全国质量议程（National Oualitv Agenda）。澳大利亚政府认为，如果每一个儿童都有一个最好的人生开端，那么他们就会为他们自己和整个国家开创一个更好的未来。2008年11月5日，教育、就业、训练和青年事务部长委员会签

署了《墨尔本宣言》(the Melbourne Declaration on Educational Goals for Young Australians)，它确立的两大目标之一就是要"使澳大利亚所有的青少年成为成功的学习者、自信且富有创造力的个体以及主动明智的公民"。2009年7月2日，澳大利亚政府签署了澳大利亚史上第一个关于儿童早期发展的全国性战略——《国家早期儿童发展战略》(Investing in the Early Years)，它勾勒出了一个共同的愿景——到2020年全国所有的儿童都能获得最好的人生开端，从而为他们自己和国家开创一个更好的未来。战略关注0~8岁儿童发展的所有方面，指导和鼓励各级政府、非政府机构和家庭间更好地合作以促进儿童的发展。

二、学前教育改革的核心——《国家早期儿童发展战略》

2009年7月，澳大利亚"政府理事会"(COAG)出台了《投资幼儿时期——国家早期儿童发展战略》，资助各级政府建立更加有效、更加协调的学前儿童发展体系，满足澳大利亚儿童和家庭的多样化需求，促进他们的健康、早期学习，改进福利。同时，联邦政府在教育、就业与劳动关系部设立"早期教育与保育办公室"，推动战略的实施。

该战略是澳大利亚政府为促进0~8岁儿童早期发展作出的远景规划，提出"到2020年，所有儿童在生命中都拥有最佳起点，从而为他们自身及国家创造一个更加美好的未来"。

为了实现上述目标，澳大利亚政府理事会明确——各州和地区应根据各自不同的起点，并在资源允许的情况下，在六个优先改革领域采取行动：加强普惠性的母亲、儿童和家庭医疗服务；加强对易受伤害儿童的支持；让家长和社区参与，充分理解幼儿发展的重要意义；改善幼儿发展基础设施；加强整个幼儿发展及家庭支持服务机构的人力资源建设；建立一个良好可靠的信息资源库。

三、具体的改革举措

为了实现《国家早期儿童发展战略》制定的目标，2009年12月，澳大利亚政府理事会公布了《学前教育和儿童保育改革一揽子计划》，强调为所有澳大利亚家庭提供优质的、支付得起的、完整的学前教育和儿童保育。联邦政府将与各州和地区政府、主要的儿童保育机构、儿童早期学习利益相关者及家庭密切合作，共同实施一揽子计划提出的各项改革举措，具体包括：

（一）以加大就学资助为切入点，普及学前一年教育

2008年，联邦政府与各州和地区政府签署《学前教育全国合作协议》，承诺由

联邦政府投入9.7亿澳元，在2008～2013年间分期下拨给各州和领地政府，帮助各州和领地政府实现协议规定的普及目标——到2013年普及优质学前教育机会，每个儿童在正式上学前一年都有机会接受由经过大学培训的学前教师提供的一年40周、每周15个小时的优质早期儿童教育。该协议勾勒了为了提高学前一年教育的可获得性、质量和保证家长的支付能力，最终达到学前一年教育的普及，每个辖区政府要采取的策略和措施。

为了实现普及学前一年教育的目标，联邦政府将重点放在加大对家庭儿童保育的资助上。为了帮助家庭应对日益上涨的儿童保育成本，联邦政府出台了一系列学前教育就学资助措施，包括儿童保育津贴（Child Care Benefit）、儿童保育费减免（Child Care Rebate），以及家长工作、教育与培训儿童保育费补贴（Jobs, Education and Training Child Care fee assistance）、祖父母儿童保育津贴（Grandparent Child Care Benefit）等。

早在2008年7月，联邦政府就把儿童保育费减免（CCR）额度从儿童保育成本的30%提高到50%，即从每年的4354澳元提高到7500元。从2011年7月1日起，随着相关法律的通过，联邦政府又将一年一次支付改为每两周向家庭支付一次儿童保育费减免款项，家庭可以选择直接将减免款项退到他们的银行账户，也可以选择通过儿童保育服务机构收费减免获得退款，旨在为家庭在儿童保育成本发生时提供更加及时的资助。

通过各项儿童保育津贴和儿童保育费减免，联邦政府将在未来四年共投入149亿澳元（儿童保育津贴87亿澳元，儿童保育费减免62亿澳元），帮助80万家庭应对儿童保育成本的上升。据最新数据显示，2010年3月至2011年3月期间，澳大利亚政府为家庭提供补贴8.54亿澳元，其中77.3%用于全日制学前教育（全日制托班、托儿所和幼儿园教育）。就其对单个家庭的资助力度来说，如果某家庭年收入为7.5万澳元，那么在没有补贴的情况下通常需要花费1.78万澳元在其子女的教育和保育中，占其家庭收入的23.7%；而在补贴后，只需5 625澳元，占其家庭收入的7.5%。

目前澳大利亚正朝着普及学前一年教育的目标迈进，据最新的统计数据显示，2012年，有26.6万名四岁和五岁儿童在接受全日制教育前一年注册学前教育课程，比例从2011年的81%提高到89%；有许多州已经达到了制定的注册目标与完成目标。2012年末，联邦政府宣布将从2013年起，未来三年再向各州和地区拨款11亿澳元，继续普及学前一年教育。

（二）制定并实施《国家学前教育与儿童保育质量框架》，提高学前教育与保育服务的质量与一致性

2009年12月7日，澳大利亚联邦政府制定《国家学前教育与儿童保育质量框架》（The National Quality Framework for Early Childhood Education and Care，NQF，以下简称《国家质量框架》），建立全国学前教育和保育质量体系，将全国所有的全日托、家庭日托和学前班/幼儿园都纳入同一个监管体系中，实行统一的监管标准，保障其学前教育和保育的质量。该框架的建立是联邦政府学前教育的一大重要改革议程，将取代"全国儿童保育认证委员会"，在教育、健康和安全等关键领域为儿童提供高标准的看护，并为家庭提供更加清晰、全面的信息，以便他们能够为儿童选择最好的教育及保育服务。新的监管体系于2012年1月1日开始正式实施，其中在幼师和学前职员资格方面的改革将在2012～2020年间逐步进行。新的监管体系主要包括三方面内容：

一是新的国家监管机构——成立"澳大利亚儿童教育与保育质量局"并构建新的法律体系，后者由《教育与保育服务法》与《教育与保育服务国家法规》构成。它们将代替现有的各州和地区独立的执照颁发与质量保证程序，对学前教育与保育服务实施全国统一的监管与质量评估。

二是新的监管标准——《全国质量标准》。由七个质量领域23项标准构成——教育计划与实践，儿童健康与安全，物理环境，教职员安排，与儿童的关系，与家庭及社区的合作关系，领导与服务管理。

三是新的评估和评级系统。根据国家质量标准的七个领域对获得批准的服务进行评估和分级。

在2010～2011年联邦预算中，联邦政府计划投入1.737亿澳元，支持《国家质量框架》的实施。联盟党上台后，原则上支持《国家质量框架》的实施，只是希望在学前教育机构师生比及学前师资的资格要求等具体方面改进该框架的实施。

（三）实施一揽子计划，支持、培训并留住合格学前教师

为了实现学前一年教育普及化和为儿童提供高质量的学前教育与保育的目标，2009年，联邦政府承诺投入1.266亿澳元实施一揽子改革计划，招募到足够多的新教师和留住有经验的、合格的现任教师，帮助他们达到《全国质量标准》的要求。具体举措如下：

1. 免学费

联邦政府投入1.15亿澳元，支持在职学前保育人员参加职业教育和培训，从

2009年1月开始至2014年，每年免除8000名学前保育人员为获得文凭（儿童服务）和高级文凭（儿童服务）在职业技术与继续教育学院或其他政府培训机构接受培训所需交纳的管理课程费用（指州和领地政府对学前保育人员在职进修征收的费用），各州和领地政府正在积极采取各种措施为现在没有接受过四年大学教育或没有获得学前教师资格的学前工作人员提供各种培训的机会，并制定认定现行学前教师资格的程序，增加学前教育师资供给，并提高师资质量。

此外，联邦政府还将投入1240万澳元，自2009年7月1日起，减免在农村和偏远地区、原住民社区和极度贫困地区工作的学前教师50%学费贷款债务。

2. 增加大学中学前教育专业学额

联邦政府投入5390万澳元，增加大学培养学前教师的名额，鼓励正在学习其他专业、希望成为学前教师的大学生申请获得被认可的学前教师资格，新名额在2009年达到500个，2011年达到1500个，这些学额覆盖四年本科学历课程和研究生课程，确保已有学历的本科生获得早期教育方面的学位。

3. 制定《学前教师培养战略》

2012年9月，联邦政府与各州和地区合作，制定了《全国学前教师培养战略》，该战略涵盖学前教育工作人员和儿童保育人员。补充和增强了联邦、州和地区政府现有的各项旨在增加学前教育和儿童保育人员供给、提高教师质量的计划。该战略第一次明确各级政府应该如何支持学前教育和儿童保育（ECEC）人员获得所需技能，以便继续为澳大利亚儿童提供人生的最佳开端。

4. 实施学前教师培养最佳实践与创新计划

该计划提供一次性的"种子基金"，为那些旨在探索支持学前教师发展的最佳实践及创新模式提供支持。

（四）颁布早期教育国家指导框架：《早期学习大纲》

2009年7月2日，联邦和各州及领地教育部长通过教育、就业和劳资关系部颁布了澳大利亚有史以来第一个全国性的儿童早期学习大纲——《归属、存在和形成：澳大利亚早期学习大纲》，为全国的幼儿教育提供指导，适用全国所有的全日托、家庭日托和学前班/幼儿园，0～5岁和幼小衔接阶段儿童的教育和保育，旨在扩展和丰富儿童的学习，确保全国所有的儿童在不同的学前机构能得到一致的高质量的学前教育和保育。《早期学习大纲》的颁布是澳大利亚学前教育史上一个重要的里程碑。

该框架规定了早期教育学习计划应该遵循的五大原则、早期教育实践应满足八大要求及早期教育学习成果应实现的五项目标。

（五）加强对原住民儿童的关注

原住民儿童是澳大利亚的一个重要的特殊群体，也是实现教育公平的一个关键群体，联邦政府非常重视为原住民儿童提供平等的最佳起点。2009 年，联邦政府与各州和地区签署《国家原住民学前儿童发展合作协议》，计划投入 5.64 亿澳元，帮助各州和地区针对早期学习为原住民家庭提供支持，提高母亲和儿童的健康水平。协议中提出了原住民儿童早期发展几大目标，包括：在十年内将五岁以下原住民儿童死亡率差距减半；在五年内，确保所有偏远社区原住民四岁幼儿有机会接受早期儿童教育；到 2013 年，普及正式上学前一年学前教育；在十年内，将原住民学生与非原住民学生在阅读、写作与算术技能方面的差距减半等。

作为协议的一部分，将在处于不利地区、5 岁以下原住民儿童聚焦地区建立一个由 38 家"儿童与家庭中心"构成的网络，为原住民儿童及家长提供统一的学前儿童与育儿服务，包括学前学习、儿童保育、家庭课程等。第一家中心已经于 2011 年开办，所有中心将于 2014 年逐步建成。

在联邦政府的大量支持下，与 2008 年相比，2012 年新增 3500 名原住民儿童在小学教育前一年接受学前教育，这意味着全国已有超过 80% 的原住民儿童参与学前教育课程。

澳大利亚以上儿童保育及学前教育的各项改革已经取得了初步成效：2012 年，几乎所有儿童在开始正规学校教育之前，都参与某种形式的儿童保育或早期学习服务；近 130 万儿童在大约 1.94 万个儿童保育与早期学习机构就读；联邦政府是最大的投资者，一年支出超过 50 亿澳元而且在不断增长。2013 年 11 月 18 日，新上任的联盟党政府还宣布将对儿童保育及早期学习体系进行首次公开全面调查，继续探索兑现为所有澳大利亚家庭提供支付得起、更加灵活及容易获得的儿童保育及早期学习服务承诺的途径。

四、澳大利亚学前教育改革带给我们的启示

学前教育的重要性已无须赘言。经合组织提出：投资于儿童早期教育是目前最有利可图的教育政策。世界银行总结的优秀的教育体系必备的六个"A"中就包括"关注学前儿童发展"（Attention to early childhood development.），认为学前儿童发展可能是一项最有效的节约成本的教育投资。高质量的学前儿童发展干预增加了教育成功机会，也提高了成人的生产力，并降低了随后的公共支出成本。重视学前教育的发展已成为世界各国政策制定者的优先任务。自 20 世纪 60 年代以来，无论美、英

等发达国家,还是巴西、墨西哥、印度等发展中人口大国,都把普及学前教育作为提高国家竞争力的重要组成部分,作为国家基础教育和人力资源投资的重点,加大财政投入,实施了普惠性的学前教育国家行动计划。把学前教育纳入政府公共服务体系,大力推进普及,已成为当前国际教育发展的新趋势,成为世界各国的共同行动。

作为国民教育体系的重要组成部分,我国学前教育目前仍是一个薄弱环节,还不适应人民群众期盼和人的全面发展的需要。当前,实施"学前教育三年行动计划"是国务院为加快发展学前教育、有效缓解"入园难"问题而作出的一项重大决策。《国务院关于当前发展学前教育的若干意见》中要求将大力发展学前教育作为贯彻落实教育规划纲要的突破口,明确要求各省(区、市)以县为单位编制实施学前教育三年行动计划,支持各地实施好学前教育三年行动计划。澳大利亚学前教育改革带给我们的启示包括:

(一)普及学前教育必须关注对家长的资助

澳大利亚普及学前一年教育的切入点的选择放在了加大对家庭儿童保育的资助上。为了帮助家庭应对日益上涨的儿童保育成本,联邦政府通过儿童保育津贴、儿童保育费减免,以及家长工作、教育与培训儿童保育费补贴、祖父母儿童保育津贴等,切实保证学前教育是普通家庭负担得起的。我国提出了到2020年普及学前一年教育的目标,当前普及学前教育除了面临学位不足的困难外,困难家庭难以支付日益攀升的学前教育费用也是一个巨大障碍。更加注重对困难家庭的资助、对弱势人群子女的保护,应该成为我国学前教育改革的一个重点。

(二)加强标准的制定及质量评估

学前教育改革,质量是核心。澳大利亚通过制定《国家学前教育与儿童保育质量框架》,建立起全国学前教育和保育质量监管体系,对全国所有全日托、家庭日托和学前班/幼儿园实行统一的监管标准,并根据标准对获得批准的服务进行评估和分级,以保障学前教育和保育质量。应该将当前我国学前教育改革的重点放在缓解"入园难"、"入园贵"的问题上,全国各地纷纷新增财政投入,新建和改扩建幼儿园并增加学位。在解决历史遗留问题、扩大学前教育规模的同时,必须确保学前教育的质量,将加强标准制定及学前教育质量评估提上我国学前教育改革日程。

(三)培养并留住合格学前教育师资

优秀的学前教育师资是学前教育改革及质量的保障。澳大利亚制定了学前教师培养战略,并通过系列举措吸引、培训并留住学前教师。当前,学前教育师资不足尤其是优秀师资不足是制约我国学前教育发展的一个重要因素。随着学前教育规模的扩大，这个问题将日益凸显。借鉴澳大利亚的经验，我国应该在加大对攻读学前教育专业的学生的资助、提高学前教师地位等方面做出更多尝试。

第五节 芬兰学前教育师资培养模式探析及其启示

2012年6月29日，经济学家智囊团（the Economist Intelligence Unit）发布的对世界学前教育发展水平进行的排名比较研究报告——《良好开端：世界学前教育的学习标杆》（KStarting well：Benchmarking early education across the world）显示，芬兰学前教育质量在各方面的综合指标排名都是全球第一。优质的学前教育质量和它的师资培养模式一定有着密不可分的关系，我们把视线投向芬兰学前教育从业人员的培养体系上，总结其发展特点，或许能为我国学前教师教育的改革集思广益，提供借鉴。

一、芬兰学前教育师资培养模式改革的背景分析

（一）芬兰学前教育概况

在芬兰，"学前教育"更多的是教育与保育的结合体，被称为"EduCare"。社会事务与健康部（Ministry of Social Affairs and Health）、教育与文化部（Ministry of Education and Culture）及其分别所辖的国家福利和健康研究发展中心（Sosiaali-ja terveysalan tutkimus-ja kehittämiskeskus，STAKES）、国家教育委员会（National Board of Education）连同相关各级职能部门，共同管理着整个学前教育与保育体系的有序运行。芬兰的早期儿童教育与保育体系的机构多种多样，各机构之间职能清晰，分工明确，政府不仅主动承担学前教育与保育工作的大部分责任，而且充分调动民间力量举办学前教育与保育项目，主要机构有日托中心、家庭日托、组家庭日托、游戏小组等。

以保育为主、教育为辅的日托中心是保教项目开展的主要场所，有公、私立之分，3岁以下幼儿的师幼比是1∶4，3~7岁的是1∶7。每天开放4~5小时的短期保育项目中，3~7岁组的师幼比是1∶13。由非营利组织创建的私人日托，其具体的机构形式与公办机构基本一致，这种形式虽然在芬兰学前教育与保育机构中占比较小，但仍然发挥了重要的补充作用。家庭日托通常在个人家中开办，成人与幼儿的最高比例为1∶4；

而组家庭日托最普遍的模式是 3 名看护者照顾 12 名幼儿。据有关调查数据显示，大部分学龄前儿童已在日托中心和家庭日托中心注册。在游戏小组中，幼儿在指导员的引导下，参与各种丰富的活动。"学前班"（pre-school education）是一种为 6 岁儿童提供的教育形式，旨在做好入学准备，"学前班"大部分设立于日托中心，也有一些附设在小学。小学中的"学前班"师幼比为 1：13，最大班额不超过 20 人；当幼儿超过 13 人时，带班教师就必须配以一名至少高中学历的助手。

（二）芬兰学前教育从业人员培养现状

学前教育与保育机构的种类繁多，从业人员的种类也多，概括分为两大类：教育、保育人员。目前，至少有三分之一的教育从业人员是接受过高等教育的幼儿园教师（kindergarten teacher）、社会教育工作者（social pedagogue），而其余从业员工，包括游戏小组指导员（playgroup instructor）、儿童护理员（children's nurse）等也基本都得到过相关部门的认证，相对教育从业人员，他们的学历要求略低一些。另外，负责对特殊儿童开展教育的教师还需接受另外的专门培训。

游戏小组指导员和儿童护理员基本都不需接受高等教育，前者只需在综合学校毕业后念完职业高中就可获得游戏小组指导员的证书；后者需接受三年社会福利和卫生保健的高等职业培训后，方可获得医疗护理证书。

幼儿园老师、社会教育者以及特殊需要儿童教师这三类教育工作的从业人员，他们入职的最基本条件是必须受过高等教育，毕业后，幼儿园教师可在日托中心、"学前班"等机构内工作；而在高等职业技术学校经过 3 年高等社会服务教育后的社会教育者则能在除"学前班"之外的所有机构工作。相对而言，从事特殊需要儿童教育的人员要求则更高，特殊需要儿童教师在经过 3 年本科学习和 2 年的实践教学之后，还要经过 1 年的研究生专业学习，方可获得特殊教育研究生学位。另外，芬兰目前约有 7% 的特殊需要儿童，除一小部分被安排特殊学校外，其余 85% 均被安排进了普通教育机构。因此，大部分特殊需要儿童教师都在普通机构内工作。

自 20 世纪 70 年代起，芬兰的教育先后经历了一系列的改革。在 1971 年新修订的师资培育法案的规范下，中小学师资培育工作均转移至大学进行。8 年后，芬兰再颁新令，对高等教育课程与学位进行改革，将综合学校的小学教师、中学教师、教育规划者、特殊教育教师等人员的培养提升到硕士学位。自此，芬兰教师教育完成了由技术性向学术性的过渡。2005 年，为配合《波隆那宣言》在芬兰的实施，芬兰教师教育采用了两级学位体制，即三年学士学位和两年硕士学位相结合。目前，芬兰正在努力形成"以研究为本的教师教育"模式，或称"基于研究的教师教育"、

"研究型教师教育",要求所有的学生都要开展他们自己的研究,以进一步强化教师工作的专业性。

具体来说,"以研究为本的教师教育"必须满足以下要求:第一,教师需具备其所教领域内的最前沿研究成果,除此之外,教师也必须熟悉关于教与学的最新进展,为发展教学方法以满足不同学习者的需求提供依据。第二,教师教育本身同样应成为课题研究的目标,这种研究所提供的知识可以用来解决在不同的文化背景中,通过不同方法来高效率、高质量地实施教师教育。第三,教师能将研究导向的态度内化于日常工作中,换句话说,教师在工作中能理性分析以及具有开放的态度,结合观察与经验得出结论,并以系统的方式发展教学环境并从中获得新知。为了实现这一目标,芬兰大学中所有的教师教育的课程都必须含有研究的成分。

幼儿园教师虽不像中小学教师那样必须获得硕士学位,但幼儿园教师的培养工作也在这一系列的改革中受到了剧烈的冲击。1995年8月,幼儿园教师的培养工作全部转移至高等教育机构进行,自此,幼儿园教师的培养也实现了高等教育化。如今,赫尔辛基大学(University of Helsinki)、坦佩雷大学(University of Tampere)、奥卢大学(University of Oulu)、斯屈莱大学(University of Jyväskylä)等8所高等教育机构承担着幼儿园教师的培养工作。下边笔者以赫尔辛基大学教师教育系为例,详解其幼儿园教师培养体系。

二、芬兰学前教育师资培养模式探析

(一)本科层次师资培养模式

任何一个申请入学的学生均须经历一套完整的选拔机制:申请者首先要填写一张最多可填报6个大学的志愿表,接着参加一项全国性的选拔考试,考试获高分者可优先进入自己填报的第一志愿大学进行下一轮测试,测试内容包括面试、小组作业、性向测试(aptitude test)、与幼儿互动能力测试以及多种形式的笔试等。在此期间,申请者还必须完成6~8篇教育领域的学术型论文。上述阶段表现均符合要求者方可入学。

本科在读期间内,须修满180学分后方可获得学士学位(1学分等于27课时)。所有课程分5大类:语言与交流、教育基础课程、教育中级课程、学前教育的专业准备、副修课程/选修课。这些课程有的采取讲座的形式,有的采取研讨会的形式,还有的采取一线现场教学的形式。同时,赫尔辛基大学教师教育系每年都会根据各方面的相应情况调整课程内容及相对应的学分。如表9-1所示。

表 9-1　赫尔辛基大学幼儿园教师教育专业本科修读课程设置

课程领域	主要内容		学分	合计
语言与交流	幼儿园教师专业及入学指导		4	20
	科学写作与演讲交流	科学写作1	1	
		科学写作2	2	
		演讲交流	2	
	普通话语，口头或书面交流技能（芬兰语/瑞典语）		3	
	外语		3	
	信息通信技术	实践技能测试	3	
		信息与交流技术	2	
教育基础课程	教育的社会和文化基础	哲学、历史学、社会学视域下的教育	3	25
		变革中的童年	4~5	
	学前教育的心理学基础	生长、发展和学习	3~5	
		儿童发展与发展阶段理论	3	
	教育原理	教学概论	2~7	
		学前教育导论	4	
	研究哲学与方法论		3	
教育中级课程	学前教育原理	学前教育中的计划与发展	3	41~47
		在行动中学习	5	
		早期特殊教育与多元文化环境	3~5	
		早期教育的理论与实践	3	
		童年事务中与专业人员的合作	5	
	研究方法研讨	定量研究	4	
		质性研究	3	
	学士学位论文		6~10	

续表

课程领域	主要内容			学分	合计
教育中级课程	面对特殊性与多元性		面对特殊性与多样性	2	41～47
			特殊教育	2	
			多元文化教育	2	
学前教育的专业准备	学前教育的内容		体育与健康	3	60
			语言与交流	3	
			数学教育	3	
			环境与自然教育	3	
			宗教与道德教育	3	
		审美与技能导向	音乐教育1	4	
			体育1	4	
			美术教育1	4	
			手工艺教育1	4	
			儿童文学	3	
			戏剧课程	3	
			音乐教育2（以下四选二）	4	
			体育2	4	
			美术教育2	4	
			手工艺教育2	4	
	教育实习		基础实习	3	
			综合实习	6	
			毕业实习	6	
副修课程/选修课	/				至少25

如下图 9-1 所示，五大类课程中"学前教育的专业准备"课程学分比例最大，占到 33.3%；其次是"教育中级课程"，占 26.1%；最少的是"语言与交流"，仅有 11.1%。

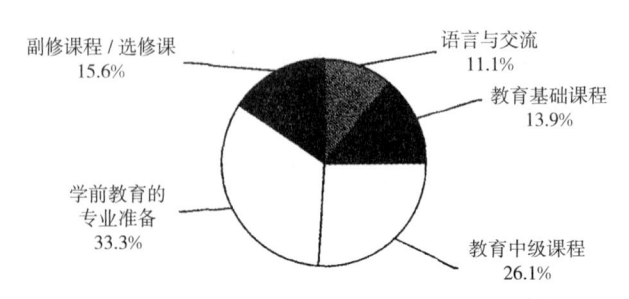

图 9-1 赫尔辛基大学幼儿园教师教育专业本科修读课程各部分比例

"语言与交流"主要是为入学适应、语言以及信息技术等方面能力的培养而设的，课程能引导学生实施有效的项目和职业计划，语言方面的课程也是基于目前芬兰多元文化的国情。信息技术方面的课程则是要培养学生有效的信息采集能力。

"教育基础课程"主要讲授学前教育的基础课程，旨在帮助学生建立起对学前教育专业的基本认识，这类课程主要包括了社会学、心理学、生理学、教学论、研究方法论等方面的内容。

"教育中级课程"则更多侧重于学前教育本身的专业知识以及教育科学研究的开展方法。前者包括学前教育的计划与实施、早期特殊教育、教育机构中的合作等；后者则是以研讨会的形式，讲授定量、质性研究方面的知识与技能。学生最终要在教师的指导下，完成一篇学士学位论文，以培养扎实的科研能力。从学分上看，教育研究方面课程的学分所占比重是比较大的："研究哲学与方法论"设 3 学分；"定量研究"与"质性研究"分别设 4 学分和 3 学分；而"学位论文"的学分尽管会有所变化，波动范围在 6~10 分不等，但是，可以肯定的是它最少也有 6 学分。此外，加上"科学写作"课程上的 3 学分，以及"副修课程/选修课"当中与教育研究相关的课程，芬兰幼儿园教师职前教育课程体系中教育研究能力培养方面的课程累计总学分达到 20 多分，超过了全部课程总学分的 10%。

最后，内容主要涵盖学前机构各教育领域的"学前教育的专业准备"则是由一系列实践导向的教学法（45 学分）以及实习指导（15 学分）组成。从中我们不难发现，芬兰对幼儿艺术方面的能力格外重视：45 学分的各教学法中，仅审美艺术方面的课程就占 30 学分，包括音乐、艺术、文学、手工等；而教育实习均由教师统一安排、指导、监督,并在教师训练学校(相当于附属学校)完成。三种不同导向的实习活动分布在不同的学习阶段,因此各自的侧重点也会相应地有所不同,刚入学后学生就要参加基础实习,它是以让实习生了解幼儿园环境为主要目的的。

课程评价十分弱化纸笔测试的份额,授课教师之间需研讨评价形式,以多种评价工具以及实践技能作为评价的标准。当然,学生也有权对教师教育方案进行评价。

(二)研究生层次师资培养模式

统计数据显示,大约有四分之一的幼儿园教师会选择修读硕士学位。申请者在申请入学时,如果是跨专业申请的话,就必须完成相关课程的考试并符合要求,方有资格入学。两年的修读期限内,硕士研究生须修满120学分方可获得学位。修学内容包括三大方面:5学分的导向学习,80学分的主修课程以及35学分的副修课程/选修课。其中,学分最多的主修课程,基本体现出研究导向的培养目标,它具体包括了高级研究方法、拓展阅读、研究实践等。最新课程内容及其相对应的学分如表9-2所示。

硕士研究生的修读课程体现出了明显的研究导向,主修一共设有80学分的课程,除了一篇40学分的论文外,其余的课程主要围绕学前教育相关的理论和具体的研究方法展开。前者为研究者开展研究打开思路,奠定基础;而后者则为研究者提供方法、技术层面的保障。值得我们特别关注的是"方法论"课程下辖了大量独立、细致的课程,它们几乎都是质性、定量研究中常见同时也是较为新颖的方法和技术,比如Atlas.ti软件的使用方法、结构方程模型等,在修读完毕后,可以直接使用这些方法开展相应的研究以完成自己的毕业论文。

表9-2　　　　赫尔辛基大学幼儿园教师教育专业硕士研究生修读课程设置

课程领域	主要内容	学分	合计
导向学习	学前教育研究导论	3	5
	专业发展与研究计划	2	
主修课程	拓展阅读	1~10	80
	硕士论文与研究	40	
	多元社会中的童年与学前教育	5	
	早期教育与学习的多元视野	5	

续表

课程领域		主要内容	学分	合计
主修课程	方法论（任选两门）	叙事与个案研究	3	80
		方法的实践	3	
		混合方法	3	
		艺术教育研究	3	
		质性研究中的话语分析	3	
		研究、教育与学习中的视频运用	3	
		验证性因素分析	3	
		结构方程模型	3	
		非参数统计	3	
		定量研究中的统计分析	3	
		关于学习的研究	3	
		实验设计与研究推进	3	
		儿童观察	3	
		作为质性分析工具的 Atlas.ti	3	
		访谈方法	3	
		可视化研究方法	3	
	学前教育中的教学领导力		3	
	选修课	定量研究方法2	4	
		培训管理与发展	7~10	
		教学研究	3	
		质性研究方法2	4	
副修课程		/		至少35

另外，硕士研究生修读期间，学生同样也必须具备三个月的实习经历。从 2010 年 8 月 1 日起，芬兰教师都必须修满包括教学实习和教育研究两部分共计 60 学分的教学研究（pedagogical studies）后，方可获取硕士学位，这 60 学分在幼儿园教师教育中，分别是在本科与硕士阶段完成的，35 学分囊括在本科教育中，剩下的 25 学分包括在硕士教育中，充分体现出对教育实习和研究的重视。

当然，通过申请及审核，具备一定工作经验的幼儿园教师，同样也能够拥有博士研究生入学资格。

三、芬兰学前教育师资培养模式的启示

（一）学前教育类大学申请入学门槛高，大学拥有自主选拔权利

在芬兰，教师工作受到社会高度的尊重，使得不少学生在选择高等教育时往往会选择教育院校。伴随着幼儿园教师教育工作整体提升至大学进行，激烈的入学竞争也不可避免地随之而来。统计数字显示，目前只有 10～15% 的申请者最终可以获得入学资格，可以说芬兰并不存在师资数量的短缺问题。在选拔过程中，各高校都拥有自主选拔权：除了将最基本的纸笔测试作为选拔的条件外，各大学还会依据各自的办学特色辅以个人或团体访谈、试讲、性向测试等多元评价方法，综合考虑每一位申请入学者的能力，以期最终寻得最适合从事学前教育工作的学生，而非最优秀的学生进行教师教育。这样严格的入学选拔举措，可以说是从"源头"上有力地保障了学前教育的质量。

（二）课程内容综合化，涵盖大量教育相关学科

学前儿童的身心发展规律与学习特点决定了学前教育阶段与其他学段的差异性。幼儿园教师的教育职责不仅要促进幼儿对学科知识的掌握，更重要的是要促进幼儿全面发展，这就要求教育工作者拥有广博知识系统，全面实施生活化、综合性的教育活动。相应地，学前教师的培养工作也自然地具有其独特性。首先，与学前教育相关的理论课程占了相当大的比重，诸如教育心理学、教育社会学、教育哲学、教育史、比较教育、特殊教育等能为从业人员拓宽专业视域的课程近些年来正呈现出学分增长的趋势，其中，教育心理学、教育社会学等课程增长幅度较大。其次，幼儿的各领域发展及其指导的相关知识与技能在整个课程体系中也占据了很大的份额，不难发现，这些以实践为导向的教师教育课程已经基本囊括了幼儿发展的各个领域。

（三）课程组织以研究为基础，所有课程都融入研究性学习

芬兰教师教育的主要目的是培养出有能力的教师，并且树立终生学习的专业品质。

为实现这一目标，教师教育的所有课程都与研究相结合，不仅研究生教育如此，本科生教育亦然。这种培养教师全面、综合地掌握研究方法的目标，很大程度上将会帮助他们在每天的教育实践过程中运用一种或是多种方法，同时还能通过基于研究的思考论证所作决定的合理性。在这过程中，研究学习不仅为日常业务的开展提供了坚实的知识基础和能力准备，而且还发展了他们进行自主学习和探究实践的自觉性、积极性，从而真正培养了教师的科研意识与创新精神。目前，幼儿园教师的研究学习的比重正在不断增长，一项调查研究数据表明，芬兰8所培养幼儿园教师的高等教育机构中，研究方面的学习自上世纪末以来保持持续的增长，占全部学分的比例达到10～12%。

（四）实习基地与高校结盟，在实践中培养反思能力

教育实习是芬兰教师教育中相当重要的内容，为了达到优质的教师教育质量，各阶段的学习都会紧密地与实习结合在一起。教育实习首先是实习生全面认知学前教学的主要方式，在逐渐深入教学现场的过程中，实习生不仅对未来工作的真实状况有所了解，同时也能将书本上的知识在实践中找到最好佐证，最终形成反思，这样，教师教育也就避免了空洞的说教。其次，教育实习也为研究提供了宝贵的资源，值得关注的是实习基地在整个过程扮演着重要的角色，在芬兰，基本每个教师教育单位都有或是紧邻大学或是设于校内，专门为教师教育单位提供教育实习、实验、研究与继续教育的机会。仅赫尔辛基大学教师教育系就有包括日托中心、学校、教育机构在内的近百个这样的单位，其中的教师与大学教师共同承担实习的责任，主要参与规划、指导实习生实习阶段的专业发展。另外，这些机构还需承担教育实验、短期在职进修等项目。

（五）建立多层评价系统，全面保障培养质量

芬兰拥有一套完整的以"改革导向"为目标的教师教育评价系统，在整个系统中，国家、高校、院系、个人都以不同的形式组织、参与评价，并在其中扮演重要的角色。国家层面，相关国家部委自上世纪80年代末起，就陆续组织开展了近十项国家层面的大型评价项目；高校院系层面则会组织针对教师、学生进行的意见反馈，学生也有对教师教育方案评价的权利，比如，近期奥卢大学和赫尔辛基大学曾分别对各自教师教育专业的学生进行"拉网式"的问卷调查，考察教师教育的总体方案是否达到预期目标；而针对个人的评价也非单一的纸笔测试，多元的评价模式能真正反映出微观层面教师教育的质量。以各方面参评的方式，保障全面评价的客观公正，由此可见，芬兰将评价视为改革而非排名的工具，芬兰的教师教育评价绝非以刺激竞争为目标，而是追求质量的齐头并进。

附录　职业核心能力调查问卷

非常感谢您在百忙之中接受本次问卷调查，此次调查目的在于了解高职学前教育专业学生职业核心能力培养现状，为论文撰写提供参考。问卷结果只作团体性分析，不作任何个别呈现，答案没有对错之分，请您根据自己的情况如实作答，谢谢您的配合。

请您根据实际情况在各题相应的备选答案中选择适当的填在括号中，除有特别说明外，一律为单选。

1. 你来自于（　　　）。
   A. 城市　　　　　　　B. 县城　　　　　　　C. 农村
2. 你的性别是（　　　）。
   A. 男　　　　　　　　B. 女
3. 你认为作为一名高职学生最应该具备的能力有（　　　）。（多选）
   A. 扎实的专业知识　　B. 熟练的专业技能
   C. 良好的心理素质　　D. 协作能力
   E. 自我学习能力　　　F. 时间管理能力
   G. 沟通交流能力　　　H. 创新能力
   I. 解决问题能力　　　J. 信息处理能力
   K. 数字应用能力　　　L. 外语应用能力
4. 在接受本次问卷调查前，你对"职业核心能力"这个概念（　　　）。
   A. 没听过　　　　　　B. 听说过，但不了解
   C. 听说过，有一定了解　D. 很了解

A. 良好的心理素质　　B. 自我学习能力

C. 时间管理能力　　　D. 协作能力

E. 沟通交流能力　　　F. 解决问题能力

G. 信息处理能力　　　H. 创新能力

I. 数字应用能力　　　J. 外语应用能力

5. 在以上 10 项能力中，你掌握的最好的是（　　）。

6. 在以上 10 项能力中，你基本不具备的是（　　）。

7. 在以上 10 项能力中，你迫切需要具备的是（　　）。

8. 在以上 10 项能力中，你认为最有可能通过自修获得的是（　　）。

9. 在以上 10 项能力中，你认为通过学校教学和实训能够获得的是（　　）。（多选）

10. 在以上 10 项能力中，当岗位或工作环境发生变化时，你认为哪些能够帮助提高自身就业能力？（　　）（多选）

11. 如果说职业核心能力包括以上 10 项，你认为这些与你所理解的职业核心能力差异大吗？（　　）

A. 差异很大　　　　B. 有一定差异　　　　C. 基本相同

12. 你认为通过职业核心能力的培养对于将来就业的帮助大吗？（　　）

A. 帮助很大　　　　B. 有一定帮助　　　　C. 没帮助

13. 你认为在校期间哪些社会实践更有利于职业核心能力的提高？（　　）

A. 担任学生或社团干部　　B. 参加与专业有关的实习

C. 假期社会实践　　　　　D. 做兼职

E. 创业活动　　　　　　　F. 其他

14. 你认为在校期间哪些课程和学习更有利于职业核心能力的提高？（　　）

A. 基础素质类课程　　B. 专业类课程　　　C. 证书考试培训

D. 各类业余辅导班　　E. 自学考试辅导　　F. 其他

15. 你认为培训对提高职业核心能力是否有效？（　　）

A. 很有效　　　　　B. 有一定效果　　　C. 完全无效

16. 假如有职业核心能力培训，你认为那种培训方式更吸引你？（　　）

A. 专家讲座　　　　B. 面对面咨询　　　C. 网络教学

D. 案例分析　　　　E. 普通授课　　　　F. 其他

17. 你认为培养职业核心能力的途径最好是（　　）。
    A. 系统培训　　　　　B. 自学领悟　　　　　C. 工作中摸索
    D. 系统培训为主，自学摸索为辅
    E. 自学摸索为主，系统培训为辅　　　　　F. 其他
18. 学校是否有开设职业核心能力的培训或课程？（　　）
    A. 有　　　　　　　B. 没有
19. 你对培养职业核心能力的看法和建议。

    _____
    _____
    _____
    _____
    _____

  非常感谢您抽出宝贵的时间参与我们的调研，祝您工作顺利！如您方便的话请留下您的联系方式，以便我们进行后续访谈。谢谢！

  电话：_____　QQ：_____　邮箱：_____

参考文献

[1] 徐左平, 何海翔, 冯丽琴. 应用型本科学生综合职业能力培养[M]. 上海：华东师范大学出版社, 2012.

[2] 梁玉国, 夏传波. 高职院校学生职业核心能力培养与训练[M]. 北京：机械工业出版社, 2012.

[3] 张琼. 大学生职业核心能力培养[M]. 上海：同济大学出版社, 2010.

[4] 刘春生, 徐长发. 职业教育学[M]. 北京：教育科学出版社, 2002.

[5] 风笑天. 社会调查中的问卷设计[M]. 北京：中国人民大学出版社, 2014.

[6] 姜大源. 职业教育学研究新论[M]. 北京：教育科学出版社, 2007.

[7] 褚庆成. 高等院校提升大学生职业核心竞争力的对策研究[D]. 济南：山东师范大学, 2012.

[8] 靖德云. 高职学生职业核心能力培养研究——以山东省为例[D]. 济南：山东大学, 2012.

[9] 何英. 高职英语专业学生职业核心能力培养策略研究 以吉林省为例[D]. 长春：吉林农业大学, 2011.

[10] 李霞. 高职学生核心能力培养研究[D]. 西安：西北农林科技大学, 2011.

[11] 童晓燕. 职业教育中关键能力的培养研究[D]. 苏州：苏州大学, 2010.

[12] 邵艾群. 英国职业核心能力开发及对我国职业教育的启示[D]. 成都：四川师范大学, 2009.

[13] 田敏. 高职院校学生职业能力培养研究——从课程实际视角分析[D]. 石家庄：河北师范大学, 2009.

[14] 张建党. 美国职业教育立法与职业教育[D]. 石家庄：河北大学, 2004.

[15] 李长需. 职业兴替调查报告[N]. 东方今报, 2013年9月5日。

[16] 梁玉国, 夏传波, 杨俊亮. 高职院校学生职业核心能力培养的思考与实践 [J]. 中国高教研究, 2013(03).

[17] 崔景茂. 澳大利亚与中国职业关键能力培养比较研究 [J]. 职业技术教育, 2013(03).

[18] 谌启标. 新世纪美国职业技术教育标准改革述评 [J]. 职教论坛, 2013(34).

[19] 王利娟. STC 理念下美国职业教育最新改革探析 [J]. 职业技术教育, 2013(09).

[20] 霍巧莲. 基于职业能力培养的高校学前教育专业课程构建思考 [J]. 教育与职业, 2013(18).

[21] 伍学雷. 论高职生职业核心能力的培养 [J]. 职教论坛, 2013(05).

[22] 马潇颖, 马力辉. 英国职业核心能力体系开发与评估研究 [J]. 职教论坛, 2013(36).

[23] 丁磊, 陈年和. 高职建工专业学生职业核心能力系统培养的思考 [J]. 职教论坛, 2013(11).

[24] 赵静. 高职信息技术类学生职业核心能力培养策略探析 [J]. 职教论坛, 2013(26).

[25] 周海波. 高职学生职业核心能力培养存在的问题分析 [J]. 职业技术, 2013(12).

[26] 盛树东. 职业核心能力的内涵新解及其结构审析 [J]. 教育与职业, 2013(24).

[27] 刘冬梅. 高职院校学生职业能力的定位研究——以学前教育专业为例 [J]. 河南科技学院学报, 2013(06).

[28] 郑琰. 高职学前教育专业学生职业能力存在的问题与对策 [J]. 中国成人教育, 2013(07).

[29] 张蔚. 对高职生职业核心能力培养模式的实证研究 [J]. 职教论坛, 2012(08).

[30] 李靖靖. 高职女生职业核心能力培养现状及对策研究 [J]. 中国职业技术教育, 2012(28).

[31] 徐国庆. 美国职业教育标准体系的构建及启示 [J]. 比较教育研究, 2012(06).

[32] 樊艳君. 澳大利亚与中国职业教育关键能力培养比较——基于澳大利亚 TAFE 职业教育课程关键能力培养的特色比较 [J]. 成人教育, 2012(12).

[33] 王秀彦, 乔丽敏. 职业教育中技能和关键能力培养的实证研究 [J]. 中国职业技术教育, 2011(30).

[34] 吴丽芳. 学前教育专业学生职业能力培养的途径与方法 [J]. 学前教育研究, 2011(04).

[35] 贾剑方. 职业核心能力的内涵及地位的重新审视 [J]. 广州番禺职业技术学院学报, 2011(03).

[36] 丘东晓, 刘楚佳. 职业核心能力的内涵分析及培养 [J]. 教育导刊, 2011(05).

[37] 汤霓, 石伟平. 我国通用技能研究的回顾与思考 [J]. 职教论坛, 2011(19).

[38] 赵崇平. 英国 NVQ 与我国职业核心能力认证的比较及启示 [J]. 职教论坛, 2011(36).

[39] 王茜. 论高职学生职业核心能力的培养 [J]. 教育评论, 2011(04).

[40] 张涛. 高职人才的职业核心能力构建探析 [J]. 黑龙江高教研究, 2010(05).

[41] 邵艾群. 英国职业核心能力开发研究述评 [J]. 教育学术月刊, 2010(02).

[42] 刘丽芳. 论职业教育"关键能力"的培养 [J]. 职教论坛, 2010(22).

[43] 邵艾群. 我国职业核心能力开发相关问题研究 [J]. 教育学术月刊, 2010(12).

[44] 邓金娥. 论高职学生职业核心能力的培养 [J]. 中国成人教育, 2009(07).

[45] 高庆. 论职业教育背景下的核心能力及其培养 [J]. 中国成人教育, 2008(06).

[46] 扬明. 论职业核心能力的培养策略和方法 [J]. 职业技术教育, 2007(22).

[47] 张燕如. 论职业教育背景下的核心能力及其培养策略 [J]. 教育与职业, 2007(12).

[48] 何向彤. 关键能力培养及评估：澳大利亚的认识与实践 [J]. 职业技术教育, 2006(07).

[49] 高宏, 高翔. 对我国职业教育中关键能力研究的思考 [J]. 河北师范大学学报 (教育科学版), 2006(08).

[50] 武怀军. 简论职业核心能力培养对高职人文素质教育改革的启示 [J]. 职教论坛, 2005(07).

[51] 刘永澎. 分层化的国家职业标准体系什么样 [J]. 职业, 2003(10).

[52] 关晶. 关键能力在英国职业教育中的演变 [J]. 外国教育研究, 2003(01).

[53] 蒋娟秀. 网络环境下高职英语学习者自主学习探析 [J]. 保险职业学院学报, 2013.5

[54] 李新利. 基于网络平台的高职英语教学模式研究 [J]. 英语广场 (学术研究), 2013.4

[55] 李正亚, 潘岚岚. 高职英语教学学生满意度调查与研究 [J]. 英语广场 (学术研究), 2013.7

[56] 刘丽霞. 优化高职英语课堂教学结构的构思 [J]. 吉林广播电视大学学报, 2013.2

[57] 刘小平. 基于个体差异的高职英语教学研究 [J]. 教育教学论坛, 2013.41

[58] 钱进. 互动式教学在高职英语教学中的应用 [J]. 长春教育学院学报, 2013.17

[59] 姚春燕. 以就业为导向的高职英语教学创新策略 [J]. 长春教育学院学报, 2013.19

[60] 崔允漷, 杨璐. 开发校本课程不是编写校本教材 [J]. 中国教育报 2008, 7.

[61] 张文娟, 庞云凤. 学前教育专业实训策略 [M]. 济南：山东人民出版社, 2004.

[62] 余笃刚. 声乐教学 [M]. 上海：上海音乐出版社, 2006.

[63] 赵宋光. 音乐教育心理学 [M]. 上海：上海音乐出版社, 2003.

[64] 关丽. 分层教学模式研究及实施 [J]. 牡丹江师范学院学报 (哲社版), 2009(5).

[65] 周徐. 高职学前教育专业舞蹈分层教学的实践 [J]. 宁波教育学院学报, 2011(5).

[66] 杨鸥. 舞蹈训练学 [M]. 上海：上海音乐出版社, 2009.

[67] 吕艺生. 舞蹈教育学 [M]. 上海：上海音乐出版社, 2000.

[68] 王世琴. 应用型人才需求背景下的高职美术手工课教学思考 [J]. 美术界, 2014 (2).

[69] 丛娜. 高职学前教育专业手工制作课程教学模式探索 [J]. 美术教育研究, 2015 (2).

[70] Gary Holmes & Nick Hooper.(2000). Core competence and education. Kluwer Academic Publishers. Printed in the Netherlands: Higher Education 40:247-258.

[71] J.K. Davidson & D.L. Elliot.(2007).A comparison of e-learning in Scotland's colleges and secondary schools: the case of National Qualifications in 'Core Skills'. Faculty of Education, University of Glasgow, Glasgow, UK.

[72] SU Wenbo.(2013).College Students' Occupation Competence. Canadian Social Science.